云南大学民族学一流学科建设经费资助

教育部人文社会科学重点研究基地
云南大学西南边疆少数民族研究中心文库

滇池流域田野丛书

# 织记撒梅

钱凤娟 著

中国社会科学出版社

## 图书在版编目（CIP）数据

识记撒梅 / 钱凤娟著 . —北京：中国社会科学出版社，2021.10
（教育部人文社会科学重点研究基地云南大学西南边疆少数民族研究中心文库·滇池流域田野丛书）
ISBN 978-7-5203-9108-5

Ⅰ.①识⋯　Ⅱ.①钱⋯　Ⅲ.①彝族—社会调查—昆明　Ⅳ.①K281.7

中国版本图书馆 CIP 数据核字（2021）第 185565 号

| | |
|---|---|
| 出 版 人 | 赵剑英 |
| 责任编辑 | 刘亚楠 |
| 责任校对 | 刘成聪 |
| 责任印制 | 张雪娇 |

| | |
|---|---|
| 出　　版 | 中国社会科学出版社 |
| 社　　址 | 北京鼓楼西大街甲 158 号 |
| 邮　　编 | 100720 |
| 网　　址 | http://www.csspw.cn |
| 发 行 部 | 010-84083685 |
| 门 市 部 | 010-84029450 |
| 经　　销 | 新华书店及其他书店 |

| | |
|---|---|
| 印刷装订 | 北京君升印刷有限公司 |
| 版　　次 | 2021 年 10 月第 1 版 |
| 印　　次 | 2021 年 10 月第 1 次印刷 |

| | |
|---|---|
| 开　　本 | 710×1000　1/16 |
| 印　　张 | 22 |
| 插　　页 | 2 |
| 字　　数 | 317 千字 |
| 定　　价 | 138.00 元 |

凡购买中国社会科学出版社图书，如有质量问题请与本社营销中心联系调换
电话：010-84083683
版权所有　侵权必究

# 我与撒梅（自序）

撒梅，昆明东郊彝族支系称谓也。我与撒梅，结识甚晚，在60岁以前，素未谋面。我生于无锡，长于上海，大学就读于北京。1970年毕业分配至贵州，在黔西南布依族苗族自治州一干就是20年。1989年工作调动至昆明，先后在云南大学、昆明市外经贸委工作至56岁退休。期间，没有去过撒梅聚居地，也没有结识过一个撒梅人。

退休后，因为对历史、文学的爱好，我选择从事昆明地域文化的考察与研究。先做滇池文化之考察，继做昆明坝子农耕文化之追踪。在收集资料阶段，撒梅进入了我的视野。

我收集资料的方式是迈开双脚，到渔民、山民、农民、市民中与之交流，在他们的回忆与讲述中，采集大量鲜活的第一手资料，实录他们曾经的生存状态和世事变迁，此法在人类学术语中被称为"田野考察"或"田野工作"。我注重的是参与和感受，特别喜欢参与乡人的各项精神文化活动，例如庙会，先后参加过数十个庙会。中国农村有着丰富多彩的庙会文化，这些庙会历史悠久，民俗文化积淀深厚。因是群众性的集体创作，行事自由张扬，追求喜剧效果，但万变不离其宗，在看似诙谐甚至荒诞的行为背后寄托的是人们追求世俗幸福的强烈愿望。这些庙会往往蕴藏往事信息的秘密。

在起始阶段，有两个庙会把我的视线引向土著撒梅。

2002年农历二月十九，我在官渡古镇观看土主庙会。只见人们把一尊木雕神像抬上一头白水牛硕壮的背上，牛背上已然安放着逍遥椅和黄

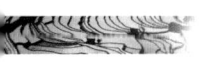

伞盖，这是神的坐椅。欢天喜地的人群结成长队尾随其后游街祈福。在茶铺，我请当地有些文化和见地的老人讲土主故事。他说，土主庙供的土主是大黑天神，是彝族，这个庙已有一千多年历史。老人是汉族人，现今居住于古镇一带的几乎都是汉族人。老人的一席话，让我联想到数年前，我在昆明市博物馆瞻仰过彝、白等民族先民的物化遗留——大理国经幢，它就出土于昆明拓东路金汁河湾的地藏寺遗址。

庙会归来，赶紧翻阅相关资料，在《昆明文物古迹》一书中，我看到一段文字：史志记载，官渡土主庙始建于南诏凤迦异筑拓东城（今昆明）之时，为公元756年前后，供奉彝族政权的保护神摩诃迦罗大黑天神。昆明官渡古镇的土主庙会第一次以民俗活化的形式向我披露了一千多年前昆明土著彝族的信息。

另外一个庙会在2004年8月22日，这天是农历七月初七，白龙寺的庙会。旧时在呼马山西侧的白龙寺村有个很好的龙潭，占地数十亩，称"白龙潭"，这里山清水秀，泉水叮咚。周围得其农耕水利的8个村庄年年轮办祭祀水神的庙会。传说潭主小白龙极为神异，对敬奉它的村庄施以恩惠——风调雨顺、五谷丰登；对亵渎者施以报复——下冰雹砸毁庄稼。

我慕名而去。令人失望的是，水潭已被某房地产商收购填埋并圈以围墙，墙内正在进行紧张的小区建设。只见白龙寺小庙孤悬于围墙之外，失去灵佑的寺庙已呈颓势。我转身走向老村茶铺，向村老求教昔时庙会盛况。村老见我身背相机，以为是记者。我直言以告本人身份：退休公务员。老人说龙潭被占，村民与开发商理论，惊动了"舆论"，甚至上了中央电视台，但是落实不了。他眼巴巴地望着我，眼光流露的是求助。我叹口气，继续倾听老人叙旧。他说，旧时庙会热闹，连青龙村的彝族撒梅师娘都会来此跳扁鼓舞祭小白龙，村子东南还有祭天山——过去是彝族祭天的地方。我请村老告知青龙村方位，一头向白沙河赶去。在那里，我邂逅了一位撒梅智者——83岁的毕明。从此开始了长达8年访问撒梅的历程。

《识记撒梅》记录了我追寻彝族文明的全过程。

# 目　录

**昆明土著** ……………………………………………………………（1）
　我们是真正的昆明人 ……………………………………………（1）
　"祭天山"做证 ……………………………………………………（3）
　村名揭示秘密 ……………………………………………………（3）
　撒梅由来 …………………………………………………………（4）

**谋生宝象河** …………………………………………………………（7）
　耕耘山间 …………………………………………………………（11）
　采撷山林 …………………………………………………………（42）
　狩猎山岗 …………………………………………………………（52）

**土基墙背后的岁月** …………………………………………………（80）
　屹立的老村 ………………………………………………………（81）
　多彩的生活 ………………………………………………………（95）
　昆明东郊撒梅人 …………………………………………………（108）
　国军败兆相 ………………………………………………………（135）
　邂逅美国人 ………………………………………………………（137）
　老村故事 …………………………………………………………（141）

## 薪火相传 (151)
- 抹黑脸的媒婆 (151)
- 高原女人 (172)

## 祭天山的狂欢 (186)
- 最后的张西波 (186)
- 风水先生、师娘及其他 (233)
- 狂欢祭天山 (273)

## 撒梅今昔 (315)
- 现代化进程中撒梅的喜与忧 (317)
- 传统族内婚的变化 (321)
- 撒梅的服饰、宗教及其他 (325)

## 参考文献 (337)

## 后　记 (338)

## 跋 (340)

## 再版后记 (344)

# 昆明土著

土著，据《辞海》解，古代游牧民族定居某地后，不再迁徙的被称作"土著"。《汉书·西域传》："西域诸国，大率土著。"颜师古注："言著土地而有常居，不随畜牧移徙也。"后指世居本地的人，与"客籍"相对。

在昆明，我认识了这样一个族群，他们称得上是昆明土著，是生活在昆明东郊的彝族支系撒梅人。

## 我们是真正的昆明人

昆明城里的老户都说，东郊的民族是老昆明（此处老昆明的地域概念是指旧时的昆明老砖城，其地理标志为五华山、圆通山、磨盘山、翠湖及相近的盘龙江、玉带河一带）。

生活在官渡区大、小石坝一带的撒梅人也说自己是真正的昆明人。

我刚走近他们时，听村老讲述的历史是传说，也像神话。旱马罩老年协会负责人陶荣生七十多岁，是该村识文断字的有知识者，他说，他们原来在昆明小东门一带，生生地被四大家族撵散，到山上住了。老一辈讲，过去用大炮将犁铧打出去，打到哪里就叫撒梅搬到那里去住。显然，陶荣生讲的四大家族不是中华民国时的蒋、宋、孔、陈。哨上村毕盖八十多岁，他甚至聊到一千多年前的三国时代，他说，三国时诸葛亮来昆明与孟获打仗，当时部落就驻扎在五华山、正义路一带，部落看得

昆明市三农场场部的彝族撒梅人塑像。三农场因立足于撒梅世居之地，彝族青龙村以土地、山林加盟其中，成为农场的联盟方，故有此民族特色

到诸葛亮的兵出来。听起来，毕盖的讲述在汉文化与民族文化之间游移交叉，但落点清楚，即他们是孟获的后代。巧合的是，2004年我在距哨上村不远的汉族住地大波村访问86岁的苏赵，他说，本村大多姓蒙、金，还有刘。传说刘姓是孔明南征时所带来的汉族。大波村与哨上村同处云南连通蜀地的古驿道，毕盖与苏赵之言，似乎可以呼应一千多年前的那段历史。传说如风似雨，难以捉摸，但传说也不是无稽之谈。虽然它距离母体过于遥远，以传说定位撒梅土著历史难。但是，这只是一个飘逸的序幕。

一件书证，记载于毕摩（彝族巫师）老彝文。小石坝知识者李炳顺讲述，他于1984年访问大板桥热水河村88岁的老毕摩周震芳，周保存了用彝文记载的一段往事：蒙古族忽必烈攻打昆明（其时昆明称鄯阐），围城五天五夜，段兴智（云南大理国末代君王）出逃，与段兴智结盟的撒梅人也大批从昆明逃出，这是发生在宋末元初之事。乌龙村陶正洪讲述：族人原住五华山，沐英开滇，说："这里要占了，你们去选，想好住哪里，那里就是你们的。"还有种说法是："你们用手指哪里，哪里就是你们的。"三瓦村毕光耀说，本村有四百多年历史，原在圆通山、灵光街一带，吴三桂进昆明，姓陈的民族首领与吴作战，战亡，但族人逃出来了，这应该是明末清初之事。这些族群代代相传的口碑，可视作撒梅是昆明土著的依据之一。

## "祭天山"做证

彝族撒梅有一种独特的生活方式——祭天。为此,村村都有祭天山。可以说,撒梅与祭天山同在。当今,在昆明坝子与撒梅聚居区之间有一些大大小小的山,山间散居着若干汉族村寨。这些村寨近旁几乎都有名为"祭天"的山,汉族人不祭天,这是前住民的遗留。

云山村在金殿鸣凤山之南,现住民中的何、武、杨等大姓是明代江南移民之后。村北有祭天山,就是现今世博酒店所在的山头。据该村何志忠考证,明末清初吴三桂入滇,此地曾发生过激烈的战斗,族人亡的亡,逃的逃,村庄成为废墟,后来生活在附近的汉族逐渐发展迁移过来。大波村也有祭天山,前人流传,此地原是彝区,一次较大的地震后,民族迁移他处。瓦窑村老人传言,元代平章赛典赤·赡思丁(平章为元代官职,等同现在的省长)修金汁河,组织军队与沿河农民修河筑坝,主力是军人,声势浩大。军人带着家属住进了瓦窑村,原住民撒梅人不习惯于此就搬走了。据该村老人刘凤堂推测,祭天山名没有留下来,可能是失传了。

还有麦冲、白龙寺、龙池、十里铺等我曾考察过的汉族村寨都有祭天山。这些祭天山标明了当年撒梅迁移的轨迹:时间的渐进、地域的次递。

## 村名揭示秘密

中华人民共和国成立后,东郊撒梅尚有四十余村,两万余人。村老告诉我这些村子的名称、方位以及所属辖区。

从昆明向东,属阿拉乡与板桥镇的有大小麻苴、大小普照、西邑、七家、高桥、常村、河岸、小新、大小石坝、阿拉、白土、大小普连、海子、新村、旧村、三瓦、大小高坡、棠梨坡、金马、瓦脚、阿依、李

子园、李棋、大村子、黑波、阿地、热水河、一朵云、老鸦洞、阿底等村；属金马镇的有洪桥、裕丰村；属昆明三农场的有青龙村；属双龙乡的有乌龙、三十亩村；属麦冲乡的有哨上、旱马罩村。

现在，这些村名大多是通俗易懂的汉文，与周围汉族村寨几乎没什么差别。但是，族人记着它们的曾用名：用彝语撒梅话的称谓。阅读昆明官渡区政协编撰的《官渡少数民族概况》一书，我见到了45个撒梅村的曾用名，细品其意，耐人寻味，其中蕴含大量历史、人文信息。我将它们归为三类：一类名称记载了迁徙者初来此地的地形地貌，如：看得见海的地方［小新村（今名）—嘿乃逮（曾用名），下同］；城堡似的村庄（高桥村—卡付鲁）；箐中吉祥的小白鸟降临的村寨（大、小麻苴——未召出卡么、未召出卡惹）。第二类名称记载了定居者落籍后发生的值得记住的事情，如：山被劈开的村寨（大、小石坝—奔西卡么、奔西卡斯）；驻过汉兵的地方（旱马罩—呵毛左）；撒落白银的地方（棠梨坡—舒呗）。第三类直指撒梅人的族源血系，如：黑彝居住的大村（普照村—普纳）；虎氏族居住的地方（白土村—罗斯尼）；龙虎人居住的村寨（大村子—罗腊卡）；虎氏族村（粟子园—腊格卡）。

古籍记载，彝尚虎，以虎为图腾。数年前，在高桥村附近的羊甫头小山，发掘出两千年前的古滇国墓葬群，规模很大，涉及贵族与平民墓穴数百座。其中一座王族墓室出土了一个金带扣，扣上赫然膜压着一条跃动的金龙，龙前拥着一只张着大嘴的巨虎。金带扣是皇族用品，其上图案只能是滇国崇拜的神性之物。由此观之，居住于撒梅地界的龙虎族人的渊源或许直通古滇王国。

## 撒梅由来

中华人民共和国成立以前，东郊的龙虎族人不叫撒梅，史书上别有其称。明代天启年间成书的《滇志》有一段言简意赅的文字："撒弥猡猡，男挽发如髻，长衣短裤，布系腰。妇短裳，五色短裙。滇池上诸州邑皆有之，拙于治生，无盗贼。山居者耕瘠土，贩薪于市，终岁勤勤。滨水者浮家捕鱼，仅能自给。"《滇志》作者刘文征是云南右卫人，万历癸未十一年（1583年）登甲第，家居昆明城南（现云南省第一人民医院）。

　　清代修志，对龙虎族群的概括大体沿用《滇志》。所不同的是由晚清至中华民国，随着社会的进步，文化的昌明，人们自觉对带有污辱性的"猡猡"二字做出更正，书为"罗罗"。

小石坝村国家退休干部李炳顺，他是族群中对撒梅历史文化很用心的知识者

　　"撒梅"二字，源起于20世纪50年代召开的一次会议。据当事者李家贵的儿子李炳顺讲述：其父出席了这次座谈会，其时宋任穷（时任云南省领导）在任，议题是"酝酿成立政协"。李家贵是中华民国后期龙虎族人的保长，小石坝村人，有一定的文化及办事能力，在族群中有代表性。议及民族问题，李家贵说："汉族叫我们罗罗，是污蔑，国家书上称我们'散民'，也可以说，现在解放了，当家作主了，应改为撒梅，意思是民族就像朵朵梅花散落在昆明东郊的大小山头上。"寓意很好，

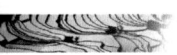

古籍对此族群称谓还有撒弥、洒美之称。"撒梅"二字取其近音,政府认可,龙虎族人赞同,遂定名"彝族撒梅人"。李家贵于1968年病逝。李家贵言及"国家书上称我们'散民'"之事,源自该族群向外界介绍他们历史上颠沛流离时的自称,我在走访族群时亦多有所闻。

但是,在撒梅族群的自称中,他们大量使用的是"撒尼"二字,成年男子称"撒尼帕",成年妇女称"撒尼嫫",民族头人叫"撒尼尔敦",村寨称"撒尼卡",民族语言为"撒尼概"。由此可以推测昆明撒梅与路南撒尼渊源极近。村老曾经讲述:大难来时,昆明城里的民族,有钱的,举族迁到很远的地方;贫困的,就近找山区避难。以此推断,撒梅与撒尼本应是同一族群支系。

在中国的西南省份,分布着许多少数民族,其中彝族人口众多。全国第五次人口普查统计,2010年共有彝族776.2万人,有470.5万人生活在云南省,他们聚居在楚雄、红河两个自治州及14个自治县,于全省各地均有分布。云南彝族的分支极多,有自称的就三十多种,如诺苏、罗武、罗罗、撒尼、散民、阿细、撒马都等。有他称的四十多种,如花腰、明朗、土里、子君、夷人等。支系众多,一是因为彝族在很长一段历史中是以氏族酋长、寨老统领,由一个个血亲族群形成村寨聚居的,这是历史遗存和民族习惯;二是因为大山大河的阻隔。彝族多聚居山区,主要分布在大雪山、大小凉山、乌蒙山、哀牢山、无量山等山区和大渡河、金沙江、雅砻江、元江、红河、澜沧江、南盘江等江河沿岸,生存空间的封闭使生活在独立地理单元的族群自成体系。三是因为民族性格的率性,即所谓"住哪里山放哪里歌,喝哪股水放哪样腔",连民族服饰都是自在自为,花样迭出。彝族族群支系是以族群血脉、居住地理单元、婚嫁、方言、服饰等要素为标识的。

撒梅族群就是生存于昆明东郊三尖山、呼马山、金马山、老爷山等地,劳作于滇池宝象河流域的一群彝族族民。在一朵云村访问时,一位老妪告诉我,撒梅还有三个村寨坐落在老爷山东麓的宜良坝子,是从一朵云迁移过去的。

# 谋生宝象河

宝象河是昆明坝子六河之一，属金沙江——长江水系，它发源于官渡与嵩明、宜良交界的乌纳山，依地势由东北而西南流经大板桥、干海子、小板桥，于官渡镇汇入滇池，宝象河长六十余公里，流域面积达三百余平方公里，其源流之绵长、径流之雄阔，在六河中仅次于盘龙江。

宝象河水库，建于1957年，是宝象河流域最大的水库，曾为撒梅农耕做出贡献

流经干海子阿拉村附近的宝象河，这是旱季时节的宝象河模样

白土村宝象河上的宝龙桥，有两个大涵洞。桥头曾立造桥功德碑亭，外侧有拦马石，很精致。桥上可走农耕车马，桥下河水流淌，丰水季节可以泄洪。雨季的宝象河很是壮观

宝象河之名，依明末清初立于小板桥的宝潒河小板桥分水平石碑所指，应为"宝潒河"，后来随汉字简化而为"宝象河"。宝象河名称由来有两种说法：一说为河流上游有村名阿地，村有寺庙名宝象，寺以钟乳石取胜，内中一石酷似观世音菩萨，此为寺名"宝象"之缘由，河流便依寺作了名称。二说为乡民口传，宝象河由高而低，跌宕而下，时遇石坎跌水，形成一个个冒着白色水泡的水塘，民众认为河中藏宝，故名。名之由来，依我之见，一说为确，因为我在阿地村宝象寺亲眼见到了那尊酷似观音的钟乳石。

高桥村宝象河上的安流桥，沿河风光秀丽，曾作为电影《蹉跎岁月》的外景地

宝象河开发较早，以地理与历史观之，应早于省坝主河盘龙江，因盘龙江是云南南诏、大理国以后在人力干预下加快滇池南泄的产物。宝象河是千万年以来山区自流之河，此其一；古文明均诞生于江湖之畔，从宝象河古河羊甫头小山出土的古滇国大型墓葬，可以看出宝象河是古滇文明重要孕育地，此其二。

宝象河正式记载于史是在元代，云南首任省长赛典赤·赡思丁在昆明"开六河，是为盘龙江、金汁河、宝象河、马料河、银汁河、海源河"。"开"有开凿之意，如金汁河、银汁河，它们是人工依势造作的河流；"开"的另一用意为疏浚利用，如宝象河、盘龙江。至明代，崇祯七年（1643年）建老坝头闸；明末清初设宝象河小板桥分水平等记载。至清代雍正年间云南府粮储道水利付使黄士杰著《昆明六河总分图说》，书中有宝象河之源流图及河、沟支流的详述，如：宝象河自大板桥以下分出东沟、西沟、麻线、羊甫、广济、杨柳、泥鳅、岔沟、凤凰等九沟，自大石坝老崔桥以下，由主流次第分支为旧门、官渡、马溺、余家、姜家、小河、猡猡七河，该书是古代官府对宝象河做出的最权威、详尽的记载。从中可以看出，至大清前期，人们对宝象河的开发利用已达相当水平。

宝象河河尾宝丰村庆丰桥，桥侧有镇海阁，祀三皇五帝

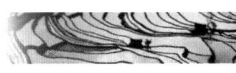

  宝象河上游流经的是山地，这里山峦密布，林木苍郁。数座有名的大山如乌纳山、金马山、呼马山、三尖山护围在四周，做了其东、南、西、北的疆界与屏障。这块有独立地理标识的山区有180余平方公里，是撒梅东迁后的祖地。40余个撒梅村落分布在大大小小的山间坝子中，其中多数分布于宝象河沿岸，部分罗列在支流槽河、白沙河一带，还有的散居于大龙潭、大河、天生桥堰塘周遭。

  我考察过宝象河主河河源，是在乌纳山西坡一棵野生的鸡嗉子果树旁。它的起始阶段只是一股潺潺细流，潴积成一个小水塘，又漫过土路沿箐沟而下。其后，它像所有不辞细流的江河，沿途吸纳收容皈依者而渐成其形。宝象河流至大板桥，受当地石灰岩地层影响，部分流水在园艺场附近潜入地下溶洞。暗流在地下顽皮嬉闹，令大板桥居民的饮用水井发生串联，人称：东家水井中掉落的水桶可以在西家水井找到。地下暗河潜行数公里，至白土村便从田埂洼地一涌而出，令人不解的是人们称此处龙潭为"九十九龙潭"，意思是有九十九头龙王藏匿于此。宝象河自此便有了些声望，第一座硕大壮观的两孔古桥宝龙桥就横跨其上。当河流经干海子来到小石坝村，丰富的地下水又从山涧箐沟渗漫地表，令河流声势倍增。之后，甘甜山水浆养沿途的常村、普照村。至高桥村，第二座高峻古桥安流桥象彩虹般地点缀在高耸的河堤之上。又流过数个撒梅村至羊甫头小山，宝象河在山间画过一个圆润的弧形，潋滟款款向平坝沃土走去……

  千百年来，居住于宝象河上、中游的彝族撒梅人依不同山势地形做不同农耕锦绣文章，此文声情并茂，跌宕起伏，读来引人入胜。

## 耕耘山间

  1. 撒梅米好吃田难种

  （1）红泥沟、白泥沟

  宝象河中游，有一块坝子名干海子，其间分布着阿拉、三瓦、白土、海子、新村、旧村、大小普连、大小高坡、金马等十数个村庄。这里阡陌相连、田畴沃野，可耕田地上万亩，是撒梅聚居区少有的粮仓。

干海子之名，与海有关，流传的是两则神话。老妪们最爱说的是金猪故事：传说过去这里是海，一头有神力的金老母猪拱穿了南边的山，海水流泄完便成了干海子。另一则是高桥村张秀美讲述的：故事追溯到混沌的洪荒时代。开天辟地的老祖是天皇、地皇、人皇。一场灾难让地上一切全毁灭，三皇五帝在夹肢窝夹个鸡蛋，鸡就出来了……神仙说要把板桥（干海子之东北的大板桥）整成大海。一个神仙老倌挑着担子，两头是两座山，一座叫"拉萨不勒"（撒梅语），在高坡村后；另一座名字已失传。神仙老奶背着一座山，此山在金马村旁，堵山的地段在祭虫山脚，正要动手，鸡叫了，没堵成，就没成海，因此是干海子。这是从另一角度叙述干海子的来历。

云南多山，某些山系一时的突变就会令那里的地理单元发生在平原地带需要千万年才能造就的沧海桑田。以干海子地区的地理及民俗观之，第一则传说较靠谱，所谓被金猪拱穿的山在老崔桥以北，现在属大、小石坝村辖地，此间有一个叫"海口"的峡谷，以云南流俗，"海口"即海的泄水口。在小石坝村那秀英的陪同下，我去看过"海口"，撒梅语为"郝都不劈"，现在已成山峡间的道路，其旁不远就是宝象河。至于金猪之说，显然是附会，传说加了金猪便被人津津乐道，才使干海子的故事得以流传下来。在民俗文化中，神话是人文历史别样的载体，神话保护了历史元素。

自此，干海子有了万千亩田，但宝象河只在低洼处闷走，田高水低，为之奈何？古人在大板桥之南的河段筑堤坝以提高水位，又在河两边的泥山掘沟导引流水，河东之沟名红泥沟，长数公里，灌溉李子园、白土村、海子村、新村、旧村至阿拉村，余水入宝象河。河西名白泥沟，长数公里，灌溉瓦脚村、金马村、大高坡、小高坡至三瓦村，余水入河。这是20世纪50年代以前的状况。1957年，大板桥以上的坝口村一带修建了宝象河水库，原生活在库区的大、小普连村搬迁至干海子，红、白泥沟灌区又添两村。两河沟的维修管理一如省坝其他河流：每年由官府出面组织修挖一次，称"岁修"，一般于枯水季节进行，由获水利的村庄分段包干、户户派出成年丁夫清理河沟，培护堤坝闸洞。日常的水利维护，则由各村自选专管人员（俗称"水老人"）进行管理。

开春，春雨初润大地，农民于堰塘水沟取细水播种撒秧，红、白泥沟之水也随雨水积攒徐徐流淌，但大田的犁耙栽插要靠雨季丰沛的"天水"。正常年景，进入农历四月的立夏、小满，雨水便应时而来。这时宝象河水位有明显抬升，河沟流水充盈起来。轮排灌溉便开始了，轮至的村庄由各户依序出丁夫至上流"赶水"，即看守他村已经轮灌过的涵洞使之不能跑冒滴漏，以使本村田亩尽可能地得到充裕水浆，其间若发生上下村争水或赶水者舞弊，必引起打架争讼，因为这时的水关乎粮食与生计。一位九十余岁的撒梅老人回忆过去的农耕灌溉，说："那时放一天水也放不满，打架、吵架，水不够。"高坡村的一块石碑记载了200余年前的一次水利事件。事情发生在清雍正十二年（1734年）。因高坡村村民李蕃乱规卖水，除李得到应有处罚外，高坡村与相邻的王百户村（现名金马村）重新议定两村轮流放水及放水日期，刻石立于寺庙。寺庙是神圣之地，在此立碑有人神共鉴之意，可见水利之重。阿拉村处于红泥沟沟尾，俗称"水尾"，水量不大，每次轮排，能放水栽插的田亩有限，不管人们如何火急火燎地栽种，总有许多田亩要轮至下一周期。因此，栽秧常要延全一个半月后的夏至才能栽完，这种缓慢与无奈，村民称之为"小马栽秧"。一些地势稍高的田轮灌不着，便人力拉水车灌田，撒梅语称水车为"儿差"，拉水车为"儿差级"。在大春栽插高潮时，只见干海子坝子耙田的、扯秧的、运苗的、插秧的以及"吱吱呀呀"拉水车的，一片繁忙。不过，还有一些高田是"雷响田"，要等下大雨才能栽插，这些田地因耽误了农时，产量很低。

红泥沟旁有一道独特风景，足以见证干海子地下水之诡异。在阿拉村东南的白虎山脚，有一片沼泽地，人称"陷秧田"，不知底细的外来人贸然进入会被淹翻埋没，但是，这片沼泽水好，终年不干，可作秧田。古人在陷田中将一排排栎木横放田泥里，以作淤泥的路埂，劳作的人踩住栎木，往泥浆中撒谷种，两个月后秧苗长成，又摸索着扯秧。秧田腾空后，每月还要挖一次秧田，来年的秧苗才能长得好。那是极艰苦的活计：只见挖田人在烂稀泥中挖上几锄头，然后拄着锄把，半天才挪动脚步，再挖几锄，有时实在难以动弹，便砍些杉松木横放其中，上面铺以麦秸再作田埂。"陷秧田"之陷在六七十厘米，深处达八十厘米，个子矮点的人会陷至腰部，这可是个以命搏食的险处。

海子村旁的绿稻与白鹭鸶鸟。对面的白虎山，晚清是云贵总督府的督军操练之所，现称老营盘

近旁的海子村也有不少沼泽地，据该村毕湘讲述，小时候他去放牛，走过一块坡地，地一闪一闪的，像走在弹簧上一样。有一块烂草田，野草长得盛，水牛进去吃草，返回时要翻着身子滚出来，否则便会淹死其中，这些聪明的牛大约自小便练就此技。海子村名在民族话中称"的墨"，即有点凹的地方，当地流传两句民谣："拉里希不多，阿里罗子坡。"前句意为房背后的墙常被水淹，为防墙倒，要用牛担子（犁田时套住牛的牛轭）抵住墙。后句意为此地常被水淹，黄鳝都会住在房梁

上。海子村人侍弄"陷秧田"与阿拉村一个样。

新村地处海子村近旁，地势更低洼。有龙潭名犀牛，长年淌锈水，颜色红红的，像黄鳝的血，还不时有气泡从水底冒出。锈水不利于稻谷生长，因此这里的水稻亩产很低，每亩100多斤。村民不得已，以山货果腹。人们用木料打制猪圈门，拾掇柴火到小板桥街市售卖，以补充粮食的短缺。犀牛龙潭成为滇池东岸另一条河流马料河的发源地。

---

三瓦村堰塘是旧时撒梅坊区人工开挖的最大攒水塘，承接宝象河白泥沟来水。三瓦村农耕条件因此优于他村，当地有"阿拉村大姑娘多，白土村烂房子多，三瓦村田多"的俗语。此间生产的稻米称"撒梅米"，曾经是昆明坝子一大品牌

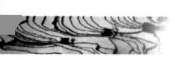

三瓦村地处白泥沟水尾，水小，为了栽插救急，修了一个占地六七十亩的大堰塘，可蓄接十万立方米的水。堰塘修于古时，据该村李善喜在讲述旧时族长的权威时说："此地是水尾，要修个堰塘，接蓄雨水和上游不用时的闲水，全村便行动起来。族长的拐杖点到哪里就修到哪里，家家户户的屋墙脚跟脚的排（指挨家挨户），没有能力就出钱，个个有机会。管理也是墙根排，一家家排，冬季农闲修挖堰塘，喝了酒的壮汉闷下水去拔筑子（即塞水洞的木头塞），将下洞打开，泄出部分塘水以便修挖。"为充分利用水利，村民还在水沟冲力较大处设置了两盘水碾作全村碾米之用，上面一盘是本村大姓李氏门宗专用，下面一盘叫湾子盘，全村共用。

为管理大堰塘，三瓦村专设两个水老人以负责日常水利事务，即水闲之时从上流的阿依村、瓦脚村、王百户村赶水下来，以积攒塘水。报酬于每年秋收从农户提成中支付，但是，如果闲水时节村中白泥沟三日无水，便扣其工资。干海子农民有句俗语："阿拉村大姑娘多，白土村烂房子多，三瓦村田多。"由此可知三瓦村的大堰塘为该村的农耕打下了良好的基础。

也许是居住于红、白泥沟的农人更艰辛的付出，使此地产的大米极有名，号称"撒梅米"，品种为麻早。现在已不事农耕的人回忆撒梅米饭的香甜，仍有憧憬，说那时吃饭爽口，不用菜都好吃。但撒梅米产量低，每亩200多斤，较昆明坝子的稻谷产量低三四成。

（2）东、西鸳鸯沟

干海子以下有大小石坝、常村、大小普照、七家、高桥等数十个撒梅村。此地农耕灌溉另有系统，古人在宝象河流经祭虫山峡口处建坝拦水、开沟引流。拦水坝名"鸳鸯坝"，别称"阴阳坝"，引流沟称"鸳鸯沟"。

旧时的阴阳坝分上、下两个坝体，大坝在上游，小坝在下游，两坝相距数十米，因地制宜。据老人讲述，大坝由一块巨石横截河水，石高八九米，宽十余米，厚两米，重数十吨。小坝也是独石，高一米余，宽两米，厚一米余。两石均用粗杉松桩抵住背面，两边辅以由草筏及泥沙

筑垒的土墩，以提高河水水位。因为都是毛石，构思简洁，构造粗犷，一些人便说其是天生的，其实不然。拦水坝近旁两村以坝命名为大石坝村、小石坝村，撒梅语为"奔西卡么""奔西卡斯"，即山被劈开的大、小村。老村名揭示了当年建坝取石的轰轰烈烈。

据史书记载，鸳鸯沟由清道光时云贵总督伊里布、巡抚颜佰涛筹款修建，距今已有一百余年历史。两坝对应的水沟取了文绉绉的名字——鸳鸯沟。以地理方位简称东沟、西沟。东沟在上游，又称东鸳鸯沟，对

位于祭虫山脚的阴阳坝，曾是撒梅获取宝象河河水的重要农耕水利设施，河中的分水鸡嘴将河一分为二，左为东沟，右为西沟，两沟灌溉下游近万亩农田。现坝为1957年宝象河水库建成后的配套工程，原坝由两块大石筑成，东沟在上游，西沟在下游，两坝相距数十米

应的是小石坝村。西沟在下游，又称西鸳鸯沟，对应的是大石坝村。奇怪的是小石坝村是由大石坝拦阻的河水灌溉；反之，大石坝村是由小石坝拦阻的河水灌溉，加之两村在历史上的人口、实力、影响不相上下，古人流传的一句话概括了这种状况：大石坝（村）不大，小石坝（村）不小。鸳鸯沟西沟灌溉大石坝、小新村、常村、普照村、小麻苴村以及汉族村寨竹园、鸣泉等村，长11公里。东沟灌溉小石坝、小新村、七家村、西邑村，流程较短。1958年官渡区政府在宝象河上游修建了宝象河、铜牛寺、白沙河三个水库，作为配套工程，于大小石坝处建鸳鸯坝节制分水闸，原有的大小石坝两个拦河坝被废弃。因河水提高了水位与流量，人们在七家村顺山开挖，东沟又增加了高桥村及下游五个汉族村寨。至此，东沟全长至18—20公里。东西两沟灌溉农田万余亩。

被鸳鸯沟东沟拦截的河水，顺小石坝村西侧流淌，沟渠平整的石器堤岸，较大的护堤柏树，诉说着当年人们付出的艰辛劳动

大、小石坝一带的楼梯田（即梯田），现因缺乏水源已经荒废

鸳鸯沟上游因地势的契合，大小石坝与小新村一带的沟渠有了同昆明坝子金汁河一样的功效：水高田低，自流灌溉。有所不同的是，这里的土地大多是坡地，为使坡地能栽种高产的稻谷，人们将其平整为梯田，当地人称之"楼梯田"。这是宝象河流域少有的景象。在小石坝村那秀英的导引下，我观摩了楼梯田，准确地说是梯田遗址，因为随着昆明城市的扩大，宝象河的灌溉功能已经转移。展现在眼前的梯田长着大大小小的作物，主要是蔬菜。一些杂树趁着主人的疏忽竟然在田埂河沟站稳了脚跟，一切与梯田有关的要素——水、田、整齐的埂子，以及排灌系统基本都消失了。看着它们，我不由想起滇南哀牢山世界顶尖级梯田稻作区——云南红河元阳哈尼梯田。我还曾为它写下一段文字：

当年小石坝的楼梯田依稀是这般模样

云南红河元阳哈尼梯田,壮观、大气,人们正为之申报世界稻作非物质文化遗产

农人在梯田的线条里劳作,制作秧田,播撒谷种

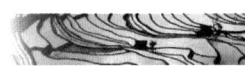

在那里，每一层高低相距一米余，最高持续两千九百三十六层的稻作梯田从山谷伸向山顶，十六万亩梯田在大山中绵延一百余公里。春夏，站在山谷，仰望天际，那先是嫩绿后是油绿再后是橙黄的色调变化，像上苍为不同级别的宾客铺设的迎宾地毯；秋冬，伫立山顶，俯瞰大地，万千蓄着水、闪着光的不规则田块，又像王母娘娘打碎的穿衣镜镶嵌在千山万壑之中……（引自拙作《消失的阡陌》）

昆明大、小石坝的楼梯田在规模气势上与红河梯田不可相比，它至多有一二十层，但它一定有另一种美。那秀英忘不掉楼梯田曾经的模样，她说："田依河层层升高，围着宝象河，田是弯弯的，有的弯上去，有的弯下来。在楼梯田的上方是东鸳鸯沟，沟水从涵洞水口蜿蜒而下，流入一块块梯田。在山箐与河沟的交汇处还设有泄洪地沟以排泄暴雨洪水。某处设有龙王庙以便笃信神灵的人们祭拜水神。"从那秀英不紧不慢的叙述中，我知道，所有与稻作梯田有关的物质与精神要素，这里都曾经一应俱全地存在，撒梅楼梯田的细巧柔美一样令人感动，因为它是人们因地制宜的作品。

在鸳鸯沟灌溉片区，小石坝的农耕用水是最好的，人们可以在最理想的节气播种与栽插。秧田在头年就预备了，一月一次的细心疏挖，常年两三尺深的积水涵养，使之成为谷种生长的最佳温床。农历二月清明撒秧前要撒些生石灰粉，石灰由村里一户陆姓农民专门烧制，是为了清除秧田内的小螺蛳、蚂蟥、歪歪（蚌壳）等有害秧苗生长的小动物。人工贴滑的苗床细腻得像人们食用的吊浆糯米面，钻入其中的谷种吮吸着水分、氧气、有机肥。在暖暖阳光的呵护下，谷芽像绣花针一样伸出泥土，长出一瓣叶、两瓣叶、三瓣叶……至四月小满节令，秧田里已然一片葱绿、一派生机，栽秧便开始了。眼疾手快的撒梅女栽完自家稻田，又到邻里乡亲间互助互帮，最后到昆明坝子的大树三营、东庄栽插。当昆明大田栽插完毕，自家的初苗便进入了薅秧时节。薅秧，是为稻秧除杂草、疏根系、追肥料，这是水稻种植的重要一环。好文艺的撒梅人为

犁耙完水田的牛与人一前一后归家去

农人、耕牛、土地，是中国农耕社会千百年的主题

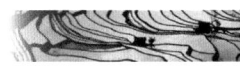

野慈姑，会遮住谷苗，不拔掉，要不得。

长脚稗，会吃谷苗根，要不得，还是要拔掉。

栽稗，会掺进米里，不拔掉，饭不好吃。

鸭齿草，会啃谷苗，要不得，也要拔掉。

秧毛草，会吸掉谷苗的血，每一个人都要把这种草拔掉。

风稗，会吃谷苗，要不得，每一个人都要薅掉这棵草。

谷田里的杂草都薅完，每一年的粮食都会好，撒梅人多喜欢、多幸福。

《薅谷调》歌词中有六种杂草，有三种与稗类相关。稗，民间又称稗子，它长得与谷苗相像，生长迅速，容易在稻苗中反客为主，对稻子的影响最大。稗与稻一起成熟，稗粒较小米稍大，外壳坚硬，在传统的碾米过程中很难破壳，混入米饭中不好吃，也难消化。稗粒混入谷种，便又参与新一轮的稻谷生长。稗是影响稻谷收成的主要杂草。

在一辈辈撒梅人手把手的交接与叮嘱下，每一棵稻禾都接受着人们的爱抚与关怀，每一块稻田都与人进行着精气神的交流。持续半年多的泥里水里、风里雨里劳作，直至中秋前后，金灿灿的稻禾迎来秋收的开镰、打场、进仓，人们大半年的饭食便有了着落。

当小石坝稻田中的野慈姑草被薅秧者连根拔除时，有的秧田内却有人工栽种的慈姑苗茁壮成长。此物是冬季美食，非得有充沛水源才能栽种，人们说，宝象河两岸的撒梅村，敢种慈姑的只有大、小石坝与三瓦村。那秀英为我传授慈姑的栽培：开春，将种芽割下，捂于土中待其萌发根须。整秧田时，用扁担刮平泥床后，先栽慈姑芽，并在其旁插根稻草杆以作标记，每棵纵横间隔30厘米，再撒谷种。农历四五月拔秧时，慈姑秧已高出谷秧十多厘米。拔秧时留下慈姑秧，除尽其周围的杂草，将在山野生长的苦蒿割下撒进泥田，踩于慈姑根苗脚下，多踩两回，慈姑会长得很大。初冬，慈姑成熟，当风霜将其叶芽砸黄时，慈姑便可收获了。这时，放掉田中的积水，有经验的农人还未开挖便知收成好坏：

根部疙疙瘩瘩、鼓鼓囊囊，慈姑必大而壮；反之，则小而瘦。

忙碌的大春栽插。小小稻秧，承载了人类社会最重要的能量物质——大米

（3）热水河：牛车在水道中辚辚而行

撒梅老人对同一水系且往来密切的村使用同一个专用词即"这股带上"，对生活在同一大山沟和峡谷的，称作"这个冲冲首"（首：昆明民众习惯用语，助词，如上首、下首即上面、下面。冲冲首，指峡谷里面）。因此，宝象河自大板桥以下十数民族村寨被人简约指为"这股带上十八村寨"。宝象河上游的热水河、一朵云等就被称作同一"冲冲首"了。以地理学观之，前者生存环境为半山区，后者为山区。自然，山区的农耕条件较半山区艰辛。

绿稻与黑牛。这是于21世纪初在海子村拍摄的一景

宝象河上游,山高箐深,河水在山间浅滩缓缓流淌,少有筑坝开沟之条件。居住于山区之人为躲避阴冷湿寒和雨季山洪之苦,往往选择向阳山坡居住。村寨附近大多是靠天吃饭的雷响田。俗话说"三干不抵一湿",种三季旱地不及一季水田的收成,祖辈经年累月于河谷地开垦一些水田,然而,田高水低,谋水不易。前几年,我曾进入这个"冲冲"进行关于民俗的采访,见到宝象河边之田已做了菜地,只见农人在田间用细金竹竿搭建精致的棚架,为菜豌豆营造攀爬空间。如此费功费力,难怪城里菜豌豆价格昂贵。灌溉之水是在近旁的浅河里掘一小塘,用现代动力设备抽水喷灌。在一切靠人力、畜力的往昔,稻耕用水是怎样解决的,从鲁忠美那里我得到了答案。鲁忠美是小石坝姑娘,后嫁到阿拉村。20世纪40年代,她孩童时曾随父亲鲁有坐牛车去热水河村亲戚家。其时正是大春栽插,那年雨水很好,自石泽坡起,涨漫的河水将土路、小桥统统淹没,她看见宝象河上搭着许多临时拦水坝,那是农民用锄头将小石头与草筏垒筑起的,沿途几十道土坝漾着水。她坐在牛车里,父

亲赶着牛蹚水而行，田在河的两边，水不深，水底小石坎坎坷坷，牛车磕磕碰碰，鲁忠美双手紧紧抓住车帮，唯恐坠落水中。数公里的河道上，几十道拦河坝将宝象河弄成几十级跌水瀑布，两边对应的是几十层水田，放眼望去，人在动、牛在动、水在动、风在动，连山也像在动，眼前一片恍惚。今已年近70岁的鲁忠美回忆起往事，仍觉得栩栩如生。这里山高箐深，光照不足，水稻亩产仅100多斤，此情景在宝象河中游是看不到的。

（4）青龙村：劳作后的欢乐

干海子以西，群山连绵，山的西部，就是白沙河坝子，这里是裕丰村、青龙村、洪桥村撒梅聚居区，属于白沙河灌区，农耕条件较优越。

数年前，在青龙村，我有幸结识毕明，其时他80岁出头，思维敏捷，谈锋甚健，是一位可遇不可求的对话者。毕明是农耕老把式，在他的讲述中，烦杂枯燥、周而复始的农耕劳作竟是如此生动有趣，其中既有知识的传授，又有民风民俗的铺垫，闻来兴至，令我深深记住了在这块土地上快乐劳作的人们。

白沙河水库，河对面是呼马山，青龙村坐落于山的东侧

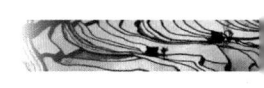

"鸡窝星""犁地星",这里的老人会以天象观农时。开春,天上出现"犁地星",这是一组星宿:一颗亮星在中间,四周围着一些小星,像老母鸡带着一窝小鸡,故称"鸡窝星"。这时,老人会说"鸡窝星"出来了,催促后生小伙赶紧套牛耕田。到了立夏,这些星宿不见了,老人说星宿都下地了,所以有水了。而到立秋,星宿又出现了。这些星宿的名称以及与农耕的对应都是撒梅人的发现。

谷把——大田稻谷的计量。八九月进入稻谷的收获期,这时,要先开沟撒水,待田干了,农人挥镰割谷,顺手将手中谷子扎成谷把,将其直立于田间任风吹日晒。天好时五六天便干,天不好时十天半月谷子都干不了。谷把干后,码在田埂上,以4把为一叠、12叠一小码、16叠一大码摆放。天晴时,往场上运谷子,男人挑女人背,一挑七八十公斤,年轻的挑两码,老把式挑三转喝一次开水,有节律的劳作可以持久,正如老话所说"勤汉挑三转,懒汉压断腰"。谷把这个稻谷收割时的基本计量,便于有条理地搬运,但是,它还有更重要的作用,即它是村里提成收取公益金的计量单位。公益金用于支付水老人的工资、修桥护路费用和村社日常开销。公益金标准各村有所不同:有从一小码中抽两谷把的,有从一大码中抽一小叠的。总之,要兼顾公用支出和村民能力,是村管事与士绅们决定的,叫"凑谷子",由村里"当夫的"在各块田亩搬运稻谷时监督执行,为防止偷漏作假,规定太阳一落不准搬运。

单干中的协作——"请工"与"换工"。旧时,以一家一户为农耕劳作单元,为了抢季节赶进度,有雇临工,亦有农户间自愿组成的协作,坊间称"换着做"。

雇工,又称请工。有请同村人的,一些人家田地少,甚至根本无田地,专以帮工为生。有请邻村的,一些村子水源好或处于"上水口",先栽完秧,便三五成群邀约着出来帮工挣钱。还可以雇请远方来的农民工,这些农民工从宣威、东川等苦寒之地来昆明做工谋生,他们往往站于约定俗成的劳务市场,这些市场多半在桥头,如昆明交三桥、金汁河状元楼旁都曾是劳务市场,俗称"站工桥"。干海子白土村宝龙桥也曾是站工桥。

需喊工的就到此挑选人员，双方经过接洽，谈妥后，第二日农民工便上门干活了。中华民国时期，毕明的母亲喊来工，毕明只管做活，他记得的场景是：一家人栽秧，请工，有两桌人，天擦黑才点着小油盏吃饭，乎菜（夹菜）都望不见。栽秧时的请工是普遍的。毕明记得的另一场景是：大树三营、东庄的先做完了，就来这里帮工，栽秧以女人居多。晚上，青龙村的小伙子就跟她们唱山歌，有时唱得兴起可以唱一晚上。

山地，正在耕作的一驾牛犁：两人加两牛。此种耕犁，在滇地，古称"两牛抬杠"，"杠"专指系于两牛肩上的一根木板，它使两牛只能合力合作

换工也是农村常见的劳动协作，方式主要有三种：第一种是开春时节，大田犁耙离不得牛，有的农家无牛，便请有牛户来耕犁，说好以栽秧工来抵偿，一牛当两工，一架牛由一人加两牛组成，抵五个栽秧工。第二种是五六月时，有的农户断粮，只好向富户借粮，说好以工偿还。第三种换工是临时组合，以割埂与打谷时节居多。毕明是这样叙述的："这里的秧栽完后，女的薅秧，男的割埂（用镰刀割去田埂上的草，既为稻禾生长

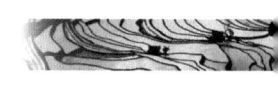

腾出空间，也防老鼠做窝糟蹋粮食）。十多个男的，今天割你家，明天割他家，主人煮饭。打谷子，即在大石碾上打，换十多个工，主家将伙食准备好，一二十人吃饭。"这种协作效率高，而且一伙年轻人说笑着做活儿不觉得累，邻里乡亲间也因关键时刻的支援增进了情谊。

忙里偷闲——春游踏青。薅秧、割埂结束后，大忙告一段落。五六月正是花红柳绿、杏桃成熟时节，村里一些好玩耍的年轻人便相约着出门游玩。出行那天，男男女女穿着节日盛装：男的身着直贡呢褂子，外套蓝色或白色背心，腰系五彩芯腰带，脚穿皮拉它；女的头戴公鸡帽，身穿彩七缎的衣裳，腰系撒花围腰，脚穿绣花连耳鞋。当这些衣着鲜亮、精神焕发的年轻人走过昆明街道时，会引得城里人驻足赞美。这种出行，往往由能干的小伙子出面组织，他会事先找到目的地所在村的村长，将前来游玩的男女人数、食宿条件和价格一一落实，玩耍地点多半在跑马山或西山，前者主要去光顾水果，后者是耍风景。西山龙门风景虽好，但家长多数不会同意，因为传说龙门山脚的龙王庙有邪神，其中的七男八女会勾年轻人的魂，据说每次去那里游玩回来总有一个年轻人生病，有的甚至病死。

大春栽插是一年中最忙最重的活计，年轻人都是家中出力最狠的，这种忙中偷闲的游玩因为是集体活动，安全有一定保障，一般家庭都会支持。

2. 五谷之王

（1）山区的杂粮当一半家

童年，我在江南农村生活，平原地带一年吃到头的米饭，偶有苞谷（家乡称珍珠米）、洋芋、红薯上桌，高兴得像过节，听大人说山区杂粮多，遥看距村子十几里外的吼山，心里憧憬的是山区的美景及五光十色的杂粮美食。在昆明撒梅居住区，我听到老人诉说的却是吃杂粮的无奈：大米不够吃半年，杂粮要当一半的家。苞谷上来了，掺在米里吃；小麦上了，磨磨、发发，蒸在饭头上；老蚕豆上来就吃豆，泡泡、挤挤（指剥皮），倒在甑子上蒸；洋芋上来，生的洗净剁细，待米饭近熟，去了米汤倒入洋芋，一半米一半洋芋，这些都是正常年景的状况；荒年时，野菜瓜豆都会掺入饭中。

山地劳作景象。蹲踞的农人正在间苗，远处青烟缭绕，有人在制作草皮灰——一种差强人意的肥料

用来敲击麦田里的大土块以备种麦的木槌称木梛头

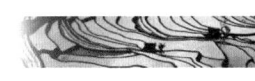

杂粮的栽种，令山区农耕更显繁忙、操劳。正月十五，村中的花灯闹得正红火，有的勤俭人家便上山挖地，以备栽种洋芋。山土阴冷，翻整后要晒个把星期才好，然后在洋芋地旁，将埂子上的草皮铲拢成堆，点火闷烧，三天熄火，不热了，就可以用了，这样产生的肥料叫草皮灰。还有的用一层草皮、一层大粪、一层煤灰堆成垛，泼水捂一周，用钉耙翻两道，碎了，用做肥料。大板桥以上的山区，人们在自家的山上用松毛耙在松树下收集陈腐烂叶捂肥堆，效果更好。这些肥料在二月上中旬种洋芋时是少不了的。

三月栽种苞谷与红薯，这些籽种喜水，农民说，越下雨越好。这时，男人女人头戴笠帽，身披蓑衣，在雨里抢种。还要在苞谷地套种黄豆、腰子豆、葵花等作物。两个月后，谷子进入薅秧阶段，苞谷、洋芋、黄豆、葵花也要薅了，稻秧薅三次，苞谷也要薅三次。那时是非常忙碌的，老妪告诉我，早出晚归，都在田地里，只有下大雨做不成农活时才歇一下。

六月中下旬，洋芋开挖。收成要看"天凑趣、人能干"，大的洋芋鸭蛋般大，小的鹌鹑蛋般大，收成好的地，大个的占2/3；反之，小的占2/3。

十月，稻子收割完，苞谷、黄豆、杂豆也登场了。然后又是种麦、摁豆（蚕豆）、撒油菜，第二年二四月便又是小春收获时节。

终年劳碌，山区为城市饭桌增添了许多花色品种，为人们添加生存能量——蛋白质与热量，也为孩童带来欢乐。

（2）五谷之王的荞

苦荞，又称鞑靼荞麦，它生长于海拔1000—3000米的山区，是中国西南地区的重要作物，营养价值极高。

在撒梅坊间，我听到一个传说，是有关荞子的。从前，仙人来，他问一颗谷子："你几天来养人？"谷说："半年。"神仙不高兴，在谷子头上钉颗钉，从此，谷芒会扎人。仙人问一颗麦子："你几天来养人？"麦子说："过过年才来养人。"神仙算算，九月种，三月收，还不止半年，神仙就在它肚上划一刀，从此麦粒胸口有一道伤疤。神仙又问荞子，它说少则七八十天，最多九十天就来养人，神仙喜欢，便用嘴亲吻它，左嘬右嘬，荞子就成为一头大一头小，且两头都尖尖的样子了。不知从何时起，人们称荞子为"五谷之王"。

古滇墓葬出土的爪镰，曾是农人手握的采集工具，现已绝迹

　　五谷之王的荞子在撒梅祭祀中有重要地位。乌龙村李美莲告诉我，撒梅盖房上梁，举行仪式，其中一项是奠五谷，将荞、谷、麦、高粱、松子包入一红袋，系挂主梁。老人去世举行葬礼，风水先生将五谷装入风水罐，埋于坟堂正中的泥土。祈祷亡者在阴间五谷齐全，丰衣足食。其中五谷若有缺失，独荞子不能少。

　　荞子易种，农历七月，当山地挖了洋芋之后，便可以种荞子了。只见一人驾一头黄牛犁地，另一人身挎撮箕跟在后，撮箕内装着用细牛粪、谷草灰、油枯拌和的荞种，一手用小锄挖塘，一手撒种，每塘撒八九粒种子，塘与塘间隔30厘米左右，播种完毕，吆牛轻耙一道，荞子浅埋山泥，农人说"荞三麦四豆六"，这是不同作物籽种的发芽期，入土三日后，荞子便自生自长了。

　　古时，种荞后，人们还会祭荞魂。在播种后的荞地，周围插上红绿纸条，献以酒肉，念念有词，说些庆贺荞魂回到地里，乞求荞魂保佑丰

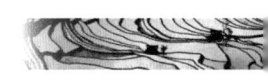

收之类的吉语佳言。

荞子不用薅，也不上肥，因其茎梗充满水分极易折断。农人爱将荞子拟人化，称荞子胆小，怕受惊动。一些不懂事的孩子进荞地玩耍时会被大人立即喝出，说你把荞子吓着了。

立秋后，甜荞的叶梗泛红，苦荞的叶梗泛绿，花都是白的，很美。

荞子速成，下种后两个半月至三个月就可以收割了。割荞时，母亲会叮嘱女儿："要好好割，不要丢，掉了的要用蓑衣放起。"

古人在收获期间，又会进行"叫荞魂"的祭祀，请荞魂不要再留恋山地，要随荞子回家住进荞仓，来年再回山上。

荞广种薄收，每亩撒种约12公斤，收获至多四五十公斤，好的长至80厘米高，差的仅30厘米。农人收割后将荞禾摊开在晒场铺成20厘米的厚度，用板连枷击打一遍，翻一次又打一遍，再用抓耙抓抓抖抖，然后筛筛扬扬，整干净，用水碾磨之，第一道将荞壳除去，再磨一道就是头道面，好吃；第二道面就苦了，用于喂猪。然后做荞粑粑、荞疙瘩食用。

彝族好用歌谣记录历史，在《云南彝族歌谣集成》一书中，我看到了彝人与荞的原生态的关系：

### 找荞子

阿妹呀，进山里，进凹子，找荞子。
阿妹回，点明子，照阿妹，搓荞子。
做成饭，大家吃。

### 种荞

狗尾巴上有荞种，
从月亮上带来的。
泽泽夺取下荞种，

用双手刨地,
往地里埋。

泽泽夺天天去看,
一颗颗发芽了,
一颗颗长大了,
红杆绿叶,
荞子开花了,
结出了果实。

荞子落在了地上,
泽泽夺不知如何收藏。
他一颗一颗地捡起,
又把枯荞杆上的荞子摘下,
用麂子皮包装上。

人们跟着泽泽夺种荞子,
学泽泽夺那样收荞子,
一年年地种下去,
荞子成了吃的粮食。

  在《种荞》中,泽泽夺是传说中第一个种荞子的人。传说荞原本生长在月亮里,一条狗下凡,尾巴上粘了荞,人间便有了荞种。因此,彝族有过年时要先喂狗,然后人才吃饭的习俗。两首歌谣分别流传在云南楚雄市与武定县。歌词对古彝人在远古时采集野生荞子果腹及将荞种驯化为粮食的过程做了生动描述。彝人的古歌谣实在精彩,寥寥数句,竟将数千年前人们生活的场景生动地展示出来。彝人的口传历史离不开神话、传说,那些人神交融的故事,活泼有趣,令人时时处于真实与虚幻之间。神话传说之于人,像自然界之云、雾、风、雨,也像霞光、彩虹,它是一种飘忽的人文气象。

农家院落。晾晒的黄豆秸下坐着祖孙四人,老人已有九十余岁高龄

在长期的生存竞争选择中,彝族大多生活于山区、半山区。山区缺少灌溉水源,彝民自然选择了最适应山地栽种的荞作为主食,尤其在八九月时,新谷还在收获之中,荞子便进入民众的饭甑救急,解人丁困厄,我想,这就是荞子成为撒梅人五谷之王的原因。

清康雍乾时宦居昆明的上海松江人倪蜕著《滇小记》,其中有"荞"的记载:"旱地荒山遍植荞,不论时候,红梗、绿叶、白花,甚可观。民间多食荞,磨面制成饼,呼之粑粑,想即饳饳也。远行力役之人,俱携此为行粮,食时于山沟内取凉水饮之。"

现在,荞是养生杂粮中的重要品种,我曾将荞面炕成粑粑食之,那种细腻又夹杂些苦凉味的特色是其他粮食所没有的,而且荞粑粑便于携带,不易变质,确实是旧时行旅之人携带干粮之首选,类似于新疆的馕。

(3)牛粪糊场

在农村,牛真是个宝,出力犁地顶几个壮汉。牛粪肥田,产量可增加几成。山野的干牛粪，农家捡来，冬天可以拢火取暖。牛粪还有一个不为城里人知晓的用处——糊场。

那时农村的打场是三合土，用不了多久就烂了，一个个小坑及一簇簇土渣混在粮食中要有多麻烦就有多麻烦。三合土翻修极艰难费工，不知从何时起，人们发现，牛粪可以糊场，不臭，还好用。

有用从山野捡来新鲜的水牛稀牛屎，也有用自家牛圈内现成的，攒上两三日的量，装在粪桶内，兑水搅和成稀浆，捞出其中的渣渣。在扫干净的晒场上，一个人用粪瓢均匀地泼淋，另一个人用细竹条帚扫，糊糊拍拍，土松处浇稠点。第二天一早，只见晒场平整整、清汪汪泛着淡绿色的光，用扫帚都扫不出灰来，而且越扫越光滑，就可以用了。但是糊的场怕雨，雨季不能糊。糊的场不经用，用过十数日，晒场就起灰。好在糊场方便，再如法炮制就是。

农家打场的工具：连枷

一年中有两季需要糊场，最好的是冬季大春庄稼收割后的打场，因为是旱季，很少下雨，也经事。八月中秋后，人们用个把月的时间将稻谷、苞谷及套种的杂豆收了。稻谷成垛地堆在打场上；杂豆捆成把，挂在家屋墙上；苞谷撕开编成辫子，成串吊在院墙的木架和树干上。一个满当当、金灿灿的农家氛围包裹着人们，会让劳作者喜滋滋、乐颠颠，让外方来客心生钦慕，欣赏不已。但是，这只是农事的一个短暂过程，农业的终极目的是将粮食归仓。腾出手来的农民先忙于小春秋种：种麦、点豆、撒油菜籽。农历十一月，打谷开始了。在暖融融的阳光下将稻谷摊开晒半日，到了下午，人们有的在石板上，有的在烂石磨上，还有的在掼箩上掼谷，手拿的就是在田间就扎好的谷把，转着掼一二十下，掼过的稻草摊到打场上，用连枷再结结实实地打几遍。然后，将谷子扬干净，用网筛、糠筛筛干净，再用麻袋一袋袋扛回家里倒在苇子里。苇子是用竹篾或藤条编的，结实透风，这种贮粮家什在滇地已传用数千年，在古滇国墓葬出土文物绘画中都有得见。苇子根据需要可以两围、三围加上去，大的苇子有三围，可装三百多公斤谷物。

黑水牛与石碾砣。碾砣曾经是牛沉重的负载，碾豆糠大约是最伤牛力的活计

旧时打场，牛拉的石碾砣形制不一，此碾砣制作圆润，牛拉动时会轻巧些

    杂豆要晒三四日。将豆秸摊在打场上，用板连枷击打，最多打三遍，正一遍，反一遍，收收晒晒又一遍。总之是又簸又筛，最后将精华背回家，秸壳堆在场上。

    需要糊场的另一季是清明时节的打豆糠。蚕豆是宝，豆子养人，豆根的根瘤菌肥田，秸秆养家畜。蚕豆秸在地里就干了，运回晒场晒半天，下午打豆，将豆整干净后，第二日碾糠。在云南，豆糠是农家养猪的主料。农民惜之，但粉糠累人，也拖累牛马。人们将豆秸平摊于场上，大约铺30厘米的厚度，牛拉200公斤左右重的石碾砣，马拉约100公斤重的碾砣，碾砣有大小头，所以能在场上做圆周运动。碾时要用扬杈常翻动。大晒场有500多平方米，可以铺二三亩长得中常的蚕豆秸。一头牛碾头道需要四五个小时，头天碾碾，第二日上午，两人用糠筛筛，下午又碾两道，把剩下的渣渣倒入田里作肥料。粉糠灰大，当人们将豆糠装袋背回家，再互相望望，打场人衣裤鞋子全是糠灰，连年轻人的头发都变成灰白色的。中国传统农业之艰辛,以至于此。

昆明浑水塘乌撒庄老人比画的石碾没有大小头,也是牛拉的碾砣

（4）人挑马驮送皇粮

撒梅的勤勉、守法古书就有记载。清乾隆《皇清职贡图》录："撒弥或作洒美……颇勤耕种、输赋税。"光绪《续云南通志稿》述："撒弥……勤于耕作,急公输税。"

十月,民众的稻谷已收贮在场,家中米缸内的米业已见底,每天的饭食以荞面、洋芋等杂粮掺之,冬月打场的首批粮米都是先交皇粮。乌龙村李家富说："以前交皇粮,冬腊月每家交米,二三十公斤交到昆明圆通山县粮仓。两三家凑在一起,用马驮,一匹马驮一百多公斤。"当时由前卫屯乌龙村至昆明是小毛毛路,交粮都是人挑马驮。20 世纪 60 年代才修了 7204 公路,即金浑公路（昆明—金殿—浑水塘）。小石坝村八十余岁的那铣回忆的是 20 世纪抗日战争时期交公粮的情形。他说:旧社会交农业税,要挑粮到五华山去交。送军粮,由现在的炮司（干海子）挑粮到昆明北校场军营。返回时如果轮到义务工，还要挑米回来送往炮司。一来一去就是负重行走五六十公里。

小麻苴村龙树庵大殿的"皇粮碑"，立于清嘉庆二十三年（1818年）

在昆明官渡区档案馆馆藏资料中，有中华民国时期辖区交纳公粮的档案，其中一份记载了1942年昆明县外东乡大麻上段堡20个撒梅村上交公粮共4061840石，一石为175斤，这样大的数额，不说"锄禾日当午，汗滴禾下土"的终年辛劳，仅上交皇粮国税的人挑马驮，耗心费力又是多少。

其实，封建时代，王朝对云南夷民纳粮是有所优惠的，据方国瑜先生主编的《云南史料丛刊》收录的《大清会典事例》载："乾隆元年复准：'云南夷户除垦耕官屯、民田仍按亩起科外，其所种夷地皆计户纳税，免其查丈。'"

彝族撒梅耕作终岁勤勤。其急公输税，也是终岁谨小慎微的。在小麻苴龙树庵内有一块镶嵌于大殿侧墙的古碑，上列190年前全村需交付

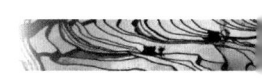

的皇粮国税以及村中夫马水钱之公摊，谨录于后。

谨将合村公议每年冬月初十齐收应上粮银总额及各户口逐勒载于后

——本村共合田亩贰百玖拾伍亩另叁厘陆毫

——本村共合麦粮壹石捌斗另叁勺壹抄（内扣功德一斗另五合一勺）

——本村共合荞粮陆拾肆斗陆升壹合玖勺柒抄（扣三升八合一勺三抄）

——每亩田收肆升五合　每亩收条银伍分伍厘

——每亩加收钱陆拾文　每亩入公众钱肆拾文

——麦粮一升收条银壹分　又加收钱拾文入众

——荞粮一升收五合条银皮柒厘　又加收钱五文入众

——银粮二项俱照官价上纳

——水钱扣除外实田壹亩收钱叁佰文

麦粮一升150文

荞粮一升75文

此系合村总共额数　又将各户口姓名粮钱分列于后

　　海余保

共田贰拾伍亩壹分　共麦粮伍升伍合　共荞粮六斗另四合五勺三项共上纳条银壹刃捌钱伍分捌厘

入公众钱壹千叁佰陆拾壹文

夫钱贰千叁百贰拾陆文

水钱田除扣外实田壹拾捌亩贰分伍厘叁毫柒丝

共合收钱伍千四百七十七文

——户刘思明

——户曾全保　李享祚

李文高　李老四

李朝阳　李天植

李正清　李玉学　李成学

——户曾全保　杨海留

毕招受　毕绍元

毕六哥

——户李兆存

——户杨自高

——户闰月生

——户小李兆存

——先徐保

——户张保徐

——户李逢春

——收水钱定于每年五月二十日齐收　合村分为上下二牌轮流赶水　每年给赶水食用银肆拾千文　出与水老人钱壹千　除用外下余之钱入青苗会内公用

——车水之日定于每年小满前三日　进小满之日撤水栽秧

以上所载各条规俱系合村老幼公同妥协议定　其田亩银两数目均照额册核开实确　并无额外浮开　此官民两便公私相济之美行也　凡合村有田地粮之家　各宜共相体量　至期争先上纳　照额汇齐赴官完纳　幸勿违误　逾期倘有迟误　定即具报乡约转禀　提比讯追水钱亦不得迟误　违者倍罚　毋遗后悔　谨勒

大清嘉庆二十三年岁次戊寅中秋合村众姓人等公立

# 采撷山林

### 1. 搂松毛

旧时，昆明人眼中最熟识的撒梅人形象，是贩薪于市的"民族"

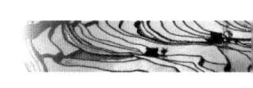

（昆明人对少数民族族人的简称），他们肩挑柴火，身负松毛圈，沿街叫卖；贩薪者以女人居多。在清《皇清职贡图》中，"撒弥罗罗"的图像是一位用背箩背着块子柴的男子。我在撒梅坊间采风，听得很多的是山林劳作的故事。一位老人说："靠山吃山，靠海吃海。"语直白简朴。因为居住于山区，山上多树林，自家用不完，弄到城镇换几个钱"以有易无"是自然之事。

深秋，继大春收获、小春栽种后进入冬腊月，这两个月是"农闲"。但农闲不闲，居住平坝的农民此时纷纷远行野山找柴，撒梅女人便一头钻入自家山林弄柴火、拾松球、搂松毛、割山茅草。这时的山林，植物生长缓慢，动物进入冬眠状态，割些、耙些是小摘摘，对林木影响不大，来年清明踏青以后，便封山育林了。

撒梅山林长得较多的树木是松树与栎树。松树在经霜后大量松针坠落于地，厚箍箍、密扎扎，只要肯吃苦下力，弄到城里便是上好的引火柴。大栎树质地坚硬，可以做老牛车，其他用途就是作烧柴了。

山林是山区家庭的小银行，家里的零用钱主要靠它，有时还可以救急。据毕明讲述，20世纪40年代，农民的皇粮国税是交公粮与杂税，交公粮因是田地所出，收获了就上交，世代相续，好像没有令农民太伤神。杂税繁杂，尤其是每月一交的"门户钱"，要得急，令许多农民大伤脑筋。因为当时农民家中除了农产品，很少有现钱。在交"门户钱"的日子，村长早上用大锣敲一下，预告要交门户钱了，当晚又敲一下，第二日早晚各敲两下，第三日敲三下，晚上就是交钱的时间，每户所交之钱相当于后来十元、二十元。交不出的，乡丁便将户主拴在寺庙公房的廊柱上，冬天冻一晚滋味不好受，好不容易挨到天明，赶紧上山搂松毛，一家人齐上阵，操劳三日才交得起一次门户钱。

还有的人家田地少，一年口粮差一大截，这时的割茅草、搂松毛就是救贫救命。洪桥村73岁的毕玉英讲述旧时的苦难，她家田地少，父亲还抽大烟，新粮收了只够吃一个月，哥哥到昆明挑扁担卖苦力，兄弟帮人放牛。她和姐妹跟着母亲讨生活，一年中有8个月的时间在山上割草，

勤俭的农妇背着大箩松毛，手提钉耙，大步行走。路旁的草堆是松毛垛，山民做肥料之用，这是昆明官渡区双龙乡北大村附近的景象

身背松毛柴火的农妇行走于盛开的油菜花田埂间，色彩和层次感令人赏心悦目

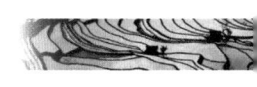

大年初一才歇一天，初二就到黄土坡海义家的大山上去割茅草，卖给窑上（有几座砖瓦窑，是玉溪姓张的与姓钱的开的）。临近过年，扯青松毛卖了才有钱买一斤肉、一只鸡过年。

撒梅人背着松毛圈在昆明寻得买主，得到不多的钱用于购买家中需要的油盐酱醋。有时，为了方便，也有以物易物、互通有无，用松毛、烧柴交换蔬菜。撒梅人耕种田地辛苦，很少种菜，至多种些青白苦菜、辣子、茄子，有时实在无菜可吃，便以烧柴换菜。小石坝距牛街庄不远，牛街庄是汉族村寨，种菜多。石坝的民族便背柴去那里换，一背柴约百斤出头，可换十多棵大白菜，约二十来斤。昆明北地张官营曾是蔬菜种植村，裕丰村的村民背着柴步行八九里去换菜，据村老李发富回忆，一背柴换一路（一畦菜地）苦菜，十多棵，有时菜多，可换两路菜。

以烧柴换菜，两相情愿，倒也无话可说。有时，烧柴、松毛圈却变成了"锅巴"。据小普连村张双云讲述，1947年左右，美国人在白虎山时，农民不够吃，就挑柴卖了买粮吃，有时，兵来四五人，将柴收了，一分钱不给，好点的给点剩饭、锅巴、麦面。白土村杨德说，烧柴有时卖不掉，就换锅巴吃，一背柴换二三斤锅巴，只是里面有好多沙粒子，拿回家用水发发，煮了再吃。

换锅巴场景的发生，是因为丁海子从清朝后期就有官府驻军。抗日战争时期，美国政府支援中国的抗日战争，派出陈纳德将军统领的航空队来昆。云南省府将部分美军官兵安置于此。军营缺的是烧柴，剩余的是锅巴，便与当地农民发生了这种特别的交换，有时背柴者遇到兵痞，就像秀才遇到兵，有理说不清了。

乌龙村位于双龙乡的群山中，山林极多，旧时林地多数为私有，多的一户有七八百亩山林，少的也有近百亩。农民上山烧黑木炭，砍伐大树改成板子、椽子，人挑马驮到昆明出售，林产便成为家中重要的经济来源，不过这种条件较好的村为数不多。

松树底下会长菌子（云南人对野生蘑菇的叫法），一到春末夏初雨

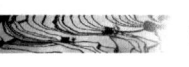

季来临，牛肝菌、青头菌、鸡油菌、奶浆菌、干巴菌、北风菌……各种菌子挨着不同时段"你方唱罢我登场"，从松软的沃土中钻出。拾菌不限地点，灵巧的人满山捡菌。野生杨梅成熟时，女孩们挎着篮子互相邀约着扯杨梅（即摘杨梅）。昆明人的口福是由这些勤勉的山里人所给予的。

　　将满山散散的松毛做成松毛圈运到城里，成为每家塞入炉子的引火柴，这自有技巧。那秀英为我讲述了全过程。她叙述的是数十年前其老爹（即爷爷、祖父）与奶（奶奶）的生活经历。老爹名那长荣，奶奶邵那氏，两人没有生育，过继一个女孩，就是那秀英的母亲。没有嫡系子嗣的家庭被族中轻视，很没地位，日子过得紧巴巴的。奶很矮，最劳苦，家中养着一头牛，有老牛车。奶去几十里地外的棠梨坡搂松毛，老爹用牛车拉回，将松毛放在院子外面一大墙边，结结实实地码着。那秀英十多岁便跟着做这种活计，头天要将压实的松毛抖出来，烧开水浇透再捂一晚上，第二天扭时才不会扎手。扭松毛的工具叫扭车，像简易纺车，多半由女人操作。人坐于小凳上，一手填松毛，一手转动轱辘盘，一次扭成约 1.5 米长的松毛纽，将两头一并拢就成了像麻花样的松毛圈。一个松毛圈称一股，二十股扎成一把，重三公斤左右，一人一天可扭一二十把，再晒一天就可以卖了。矮矮的奶背得最多，背二十把约七八十公斤，如此数量，一般要体格健壮力气大的人才背得起。背到昆明二十多里，在街边叫卖。用霜打后自然掉落的松毛做成的松毛圈称红松毛，不大好卖，一把只值老滇币一毛，有时仅几分钱。还有一种松毛圈用绿松毛扭成，当时城里烧鸭店需要这种松毛圈，用它烤出来的鸭有股清香味，好吃。奶就到山上拉着松枝摘松毛，是从树上生拉硬扯鲜活的针叶，伤树也费力，弄到家要晒一两天。扭好后又晒一两天，绿松毛重，背不了那么多，但好卖，每把一毛至两毛。穷人的孩子早当家，奶去世后，十二三岁的那秀英稚嫩的肩上背起四五把（二十多公斤）松毛就闯昆明谋生去了。

制作松毛圈的纺车，农人称之为"扭车"

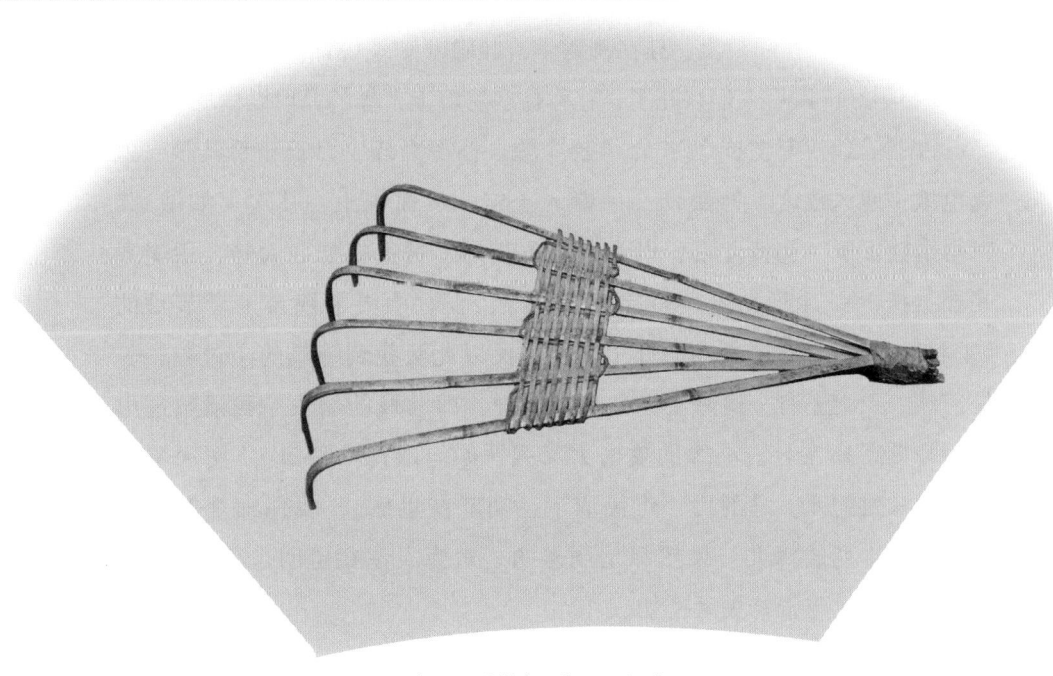

松毛耙，用竹制成，轻巧、好用

2007年3月22日是农历二月初二，我在青龙村张桂珍家拍摄各种农具，看得出这是个勤俭人家，在别处已见不着的松毛扭车，她家还好好地保管着。也许是看我对旧时的山林生活兴趣浓厚，她主动告诉我，她们还在搂松毛，明日还去，不是为了卖钱，是为了锻炼身体，为了喜欢，还为了土灶烧火的方便。我想去，赶紧与她预约，她说我去不了。原来她们早上天不亮就动身，6点多就回到家了，因为不是谋生所需，只是一种情趣与怀旧，不会采得太多。从我家到青龙村有十余公里，我掂量一下确实难以成行，只得作罢，隐隐然若有所失。

2. 住在土墙的蜜蜂

在云南武定县山区流传着一首彝族古歌谣，名为"阿文苟兹图"，讲的是在远古，人被大洪水淹得只剩一个人种，是一家三弟兄中的老三，因为他心善，事先由神仙豪猪指点迷津，藏身于葫芦而幸免于难，但被水冲得不知流落何处。肩负拯救人类责任的豪猪四处寻他，豪猪遇着老马蜂，问它是否见到人种，马蜂说："我没有见着，如果见着，就把他蜇死。"豪猪生气地说："马蜂不好，今后人们用火来烧你，你养的儿头朝下。"豪猪又遇着蜜蜂，问它是否见着人种，蜜蜂答："眼睛没看见，耳朵听着了，躲在葫芦里，挂在柳树下，吐噜吐噜地说话。"豪猪对它说："蜜蜂心肠好，以后人们兴旺了，让你住在房墙上，养的儿可以横放。"

古书记载云南物产"蜂蜜"云：彝人扑得大蜂，以长绳系其腰，识以色纸，迎风放之，乃集众……蜂入土窍，从而掘土，其穴大如城廓，辄得蜜数百斛。初读此书，以为是天方夜谭，哪里有如此大蜂，用绳系其腰，挂上一片纸，还飞得起来。近年，收看中央电视台十套节目的"探秘"DV，看到了不知何处山区，山民以此法找到蜂巢的全过程，于是信然。云南还有一道好菜——油炸蜂蛹，即马蜂的幼虫。我请教过山民，蜂巢高高在上，马蜂的攻击力又强，如何取得？答曰："用火燎蜂巢，马蜂死的死，逃的逃，将巢取下，蛹就在里面。"我仔细观察过蜂巢内整齐排列的蜂儿，果然都是倒悬的。撒梅人住在昆明近郊的山区，他们的生活也与蜜蜂关系密切。

毕明有好身手，只身上山找蜂。他说："我上山，从中间走一转，有无蜜蜂就可以知道了。"毕明的父亲亡故于1930年，当时他只有9岁。父亲是个好猎手，还会走山寻蜜。大约技有所传，毕明十多岁时，他见父亲的伴（即发小）找来蜂蜜，便喊声大爹，向其要吃的。大爹说，你过来，你眼睛好，只要到山上去找。随后指给他看仙人掌背后的蜜蜂屎，授以机密。当时云南多狼，毕明一人不敢上山，便撺掇姐去一座远处的山砍柴，然后跟了去，他随手拿着父亲当年收蜜蜂的布兜，抖抖灰，放在老牛车上。姐明白了他的意思，说："你还想整那个，要当心狼。"进了大山，毕明很快找到蜂巢，他拿着三炷香，绑在一起，点着，用袅袅香烟凑近蜂窝，蜜蜂纷纷避让。他像个行家，把一块块蜂蜜整下来，将

招蜂巢，由竹篾编就，外糊牛屎。农人喷以糖水或盐水，于蜜蜂分窝时节（农历二三月），悬挂于山野树丛招引搬家的蜂儿

蜂王弄进布袋，蜂儿就跟进袋中。自此，琢磨出一些道道。后来他上山打兔子，在树叶上看到黄生生的蜂屎，总要探个究竟。他说，如果是稀屎，蜂窝不远，几十米；如果屎是干的，则在一公里多的远处。屎在哪方多，蜂窝就在哪边。寒冬腊月，在山的东边屎多。毕明的技巧令家人的生活多了些甜蜜，在艰难时也因此得以度过饥荒。

我走访一些边远的撒梅老村，发现泥墙上有洞，洞后连着一只木箱，不知何用。慢慢地与原住民处成朋友，询问缘由，才知根底，原来是蜂窝。乌龙村李美莲是个能干的女人，她在墙上养过蜂。她说，老历二三月将那个蜂窝（木箱）弄干净，喷点糖水、盐水，运气好的人家，会有蜂王领着蜂儿来。蜂王比一般蜂黄一点、大一点。蜜蜂来后把木箱门关上，四面糊以牛屎，里面就是暗的了，但墙外蜂儿进出的洞留着，蜂王就在人们为它创造的房中产蜜生子。蜂蜜一年收两次，冬月一次，三月一次，不能收干净，要留1/5的蜜给蜂子吃。

近几年，随着农药的广泛使用，蜂少了。乌龙村土墙养蜂的几户人家已是蜂去室空，原来活泼有生气的墙洞成了干巴巴的虚设。

在更为边远的一朵云村，我观摩到杨正云家的蜂房，他家的院墙很大，一长溜，墙上设置的蜂房有七八个，现在还有一个蜂房有嗡嗡的蜜蜂在进进出出地劳作。杨正云叙述的养蜂就有文化味了，他本人是一朵云小学的教师。撒梅人称这种养蜂为养土蜂，在树根下、老埂子上、岩子脚都可以养。正是在杨老师家，我知道了蜜蜂跟昆明的寺庙有渊源，因为寺庙空旷人稀，环境幽静，适合养蜜蜂。过去昆明黑龙潭那棵传为张三丰种的土锅树上就有蜂窝；还有金殿七星旗老旗杆上的木箱里也有一窝蜂。太阳烤得着的地方，蜂喜欢待。这些蜂窝都有上百年历史了。听杨老师讲述，我忆起一段经历：我曾与朋友游历昆明桃园红石岩老寺，发现一只废弃的功德木箱成了野蜂巢。在夕阳余晖中，蜜蜂们饶有兴致地在箱子缝隙间爬进爬出，令不解其意的我看得发呆，还拍了张照。

民间传说，易经八卦的金木水火土的土命、木命与蜂和谐，养得起来。土命的人，蜂会自己找来。杨正云说自己属土命，盖房设土箱，蜂自

一朵云村杨老师家土墼墙上的蜂房，平日木门关闭，主人为方便我拍摄，打开了木箱盖。其中黄色的块状物是蜂蜜与蜂蜡

己来，老蜂死了，新蜂进来。他从不去山上招蜂，一年中蜂子于春分、秋分分两次家，蜂王领着分家。过去割蜜，分冬蜜与春蜜，一次从箱中可割两三公斤蜜，三月少点，两次可割五六公斤。一朵云一带蜂子采白花、草乌化蜜。割蜜时，用火草或香的烟头熏一下，蜂子闻着味，赶紧让开一点，就可下手了，割三分之二，留三分之一。冬季如果没吃的，还要喂红糖、糖稀。我走近蜂房，请杨老师打开门，发现蜂儿们果然横卧巢中。

  我记起"阿文苟兹图"创世古歌的一段话："蜜蜂心肠好，以后人们兴旺了，让你住在房墙上，养的儿可以横放。"不由叫绝，武定县神话中天神豪猪寻人种时的断语竟然是云南彝人山地生活的真实写照。民间行吟诗人将天上人间不同时空叠加得扑朔迷离，云南，那山、那水、那人，还有那蜂，在自在与质朴中竟充盈着如此炫目的诗情画意。

## 狩猎山岗

数千年前，在滇池周围的森林中生活着种类繁多的野生动物，它们与人类共享着这片土地。1998—2001 年，在滇池东北岸羊甫头山丘出土的古滇国墓葬青铜器上，两千年前的古代艺术家绘制镂刻的纹饰为我们揭示了精彩一幕：在一个精致的铜箭镞上，一对孔雀相对而鸣，两只小蜜蜂萦绕其间；一牛与二虎搏斗，牛角洞穿虎之前胯；四女抱牛歌舞，牛做腼腆状；一龙一虎相斗，虎吞咬着龙之七寸。在一个铜腰扣上，两只老虎在吞食两个人。一个铜啄顶部站立着三只快乐的小鹿。两个漆木箭簇分别线刻着人骑马、孔雀啄蛇和两只炫美的雉。在铜腰扣、铐、戚、钺、觚、啄、削等器物上，镂刻着牛、蛇、灵猫、孔雀、鹿、兔、野猪、黄鼠狼、穿山甲与豹等十余种动物。

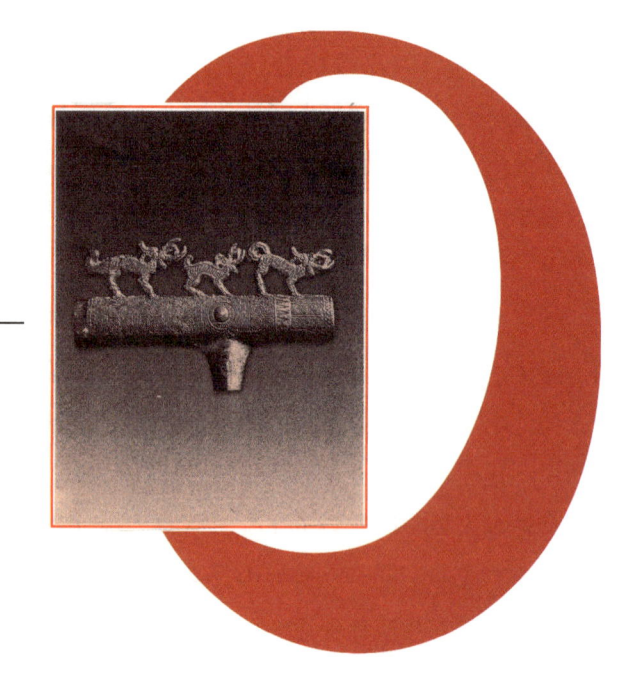

三只快乐的小鹿。在古滇人眼中，冷峻的世界也有温馨的一刻

一对比美的孔雀

四女娱牛图。标志牛已进入人的农耕社会的一个场景：它已被人驯服，成为大宠物，但没有牛鼻绳，不能役使

龙虎斗，虎占上风，咬住了龙的七寸

一牛战一虎，牛角尚穿一虎的腿

注：以上五图引自《昆明羊甫头文物精粹》，其中第一幅图饰于铜啄之上，其他图为一个铜箭镞上的组画

看着这些由考古工作者精心复制出来的动物图像，我想，在滇地的蛮荒时代，野生动物一定比人类繁盛得多。

1. 彝人好猎

彝族，是古滇国诸多族群中的一个。远古，他们生存在狼奔豕突的凶险环境，要么被虎豹吞噬，要么以集体的智慧与力量战而胜之。在左玉堂主编的《云南彝族歌谣集成》一书中，我看到的更多是后者，并且是由弱转强的生存轨迹。彝人好猎，环境使然。

云南澄江李家山古滇国墓葬出土的"牛虎铜案"。据专家考证，此物为滇国重器，案台盛放的是祭神的祭品，类似中原的彝器、鼎器，牛、虎为古滇图腾，两种动物被古代艺术家组合，抽象为神器。不过，母牛腹下的小牛，令神台平添几分"人性"，令人感动的同时也有几分不忍有歌为证：

**撵山歌**

追麂子

扑麂子

敲石子

烧麂子

围拢来

作作作

古歌说的还是原始山民燧石取火的场景，完全凭借人的体力追逐捕杀一只奔跑速度极快的麂子，实在不易。歌词"作作作"，是收获猎物的人们聚在一起，欢快享用烤熟麂肉的场景。

撒梅老猎人喜欢的本土猎狗，体形不大，奔跑速度快、灵活，不易被追急了的豹子转身扑翻，对主人又极其忠诚

**撵麂子**

最初撵山没有网

抬着弩弓遍山找

最初撵山没有狗

人当猎狗撵野兽

打猎全靠网哟

没有猎网自己织

搜山全靠狗哟

没有猎狗自己找

在彝族撒梅人那里，我知道，撵山专指打猎，撵是追逐、驱赶之意。

老人展开收藏的猎网一角，此网可以捕麂子、小兔等野物

原始社会时期的狩猎是人与野兽赛跑。撵山，强势的是人，弱势的是兽，表现的是一群人或一个很厉害的人在追逐野兽。古歌谣揭示山民打猎从赤手空拳到用弩弓、猎网、猎狗的过程。

**下扣子猎兽**

老祖造弩箭，
我们跟着造，
用弩去打猎，
野兽越打越狡猾，
听见弩声躲进山。

老祖喂猎狗，
我们也养狗，

用狗去撑山，

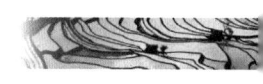

野兽越打越狡猾，

听见狗咬躲进山。

阿谢嫚若来教我们，

不用弓弩，

不用撑山，

用绳下扣子猎野兽。

早上下扣子，

下晚取猎物。

晚上下扣子，

天亮取猎物。

四面八方下扣子，

林中取猎物，

山梁取猎物，

箐底取猎物。

扣子，是用细而结实的麻搓成线做成的活扣，设在树根草丛，设下扣子的人不需在现场守候。一些不走运的野生动物踩着扣子，一迈步就被套住，而且越挣扎越收紧，再也逃不脱，被下扣子的人逮个正着。阿谢嫚若应是一位极聪明的女头人、女猎手。打猎下扣子是继弓弩、猎网、猎狗后出现的技艺，它其实是人对野兽设置的阴谋与圈套，此物一出，野物便走背运了。

祭猎神。彝人好祭祀，狩猎的人们除了在撑山中不断改进工具与技艺外，还会祈求神灵护佑猎手。

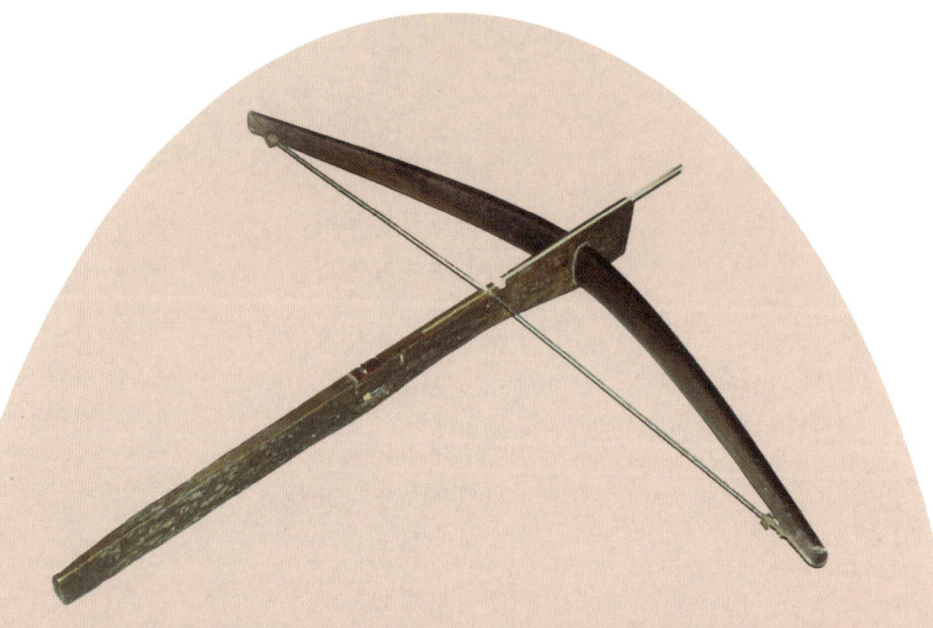

古代打猎工具，现今在滇西的偏僻山区仍有人使用，是早期的弓弩

捕捉箐鸡的鸟扣子，是活扣，被套住的野物越挣扎，扣子收得越紧，此物原理如武术中的借力打力

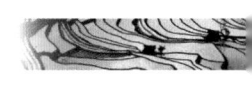

撒梅老人告诉我，农历六月二十四的火把节是彝族的盛大节日，节后的第二日猎人们上山祭猎神，他们口中祷告着："打猎将军，我们今日来还愿了（献红公鸡），给我们顺顺利利，打着野兽，遇得着老虎、豹子，出去就打得着。"祭祀完毕，便觉得冥冥之中，神仙在保佑自己，狩猎的底气也更足了。

有时打猎不顺利，或是遇不着野物，或是被野兽逃脱，也去祭猎神。平日在一起狩猎的伙伴，有的拿酒，有的拿米，到村子附近有点圣迹的山坡，祭只红公鸡，口中说："请东方猎神、西方猎神、南方猎神、北方猎神保佑我们，打猎顺顺利利。"并朝四方磕头作揖，然后大家在山上煮肉喝酒，野炊一顿，神也祭了，口福也享了，真是一举两得。

旱马罩村的尖山脚有猎神庙，供奉的是本村一位狩猎先人，姓李。他生活在百余年前的长毛下坝时代（长毛下坝，民间俗称清朝咸丰、同治年间云南的杜文秀起义）。坊间传说此人武功了得，他走路很快，是飞毛腿，而且有腾越功夫，昆明小坝附近的金汁河有五六米宽，他用一根丈八杆，一戳就跳过去。力气也超人，别人挑谷子才一转，他已经挑了三转。他的撵山打猎是凭真功夫，几个人一起上昆明，返回时走到半道，见有人手里拎着一瓶酒，就说，有酒了。对方说，酒有，下酒菜无。李猎人就说他去整卜酒菜。他只身一人上大山，打着赤脚追野兽，捉住了麂子、小兔。那几人刚到家，他就拿着野兽到了。李猎人死后，村人为他立金身，盖小庙，叫猎神庙。村人去撵山都要到庙前烧香祭拜，请李猎人的神灵保佑。

2. 人豹对决

在乌纳山、三尖山的山岭箐沟中，人们撵了数千年的山，至20世纪中叶，飞禽走兽尚未绝迹。在我走访的七八十岁老人中，在他们的年轻时代，以及他们的父辈奔走山林的年代，山中走兽仍与人进行着颇有声色的搏斗。

那时狼多，当地人称其为土狗、老野狗。裕丰村老人李成说，过去狼很多，早早晚晚，沿着羁马桩（今昆明香料厂附近）那条土路，上上

作者与青龙村的智多星毕明合影

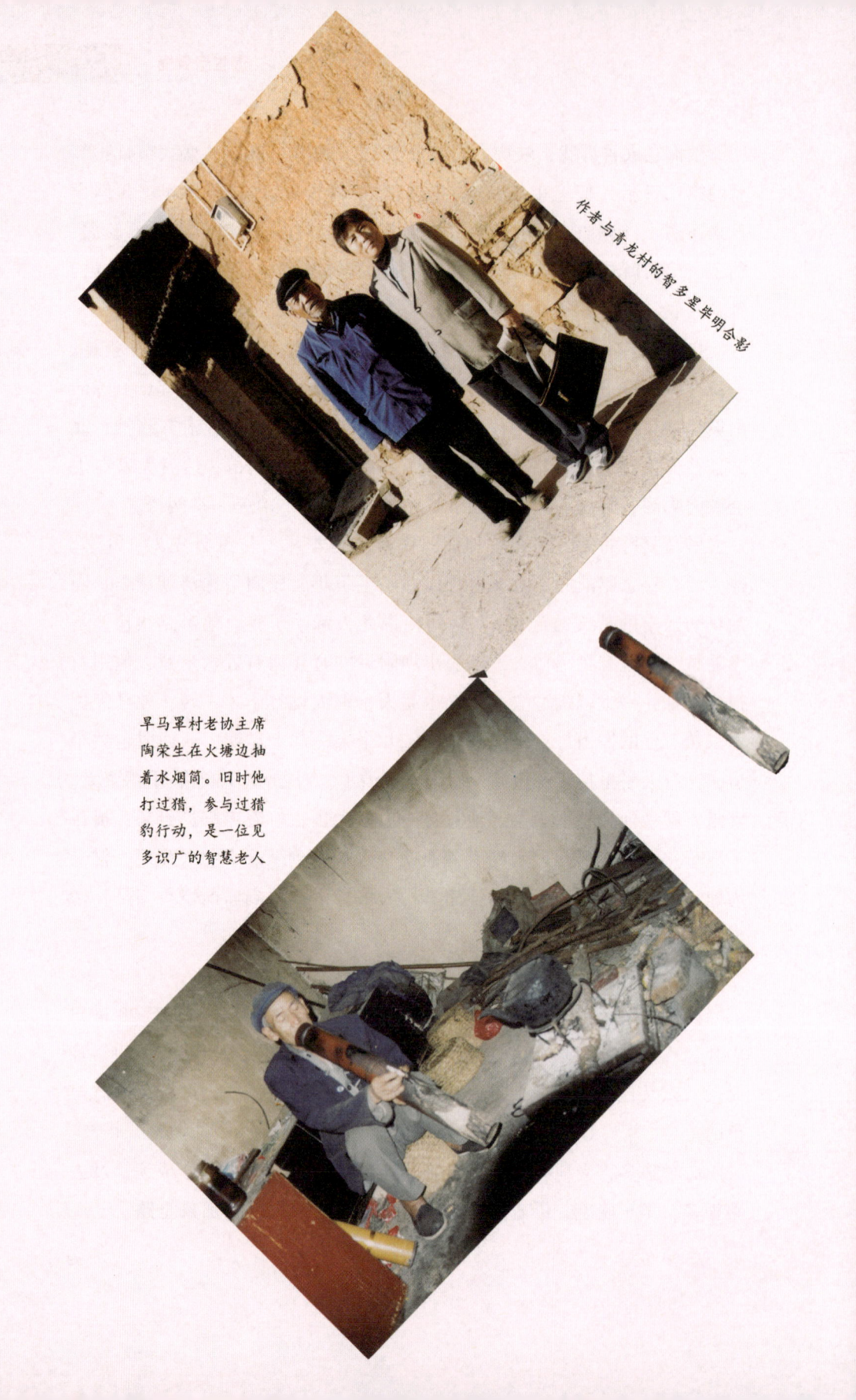

旱马罩村老协主席陶荣生在火塘边抽着水烟筒。旧时他打过猎，参与过猎豹行动，是一位见多识广的智慧老人

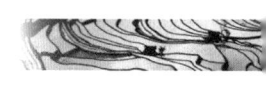

下下，有时会一直到交三桥、凤凰桥一带，狼抬头嚎叫像扯警报一样怵人。大石坝保正安说："过去有老野狗，抬娃娃，这村不抬那村抬，太阳待落不落时，家家不给小娃出去。1915年左右，小石坝一个女人白天在山坡薅苞谷竟被狼咬死。"那时的山林还充满野性。

昆明东郊的山林中，最壮硕凶猛的动物是豹子，它们生活在远离贵昆公路与滇越铁路的密林里。但是，猛兽已经避不开人了，一些撒梅村寨如青龙村、乌龙村、旱马罩、裕丰村还有乌纳山脚的阿底村、一朵云村、热水河村星星点点地分布在它们生存圈的四周，这注定了它们会与人发生短兵相接的肉搏。今天，正是在这些地方，我听到猎人们讲述一桩桩人仰豹翻的生死战，有时令人紧张叹息，有时又忍俊不禁，有时还会对弱势的豹们心生同情。

一般来说，"人怕豹三分，豹怕人七分"，不到饿急，豹子情愿躲在刺笼、山洞过自己的生活。可是随着人的数量增多，欲望增大，能力增强，豹子食物链上的动物日渐稀少。无奈，豹们只得铤而走险，刀口添血。在豹子一次次翻墙入院进农家偷鸡摸狗、于山间小道偷袭牛马时，它们会因为害怕人而大失水准。

据乌龙村79岁的李润讲述，一只豹子乘夜纵入农夫王亮家院落，将头够入鸡笼（罩鸡的笼子，由竹篾编就，顶有圆洞），吃了鸡后，脖颈套着的鸡笼无法摆脱。鸡笼虽轻，套的部位却像犯人戴枷，豹的四肢够不着。它几次纵墙，都没成功。惊醒的王亮一家不敢出门，躲在门后偷瞧，最后豹子将土墙蹬烂，挣破鸡笼，狼狈地跑了。

李润自己也经历了一次类似事件。那天，他赶着几匹驮马去昆明卖柴，当时的路是毛毛小路。返回时，在烧人场（地名）下面（现今叫高山流水处）有一条狭路，两边是山坡。这时，往常走在前的骡子突然掉头往回走，李润上前察看，不见动静，便将跟在后面的老憨马打上前。一只豹子突然从高坡扑马，因地形复杂，马在行走，人又跟在后面不远处，豹子够着了马，却处于上下不能的尴尬境地，只见豹肚横担在马鞍子上，四足悬空。受惊的马快步奔跑，情急的豹子只能将马的后腿抓烂。

青龙村90岁的毕湘手握年轻时使用过的打豹工具三星叉。此物现已难觅

猎豹工具独镖

李润将其他驮马堵下。最后，豹子的后足好不易够着鞍架，一蹬，头冲下掼倒在地，起身急急地跑了。后来，豹子又堵着另一处马，大约也没成功。这时太阳将落，李润回头一看，那只豹子蹲坐在小山包向这边呆呆张望。

豹子真正倒霉是遇到猎人，这时，它拼命搏斗，不一定能脱险；当然，猎人使出浑身解数，也不一定能成功捕捉豹子。有经验的人对猎豹行动是要做精心准备的，首要的是武器装备，打豹武器有五种之多。一为三星叉，它的主体是一个有三个尖刺的铁具，中间一刺略长，套于一根七八尺长的栎木杆上，很沉，是刺豹子的主要工具。二为牛角叉，它的把柄较短，是豹子被套入网时猎人按住其脖颈以防挣脱的工具。三为独镖，柄更短，尖端有独矛，使用之法类似于暗器。当豹扑人时，人猛地蹲下，令突出的矛头刺穿豹腹。四为大网，网用粗麻线织成，长十五六米，高三米余，网眼有七寸大小，网四周支以若干短棍作支撑。一张围网二三十公斤，一个壮汉才背得动，一次行动要七八张大网。五为铜炮枪，需一定距离才能有效使用。除了这些器械，每次打豹，还需要带猎狗三四条，狗以胆大灵活、体形较小的为好。追豹时，大狗笨，会被豹子回头扑倒；小狗灵活，扑不着。一位老人讲述，小狗追着豹子尾巴咬，豹子回头咬又咬不着，心急火燎的豹子会坐卜嗷嗷地叫，猎人上去就刺，就得手了。

人们打猎靠的是人海战术，只要坐实了它的窝点，一个村子敢上的人就都会上，至少有十几二十人，有时邻村赶来，可至四五十人。这种人海战术，打麂子成，打豹子还是难，因为豹子拼的是短兵相接时的亡命精神，那种鱼死网破的玩命劲儿，人多半做不到。

人们讲述，旱马罩的小外（人名）打豹子，豹被围网网住，一同守网的人吓跑了，只剩小外一人，他用牛角叉叉住豹子，人与豹像拉锯一样你进我退地相持，结果还是豹子赢了，它挣脱网跑了。小外吓出病来，病了很长时间，后来死了。

乌龙村李润说："听老爹讲，一次打豹子，哥弟几个都参加了，大家在一条沟里撵下来,未见豹子,又去栎树窝子,与豹撞个正着,豹子朝人扑来,力大势沉,人往上扑去,豹的肚顶着小老爹的头,豹头搭在他背上。小老爹吓得一跳,将豹子扔到另一个菁沟,他跳到边上的菁沟,正正落在一架刺笼里。豹子被杀翻后,人们去救他,费大力才将他从刺笼中捞出,周身被荆棘刺得伤痕累累,苦头没少吃。"

青龙村有一次猎豹也惊险。据老人讲述:"一个老倌姓陈,三四十岁,尾着了豹子(指发现了豹子踪迹),说:'今天打豹子去。'他在茶馆吃了茶,一些年轻人抬着网二戏(互相打闹)走,他着急,一人先行,年轻人尾随其后。走到菁口,豹子"轰"的一声扑向老倌,前爪按住他的头,老倌胆子很大,他紧紧抱住豹腰,不给豹子以施暴的空间,一个劲儿地对后来者说'来杀!来杀!'众人哪里敢杀,豹子逃走了。老倌的脖子被豹子整出一个洞,一说话就从洞中冒血。"

人们形容胆大之人,会说:"你吃了豹子胆了。"豹子胆大,一点不假,在人豹决斗中,豹子是死不低头的。

裕丰村84岁的老人李成讲的是他的一次亲历,这是本村唯一的一次打豹子,惊天动地。事情发生在20世纪40年代,当时他二十几岁。一只豹子在村南化香院(地名)被村人发现,它居然在田沟边喝水,被李成老岳父的老表看到,也该着豹子倒霉,此人当时身背铜炮枪,他立即瞄准射击,打着豹子前肢,豹子逃走了。第二日,老表约了本村人撵山搜豹。距村十多里的高坡村、瓦脚村、三瓦村的打猎爱好者也闻讯赶来,个个身背五子枪,场面像赶街(赶集)一样热闹,不过,按规则,他们是友情"出演",是帮腔造势,主角还是裕丰村。裕丰村村子不大,第一次打这种猛兽没有经验,因为头日撞在枪口上的豹子已经受伤,便大着胆子充任杀豹主角。李成吃了早饭,跟人去山上转了一次,未发现豹子,便在一棵树下咂(吸)烟休息。李成的老爷李国才一人又摸上山去,见豹子睡在一个刺笼下,以为豹子死了,上去拖豹子的脚,豹子猛地爬将起来,伸出爪子,只抓了一把,李国才的背就被抓烂了。李成赶了上去,豹子从李成背后扑来,跳到他背上,两只前爪按住李成的手,脖子抵在李成头上。李成背不动这个近百公斤重的大家伙，就须势躺下翻了两个跟头，豹子爬起来，跑了。后来，邻村棠梨坡砍柴人发现豹子死在山上，肉已烂完，只剩皮骨。这只受伤的豹子至死都不给人品尝胜利果实，不免令兴师动众的裕丰村人气馁。在人的围猎中，豹子能逃生是因为采取了正确战法。每次撵山，虽然人多势众，但其力量是分散于整个山头数个山岗、若干箐沟内的，每个豁口的守候者基本都是两人。在豹子与人接触的局部点，力量对比仍然是豹强人弱，豹子只要突破这一薄弱点，远远逃离是非之地，便能躲过一劫。

猎虎豹的工具夹子，又称"铁猫"。这是一种暗器，它夹住的多半是猛兽的脚，被夹住的猛兽没有一只可以逃脱

旱马罩流传着独人打豹的故事。讲述人陶荣生说："这是发生在几代人以前的事，豹子来抬狗，这个人拿着叉子去找，他头戴笠帽。打豹子一定要戴笠帽，将帽檐压低以遮住眼睛，豹子最恨人眼，它见人就劈面一把将人的头皮抓下来盖住眼睛才下口。此人手握三星叉，豹子会打拳，

从人前扑上来抓他。猎人一躲，回身就刺，没刺着。就这样像英雄打擂台一样，豹进人躲，人进豹退，七个回合，猎人终将豹子刺死。"这只豹子在处于下风之时没有逃，不知是被孤胆英雄缠住跑不脱，还是被英雄激荡的义胆所吸引，非要拼个输赢，结果是豹子成就了猎人的英名。人们代代相传着这个独人打豹的故事，令我想起景阳冈打虎的武松。

3. 猎者毕明

毕明，昆明白沙河青龙村人氏，生于1921年腊月初五，殁于2007年正月初二，享年86岁。

毕明个子很矮，约一米五几，戴着眼镜，目光有神，镜片后聚焦力极强的眸子令我想起重瞳子。我称毕明为猎者，即打猎的人，而不是猎人，因为他一生的主业是务农。务农事，精干练达，他叙述的九十九道工序一碗饭的种稻经被我收录在著书《消失的阡陌》中。务猎事，也生动精湛，不可不记。

坊间老人称毕明"爱玩山"，"玩山"是此地对打猎的另一种称谓，还蕴含着玩山者不仅热爱打猎，且技艺精到、收获颇丰的意思。

毕明的"玩山"得之家传，其父毕湘林也是个"玩山"有水平的人，毕湘林死于1930年，时年58岁，当时年仅9岁的毕明已经从父亲那里得到见识了。他见过父亲打狼。邻家一匹马在晒场因贪吃黄豆撑死，撒梅人不吃自死之物，父亲要了一腿肉，里面夹上毒药吊于林间，一只独狼来到诱饵处，正满腹狐疑嗅闻，父亲的枪响了，一枪，打中了一只需要两个壮汉才抬得动的巨狼。

毕明爱"玩山"还因青龙村的强势，中华民国时期该村就是一个有七八十户人家的大村，老村周围其他的撒梅及汉族村寨，如裕丰村、黄土坡、两面寺等都只有三十来户。人多、心齐、村大是村民善攀山的基本要素。此外，还要有几个胆大心细技艺好的带头人。在毕明父亲那一代，爱"玩山"的除了毕湘林，还有李元、毕李宝、李毕福等人。青龙村爱打猎，敢向猛兽叫板，还有宗教文化的支撑，据一些老人讲述，青龙村大堰塘龙王庙内供奉着青龙、白虎神位，这两种神灵是可以藐视天下一切野兽的，包括老虎。

毕明与小伴毕湘，这天是毕湘九十岁生日，是晚，在慈悯庵，毕家为老寿星办了一台温馨的生日宴，我也应邀出席

父亲死后，毕明十几岁就拿着父亲的收蜂兜上山采蜜蜂，后来又扛着父亲的三星叉、毛瑟枪跟着老猎人打豹子。毕明说，只要山上有的都可以拿回来，一生打了野鸡百把只、兔子千把只、穿山甲几十只。不过，他补充道，除了老虎、野猪这两样，什么都敢打。这样的成果只是在干完当家的农活以后创造的。毕明是独子，父母亲生了七八个孩子，只留住了毕明与姐，称老儿、老囡。毕湘林生毕明时已有49岁了，所以他们为毕明取了个丑名（小名）叫"腊狗"，是当地习俗，为了独子好养活，接家里的根，叫接根。毕明的姐在毕明十七八岁时得了霍乱，姐和她的三个女儿在一个月内都死了。母亲毕李氏是个师娘，能说会道，死于1955年。家中有二十几工（当地对田地的计量单位，3工=1亩）田地，要毕明任主力耕种。当毕明自己成了家，陆陆续续又要养活五个孩子，

大量时间依然放在靠得住的农田上。打猎说是"玩山",有时却是艰难度日的重要补充。

好猎之人一定要胆大,毕明说年轻时一次与豹子对峙的感受:"豹子发威时、入气时(入气,即发怒),耳朵往下一耷,缩进去,尾巴噼啪地摇,吼一声'嗷'。我拿着三星叉,抵抗着它,你死我活拼了。它的眼睛瞪着时,像锥子一样盯戳着你,胡子呲起来半尺长,那是两簇很硬的胡子。"十七八岁的嫩娃能抵抗猛兽这样的威势,能有几人?

擅猎之人一定要会钻研门道,俗话"外行看热闹,内行看门道"。会看动物脚印的猎人不太多,但毕明会,而且精到。他说:"黄鼠狼脚印小,三个叉叉,有爪印。猪獾的脚印有三台。狐狸与狗爪印相像,爪不会收,有爪子印。豹子的脚印是团的(圆的),爪收拢,像猫脚印,有小碗口大。虎脚印如牛脚印大,人看着汗毛都竖起来,害怕。"毕明最擅长打兔,人称"兔子王"。他对兔子的脚印及性情研究甚多。他说:"兔子脚印,像小脚女人,前面小,有四个爪爪,后面宽。兔子跑起来,只剩三只脚印,有只脚不落,前面的两只脚都落,后面两只脚轮着落地,狡猾。狗去追,它会打转转(即兜圈子)。狗在路上追得着兔子,在山上追不着,兔会耍狗,转着跑。"

好猎手还要有好狗,毕明养过一条小狗,打野兽很是厉害。毕明和狗的感情很好,这条狗从未拴过,充满野性活力。它又极护主,毕明独自上山,它循着毕明气味一路找上山去。毕明去大龙潭山砍柴,没有叫它,又转到另一架山找柴,转回来发现它睡在柴垛旁。有一天毕明拿着砍柴工具斧头与弯刀上到山顶,发现弯刀不在了,也不见狗,反身下山寻找,看到狗就睡在弯刀旁边。这只会为主人守柴火、弯刀的狗简直有了人味。不过,有时毕明与小伴掼跤玩,它还是不知好歹,冲上前咬主人小伴,被毕明喝住,可笑至极。再好的猎手,一人在山上仍会势单力薄,一只好猎狗跟着,人的精气神就上来了,就是一个团队了。

毕明喜欢独自一人与大山交流,擅长用谋略智取禽兽,且看他与野鸡、兔子过招的精彩故事。

（1）育子与箐鸡

箐鸡，即野鸡，学名"雉"。箐鸡羽毛华丽多姿，甚美，在鸟类中仅次于孔雀。箐鸡羽毛最美的部位在尾梢，几根长一米多的彩翎被人做成京剧武生的帽饰，其他黑、灰相间的硬翎因素雅端庄，在清代被官家饰在文官的官帽上，其数量的多寡还是判断官阶高低的标识。

斑鸠育子，是捕捉斑鸠的诱饵

育子，是人工养殖的公野鸡，它自小被猎人驯养调教，听人指挥，成熟后成为猎人诱捕箐鸡的工具。箐鸡像许多鸟一样，一打春，就成双成对地各占山头，交配抱儿。按照动物界的法则，雄箐鸡的交配权是争夺来的，赢者占山为王，然后就妻儿成群。雄箐鸡吃了清明水后，开始鸣叫求偶，叫声"亢、亢"，只两声，间歇又发出"亢、亢"两声，当遇到情敌时，"亢、亢"声变成了"秃、秃"声，叫声有点尖锐。

箐鸡性机敏，一身花俏的羽毛在五彩的山林中有极好的隐蔽性。老人说，野鸡身上有遮鹰草，所以人寻不着它，上百人上山打箐鸡常常无功而返。但是厉害的猎手用育子挑逗它，它立刻就上当。因此，育子的

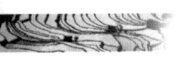

价格不菲，人称"扁毛无价"。扁毛专指鸟类，兽类的毛是圆的。育子的品级高低与其鸣叫能力有关，鸣叫能力越强的价格越高，一般的育子一天仅能叫数声，极少数可以叫百声，珍贵无比。驯养育子不易，一年到头喂水喂食，还要训练，要花费猎人许多精力，一般猎人不养育子，所以，能用育子打箐鸡的猎人不多。

毕明买过一只育子，460元，以当时物价，不是小数目，从小养起，耗物费神。后来，育子令毕明得到极大的欢乐和满足，用他自己的话来讲："好玩死了。"

打箐鸡，除了需要育子，还要有辅助器物，就是围塘。围塘用二百根竹竿制作，其间用三层麻线编织相连，总竿是根结实的木棍，下面有铁器固定。围塘外面系着二十余个鸟扣子，即套鸟的活扣，扣绳细而结实，过去用马尾搓成，后来用六根钓鱼线搓成。

箐鸡选定的窝子是人迹罕至、林木茂密的大山箐沟。数十年前，在昆明东北方向的双龙、莲华乡所在的九龙湾、三潮水、箱子庄、麦冲一带山林有箐鸡。此地区距毕明的家有一二十公里。头天，毕明挑着关养育子的育子笼与围塘赶到乌龙村大老表家歇息，第二日一早四点多就上山了，这时野箐鸡还在睡觉。他摸黑将围塘支好，把育子连笼放入其中，自己则钻进麻叶蓑衣中躲着。这种蓑衣是用麻线织成，里面有很多窟窿，外面悬挂着一小撮一小撮的麻线，这种特制的蓑衣给箐鸡错觉，让它以为是个草堆，其实里面却躲着一个人，可以观察四周。

一切准备停当，天蒙蒙亮，育子伸展翅膀大叫一声"嘎啦"，像是在通知山林深处的霸主：我来了。动物的领地意识很强，何况处于发情交配期的箐鸡。很快，一只尾巴长长的、脸红通通的雄箐鸡出现了，身旁还跟着一只雌箐鸡。对这场育子与箐鸡之间的角逐，毕明有生动的描述，他说："那只野箐鸡气冲冲赶来，它的意思是，此山是我的地盘，我有老婆，你来此，来抢我的地皮，又抢我老婆，就冒火了，就来了。它不知是人在整鬼事。育子叫'呵'，要决斗。雌箐鸡看看，与己无关，就走了。雄箐鸡走近了，还要走到装着人的草垛旁叫。育子'嘎啦嘎

打笼，可以打鼠，也可以打鸟，是毕明发明的

啦'叫，意思是你来吧，我不服你，外面的箐鸡火了，想啄它，进不去，里面的被围着出不来。箐鸡死盯着育子，眼睛白瞪瞪的，在围塘周围打转，外面的扣子，它以为是茅草。里面的育子站稳了，使劲啄地下，口中'嘎啦嘎啦'叫，不断挑战、挑衅。外面的箐鸡绕着走，扣子挂住了脖子，以为是被草挂住，就扭来扭去，扭不开，拍翅想飞，'啪'一声摔倒在地。这时的箐鸡想走也走不脱了。"毕明马上用身上的蓑衣将育子笼盖住，不让它看清人抓箐鸡的场景。毕明说："如果育子看到箐鸡的下场，它下回就恶了，对方叫一声，它叫两声，外面的怕了就会让开，只是远远的赛着叫，不再上当了。"

打箐鸡，一年之间只有在立春至芒种的几个月内，一日之中自天麻麻亮到早上八九点的三四个小时内。其他时间，箐鸡不鸣叫也不打架，安静地过着隐秘的山居生活。

(2)"兔子王"

毕明捉兔，懂其习性，识其足印，往往手到擒来，令人惊叹。他说："兔子吃草、麦子、黄豆等，它不吃窝边草，要隔着里把（一里左右）路才吃。辨其脚印，要下过雨。如，今晚它出窝时下雨，脚印被雨冲没了。三四点雨停了，天将亮回窝，地烂，留下脚印。当它走到窝附近，就很轻地踩，然后一下跳入窝中，不给人看出端倪。人搞鬼事，就懂它的花样：兔子脚印收了，表明近在窝了，就不过去了。看看地形，将网插在它的路上，在刺丛草窠敲敲，它睡觉的姿势是蹲着的，一有动静就冲出窝去。人用小棍打着草过去，看见它了，若它的头冲着网的方向，就从其尾巴处一剔，说：'你还不出去。'兔子就直冲出去，像飞一样。人喊一声它就已跑到网里。一辈子打兔，有空就打，整着玩的意思。过去兔子多，架架山有几个。毛主席在着（指健在）时，做工分，上午十时收工，叫家里煮着饭，我背着网，像菜地找菜一样，一会儿就拿回一个来。"

有一次，毕明去两面寺打兔子，遇着一个看（守）山的也在打兔子，互相招呼，才知那人是三瓦村的，小了毕明十几岁。他知道毕明是青龙村的，就说："听说青龙村打兔子最厉害的，格是你（格，方言，是否之意）？"毕明说："我不是，来这儿瞧瞧。"他说："多，整不着。"毕明上去瞧，松树很多、很厚，进不去。看见了兔子脚印。那人怕被毕明吆了，先下去支了三四张网，在那边打、撵。毕明上到高处，看出兔子就在松林里，只需两张网就可以了。便动手吆兔，整着只大母兔，对那人说："你不要吆了，兔子给我整着了。"他说："你今日才来，怎么知道？我天天在这儿，吆了几十次了，你怎么吆得着？"又说，"好了，好了，分给我，钱没拿着，明后天来，我给你。"毕明说："算了，拿去、拿去。"过几天毕明去了，他随便给了点钱。又过一周，那人在两面寺后的山洼洼，支着网，一片地打。因为前一晚上下过大雨，毕明看得见脚印，告诉他兔子不在高处，到下面打。他说："（下面）吆了两遍了，大路平泱泱的，整不着。"毕明看出兔子窝就在附近，它走得轻轻的，脚印象针戳的一样，看不出来。毕明打这条沟，那人不屑地说，他

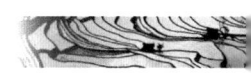

已敲过两遍了。毕明下去撵，用长镰刀撩起一蓬长长的草，旁边有石头，下面热和，"扑通"一声，躲在其中的兔子跑出来，在网中蹬脚，毕明上去拎起来，那人看呆了，说："你像神仙一样，你打，它就会跑出来。""玩山者"，名不虚传。

毕明敢打豹子却不敢打野猪。野猪勇猛，与人拼起命来口中獠牙颇有老虎的狠劲。我曾在小普连村听一位张姓老人讲述野猪的故事。有一天，他去山上砍一棵小松树，要找那种直而且中间有几根枝杈的才好，正在细辨，林中走出一窝野猪，他赶紧躲在树后，只见一只母野猪带着一群儿，母猪有一百多公斤，小猪才十几公斤，有七八只之多。前面遇到一个土坎，小猪上不去，急得嗷嗷叫，母猪用长嘴将它们一个个拱上去。当年的张姓老人看得心痒，却不敢动手，因为不惹野猪是此间共识。

在毕明的讲述中，我知道了还有两种动物是撒梅猎人忌讳下手的，一是蟒蛇，二是老虎。人们说，蟒蛇、老虎，头上都有王字，是老天封的。有关蛇，青龙村流传一个故事。对门山（又称照壁山）有蟒洞，一条大蟒住在其中，肚子饿了就吸路上行人吃。有人在它爬行的小径支上刀，想除掉它，没成功，老天惩罚它，飞来大石将它打死。对门山，我去过，是去看毕明种菜。山不大，乱石嶙峋，有点像个溶洞。听毕明说，过去此地有许多大刺笼，中华民国时为躲匪，人们曾经在刺笼底下铺上草席，夜宿刺笼中。对门山荒僻幽深，若说被大蟒盘踞，也有此可能。撒梅人不碰蛇，还因为恶心它的样子，说它臭脏。毕明说，大蟒会叫，"嗷嗷"地叫。族人称蟒为"老合麻"，称蛇为"旱扑麻"。

老虎在撒梅居区早就绝迹了。毕明十七八岁时，去放牛，听人说在九连山脚牛车路上有虎脚印，是经过的，往大板桥方向去了。一个在山上放牛的老憨包说他见着了，从牛路的下面走过，身上镰刀花、黄格格的（虎皮的花纹与颜色）。老憨包在茶铺对人说，有人还打击他，说："格是头上长角的？"打猎的人马上去察看行踪，说真是老虎，用瓜皮小帽量脚印，帽口还遮不住一点。随即，有胆大的猎人从两面寺一带去追，想围猎，未成。老人说，老虎几十年才经过一次，是从这省到那省的。

撒梅猎手不打虎，是因为老虎没有了；如果有，可能还是敢打的。

过去，我是在古籍中认识撒梅人的爱猎善猎的，清乾隆《皇清职贡图》有彝人猎户配图，但不知当时的技艺不行，还是落笔者的心胸狭隘，背兽的民族猎人往往被绘成面容黧黑的未开化之人。毕明是撒梅人中第一个引导我进入彝家曾经的狩猎生活之人。在他简朴而精彩的讲述中，那种人与兽拼力气、比智慧的精彩博弈引人注目。旧时，彝族生活在野兽嚣张的山区，谋生者不如此勇敢顽强，如何立得住足？

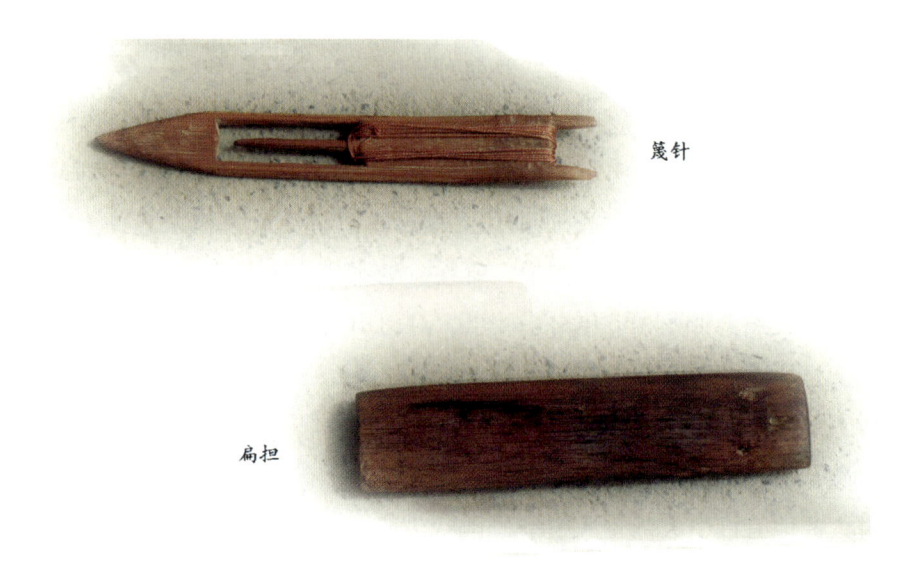

篾针

扁担

织猎网的工具

首次识得毕明是在 2004 年 8 月 22 日，是青龙村村委会干部为我推荐的。其后，两年多时间我进行十数次访谈，谈话内容涉及撒梅生活的方方面面，老人的博学、健谈以及惊人的记忆力令我惊叹，他简直就是昆明东郊土著的一部百科全书。我对毕明的最后两次访谈印象尤深。一次是在他家堂屋，他在穿梭引线织兔网。一位八十余岁的老人，在野兔几近绝迹的昆明东郊织兔网，见我惊讶的表情，他说，是一个在村里打工的山东小伙子请他织的，小伙说山东老家野兔吃花生苗成灾，知道大

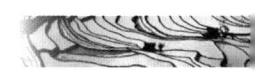

爹一生打兔子无数，经验丰富，请他织个网留个纪念。拗不过，毕明只好织张网。可我知道毕明生着病，腰痛。当时屋内光线不好，他是凭手感运作，我细看他织的网，严谨、细致、一丝不苟，一如他打猎的风格。另一次是他强撑病体在家门口晒猎具，正巧被我遇上。他为我一一指点用途。有斑鸠打笼，捕竹鸡、箐鸡的；有织网工具篾针、扁担，用以织麂子网、捕豹网；有捉鱼花篮；有粘网，捉大、小鸟的；有鸟扣子，捉所有野鸟的；还有捕鼠笼，他特意说明，这是他发明的，那只捉箐鸡的育子被一只黄鼠狼咬死，他就是用此笼将其打了。每个猎具有多少故事，他已经无法说清，这是我对他的最后一次访谈。当我与之告别时，望着夕阳中衰弱的他，我知道他已来日无多，也感到了他的英雄迟暮情怀。一个月后，他便去世了，令我惋惜失落久久。

毕明的博学多智，被坊间称作"脑筋空"，意思是聪明，头脑可以装很多东西。这种头脑是怎么炼成的？毕明自小就对人生百态、掌故传说着迷。他说，以前老人在烟馆，烟吃够了，就盘腿坐着侃故事，他蹲于一旁专心听讲。我明白了，一辈子听得多，看得多，想得多，说得多，便成为一部撒梅的准百科全书。毕明一生勤劳。80多岁了，许多村老终日坐于茶铺，有的闭目养神，有的说些散散淡淡的闲话。他感到自己还有劲儿，就去照壁山旁盘整菜地，女儿腊凤劝他不要干了，免得旁人说闲话，以为是儿女不体恤老人。他说，又不是干违法的事，是去挖地锻炼身体。城里新鲜事多，他不甘寂寞，特意进昆明逛超市，进去转了两转，拿几样合心的东西，在门口电脑收银处算算。他对门口的"存物箱"印象特别深刻，他说："你拿着东西，搁在里头，付一元，锁起。待样样买好了，一开箱，一元钱跳出来，科学得不得了。以前的用不上了，新的要学学。"

一次访谈，他兴致所至，为我讲述了从一至十的撒梅语读音和太阳、月亮的西波文读写：一（一戴——撒梅语音，下同）、二（嗯戴）、三（生戴）、四（司戴）、五（呵戴）、六（科戴）、七（诗戴）、八（海戴）、九（孤戴）、十（乞戴）。太阳（勒格）、月亮（造包）。他甚至念

84岁的毕明手挥老式大板锄挖菜地,他种的菠菜、豌豆菜碧绿鲜嫩

起了早年学西波,请天上大神的"开经":"姆意你那,呃姆摆呵西,姆勒若妈度,家马嗒佰唣,讷唣西。"毕明真是一位充满生活情趣的撒梅智者。

4. 献给孔子的祭品

昆明孔庙,始建于元初。据时人郭松年撰《创建中庆路大成庙碑记》载:"(文庙)经始于至元甲戌年冬,落成于丙子年春。是岁八月上丁,行释典礼于新宫,牲币孔嘉,献享有仪,戴白垂髫,怡怡熙熙,乃观乃悦,于是华夏之风灿然可观矣。"

昆明祭孔,始于元至元丙子年(1276年),终于中华民国三十一年(1942年),共666年,其间,除战乱偶有间歇,延续时间之长、典礼规格之高世所罕见,实为中国特有的文化现象。

祭孔的祭品使用四簋、四豆、猪一、羊一。为表达对先师圣人的敬重有加，祭品除了猪羊等家畜外，还有野生动物。至今，昆明东郊撒梅老人对当年筹办祭孔野物之事还能说个子丑寅卯。

旱马罩陶荣生说："祭孔，要交小兔，七月份，两只。实际只用得着一只，怕兔死，多备上一只。围猎前，要到猎神庙进香，多时打多时敬（多时，当地口语，即什么时候），如果不敬就打不着。周围朱家山、大龙潭、大凹子、哨上等村也参加。网支在大风口一带的山上，一家出一个汉子，几百人，上山撵。交了活兔，宰猪宰羊不上税，免税。此时，不准私人打猎，否则，没收网具，一副网具值几十元。"86岁的李赵说："打兔子，用网围、狗撵。村长每年到城里文庙，家家都出人，去撵兔子，捉了养着，两只。等通知来上交，可以免宰税。有的村也送牛、猪（人工养的）。"

昆明文庙棂星门，旧时一年举办一次的"祭孔"所需野物（小兔、獐子）把它与东郊彝族撒梅联系在一起

毕明说："旱马罩打兔子，年年去文庙。从山上弄两只活兔，在制台衙门宰一只，要它的一小杯血。所有当官的到文庙做祭孔，年年如此。石灰窑、阿底村交麂子。山区运麂子难，不能死，要用树枝盖在笼笼上，才不会被吓死，麂子气性大。有的运獐子（取麝香），是野猫冲的，在乌撒庄附近。县长一出来，吹唢呐，就宰了。另外那只，农民卖了做晌午。"

这是旧时东郊农民远观祭孔的印象，有几分诙谐。实际上，祭孔仪式复杂，场面肃穆。我见到有关史料记载的祭孔舞蹈，其起运转合有数十幅图示。仅伴奏乐器就有数十种之多，还有盛装祭品的器皿古式老套，其名称大约是三千年前周天子祭神时的用语，今人已不识久矣。

国人祭孔的最后阶段，那时清皇室已经谢幕，中华民国时期祭孔仍保留了它的要义。试看中华民国二十八年（1939年）八月二十七日昆明的祭孔。这一日，按惯例，机关放假一天，各界一律悬旗，黎明五时祭祀官员齐集文庙。主祭官是龙云，与祭官胡瑛、缪嘉铭、张邦翰、陆崇仁、丁兆冠、龚自知、卢汉等省级官员，还有昆明市长裴存藩、昆明县长董广布及其他政界、军界、学界官员数十人到场（1940年祭孔，云南大学校长熊庆来也参祭了）。祀孔的礼义有六项：一是全体就位肃立，二是奏国乐，三是主席率与祭官恭向先师孔子位前行三鞠躬礼（主席立于孔子香案前，与祭官在台阶排列），四是诵读祝文，五是主席率与祭官再恭向先师孔子位前行三鞠躬礼，六是礼成。那篇孔子诞辰祭祝词文绉绉的。

文曰："维某年某月某日某官致祭于至圣先师孔子位前曰　维孔师德参造化　道冠古今　中不偏而庸不易　立日用之常经　仰弥高而钻弥坚　造人伦之极轨　万世一尊……"

1941年的祭孔是一次特例。当时省教育厅厅长龚自知于八月十八日给民政厅的公文称："孔子庙正殿被炸拆毁（被日机炸毁），本年祭孔，拟高搭柏枝棚，供奉牌位，以便祭孔。"也就是说，这一年是在松柏棚内祭的孔。

1942年是昆明市政府接手操办祭孔的第一年，也是昆明祭孔有史以来的最末一年，是年六月，昆明县长高直青向省府呈文，以祭孔地点不在县辖范围不便操作、经费赤字等因，要求将祭孔事交由昆明市政府办理。在向市府移交祭孔文档中有一条目引起我的注意，题为"据外东乡大麻堡代表李艾呈请免应祀孔獐兔等情卷一宗"。同年十二月十一日，龙云发文："孔子诞辰纪念办法已不适用（奉中央第二一一次常会决

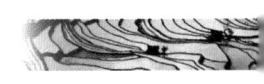

定），前须纪念办法应予废止。"由是观之，撒梅人为昆明祭孔敬献野物祭品是坚守到最后一年的。

在调研撒梅狩猎与昆明祭孔关联中，我还发现一个有趣现象：祭孔獐兔除了孔子"享用"外，昆明人也得食用。据昆明文庙管理者雷溅波记载："那些祭孔食品在祭祀后会切成块块，分送各参与祭祀的大小官员，少数百姓也可通过特别孔道走后门享用些许。因为人们笃信：凡能吃上一口祭祀肉，当官的官运亨通，读书的步步高中，孩童也会特别聪明。"类似说法早几年在云南省文史馆员李瑞先生处我也与闻，这种祭祀肉有个专称：胙肉。

# 土基墙背后的岁月

彝族撒梅避战乱图生存,选择昆明东郊宝象河流域作为他们的栖息地。千百年岁月荏苒,他们是怎样用体温温热这块土地,使生土变成熟地的?可惜撒梅西波文没有留下些许记载。好在中华统一的汉文字编纂的历史典籍为我们勾画了依稀轨迹:在《清一统志·云南志》"风俗篇"中有如下文字:

云南府
盐池田鱼之饶,金银畜产之富。晋常琢《南中志》
民风和柔,天时无剧寒甚暑。《图说》
山箐所居土人种类不一,守信约,敦朴素,邻保相资。《通志》
民遵礼教,畏法度。士大夫多材能,尚信义。彬彬文献,与中州埒。《府志》

风俗是人类文明的载体。清嘉庆年间重修的《大清一统志》,取材于自古滇国至清嘉庆二十五年(1820年)的云南府、州、县志和云南省通志、档册。立意取材是大一统,今人从中可窥见昆明这个祖国西南省府的风土、物产、人民,以及其土著所创造的文化在中华历史长河中的漪澜波光。

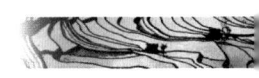

## 屹立的老村

我走过许多撒梅老村，它们大多坐落于平缓的南山坡，这里向阳避风。人们依存的水，或为河流溪水，或为山泉龙潭，或为幽深古井。民居筒瓦复顶，鳞次栉比。进村第一眼看到的就是用黄泥草茎夯筑的土基墙，小的土基墙勾勒出家家户户的生活天地，大的土基墙连绵地将所有农舍包裹起来成为村落。老村有老寺，或富丽堂皇，或古意浓浓。棕树、柏树、柿树等长势缓慢的树种立于寺旁古埂。在与一些村老谈古论今时，他们会说一句同样的话语："出来早了。"意思是由于迁移时间长，所以能选择这样的风水宝地安居乐业，一种满足与自豪之情溢于言表。在少数村寨，如瓦脚村、小麻苴、小石坝，不经意间，我还发现已挪作他用的栅子门与孤悬于野地的碉楼。走多了，我摸到撒梅的人情冷暖，看到了世情百态。

1. 老村的智慧

不同时代有不同的治村理念，但治村一定要有合适的载体——管理者，这是共同的。中华民国时撒梅村寨的管理者除了统称的村管事外，还有称作六老人、小甲等的一干人马。

青龙村的村级干部是个不太小的群体，是为"六老人"。其中的排序有两个大老人、两个二老人……由此类推至两个小老人，排行由大至小，年岁次第下降，共十二个男老人，是不脱产的。据毕明讲述，每年都会向十二个"老人"补充新生力量，后备者是年岁仅次于"小老人"的男人，如有同年同岁是最佳选择，称"一命"的。村头们会到这种家庭找真正的老人——候选人的父母，告诉他们今年要轮到你们的儿子为大家出力了。一般情况下老人都会同意，也有个别因特殊原因不能胜任，老人便说："我家儿子不干了，你们另找人吧。"村头们才会去找其他合适的人。新进的人是补缺，即每年都有两个大老人干满六年退出，后五排人员次第上升，新进的两人便当"小老人"。说是"老人"，年岁都不

老村的围墙、柿树与柏树

瓦脚村农家庭院

大，二三十岁光景，正是年富力强时。在十二"老人"以外另有"挂账先生"，即财会人员，他必是识文断字，懂得算计之法，这个人选并不好找，干好了可以一直延续下去。在"六老人"中，由两个"大老人"领头决策，仍是论资（年龄）排辈，年长些的当上半年村长，小些的当下半年村长，撒梅话称村长为"书鲁宝"。挂账先生对村长负责，所记账本保管于村长处，村长年年轮，但账本只有一个，上面记载着村子数十年流水账。毕明二十四五岁时当上"小老人"。中华人民共和国成立后，正值土改那年，他

乌龙村村巷。旧时没有大的运输工具，小巷除了村人行道，至多走走牛马，为节省土地，街巷大多是紧缩版的

轮上当村长。还记得当时要召开已划分了阶级成分的村民会议，他派出"小老人"到村口敲大锣，"咣咣咣"三声，大声叫喊："开贫农会啰！"有时，"咣咣咣"三声，叫喊："开富农会啰！"

洪桥村的管理者称"小甲"，家家"轮小甲"，一年两个，排着属相，是"一命"的。轮上了，就主管村里祭祀、摊派、上交皇粮国税等大事，互称"伙计"，跑得欢欢实实的，有时既出力又出钱，因是轮着做，大家也都没意见。旱马罩小甲每年轮选一个，当头的六人，资历最老的那个是村长。"六老人"及"小甲"是村里的决策者与执行者，其上层还有咨议者，是村里有威望的绅士及宗族族长，他们的影响力不可低估，有时遇上难事、大事，往往由他们说了算。

一朵云村，被大山包裹，这里空气清新，环境幽静，当然发展空间与机会都较小

  三瓦村的堰塘占了定凤庵旁 60 亩好田，这是个利及后代的工程，但在修建时却很麻烦，因为所占田地不可能均分至户。这时族长的作用便显出来了，据李善喜说，保甲长制度，族长为大，保长是搞事务的。族长的拐杖指到哪里，堰塘就修到哪里，出力修挖与日后管理都是"墙根配"，即一户户轮。

  洪桥村旧时称 48 岁以上的男人为"上辈老爹"。据说村里的事都是上辈老爹说了算，如要"过会"，有的家庭因囊中羞涩不愿凑钱，上辈老爹就决定将这些人家的主事家长吊起来逼着凑钱，"小甲"便去执行。

  热水河村李发新说，村里有"三老"，是指年纪最大、懂事多点、有点地位的三个以上的老人，村长有事要征求"三老"意见再做决定。

那时的老、中、青就以这种方式管理老村之事。数年前,我有幸去石林圭山大糯黑村采风,是参加彝族撒尼人密枝节。发现村庄管理仍有遗风:村长一家家轮。当问到操办大事、难事是否有阻力时,村长说,一家当一月,互相约束,这次不听我的,下次轮到你我也不听你的。

2. 老村的章法

凡涉公众之事,必有章法,否则,将遭至无序与混乱,轻则影响村民生活质量,重则有碍老村的生存发展。故老村管理的章法往往细致而严格。

老村的铜炖缸,烟熏火燎,岁月为其打造了裂缝,仍在家家户户间传递使用

(1) 保护公产

村民公共财产的保护,是村庄管理的一个大项,那时植被好,公山上长着茂盛的树林,为防止乱砍滥伐,村庄委派专门的守山人,称"看山的"。看山的职责是防火防盗。一旦发现违规,便按规则处罚。据一些村老回忆,有时遇到亲戚做下违规事,当他们以亲戚关系求情时,守

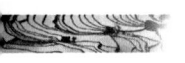

山人说亲戚亲在家里，山上不亲。说得对方哑口无言，只好认罚，一般的违规处罚是没收柴火及砍伐工具。

过去民俗节日繁多，祭天、祭五谷、太子会、观音会等都要举行全村聚餐，称"做会"。餐饮的食用品由众人凑米凑钱，公共固定资产如江西瓷碗、铜茶壶、铜炖缸，平日由村长、甲长保管，一旦丢失，也要追究其责任。三瓦村毕光耀说："本村甲长一年一换，正月十八结账移交，发现短少，甲长认赔，不赔就吊（将人吊起来）。"

一些老村为保护本村资源，规定不准外来户居住，卖土地只能卖给本村人。按照当时的宗法制度，规定从外村招女婿要给村上交米，数额还不小，如交不起就记账（赊），利滚利，秋后算总账，是一笔不小的数额。

相邻村寨有时为界山山地归属发生争执，解决争端也有习惯法，大石坝村老保正安说，两隔壁山起争端，按老法说，五六月下大雨，水流淌到哪边山地就是哪边的。

有时，一些违规屡禁不止，村规难责众。有胆气的村民或保甲长会向当地官府申告，官方伸张正义，勒石裁定。热水河村在清道光十五年（1835年）勒石记："村周围常有外来游民在墓旁挖取碗花（制陶釉泥），官府勒令各自回家，不得拖延。"清光绪三十年（1904年）瓦脚村村民吴有寿、吴华与杨成喜因争公山林木打官司，昆明县府勒石令："禁止任何人砍伐公山林木，并且重申明示该村公山地界之范围：东至李棋村，南至大路，西至深沟白泥箐，北至王百户村李棋村，四至外有小山头杀白羊山。"官府立场鲜明，保护公山林木，任何人不得侵犯。

（2）"夜不闭户"的代价

古籍称："土人守信约、敦朴素，邻保相资。"听村老忆旧，都说："旧时偷盗少，门开着几日不会要你的东西，田地内瓜豆也不会有人偷摘。"颇有今不如昔的感觉。但是，当我走近边远乡村悉听详解时，才知"夜不闭户"后面那沉甸甸的东西。

三十亩村在双龙乡，距昆明城数十公里，旧时只有小毛毛路连接省

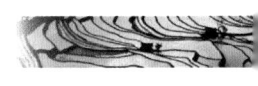

城，属荒僻之地。据村老韩云贵、李兴讲述，以前对小偷，比如偷田里的苞谷或瓜，令小偷买黄白纸钱来烧，偷瓜的用纸钱烧瓜，偷苞谷的烧苞谷，直至将其烧熟，那要烧掉多少纸钱，况且纸钱是敬神明之物。此法既是要让小偷蚀财，同时又要他感受道德的责罚。青龙村毕明讲述，过去对偷牛贼，抓到后，将贼双手反剪吊在慈悯庵厢房，称"鸭子浮水"，不害命。用口袋套住其头，12个老人轮番上阵，你打过来他打过去，直打到贼讨饶，请保人，罚50斤酒，100斤米，100斤猪给全村人吃。对偷东西、乱搞男女关系以及不养父母的，都会重罚。

乌龙村与三十亩村相邻，是个强势的大村，旧时该村对"偷牛贼"的处罚更狠。牛，尤其是耕牛，是农家命根子，占一半家当，耕牛一失，一家顿处困境，因此，对偷牛贼人人痛恨，皆曰可杀。村人拿住此贼后，一家凑一捆柴，堆成柴山，由偷牛贼之家属将他拴在柴堆上点火烧死，古时称"牛睬"。刑罚在大凹子烧人场进行。刑罚之严酷，令今人闻之惊心。睬，为盟约之意，昆明有"上睬"习俗，但此睬与牛无关，是为集资。发起人往往是急于用钱之人，他邀约三朋四友出手相助，每人每月出资若干。如人均100元，有十人加盟，一次便可得1000元，十人依约定秩序接睬，这是在社会融资不发达时代的民间集资之法，凭信用与友情运作。牛睬，是村人集体为牛订立的盟约。因此，烧死偷牛贼是全村户户凑柴以表示践行约定。此俗在滇地荒僻山乡施行了许多年。据董一道编绘的《古滇土人风俗图志》载："牛睬烧贼牛睬会，夷民所设以待盗贼者也，本种人有盗窃牛马物具，一经捕获即传齐各寨老幼挨户派柴并堆旷地成圈，或中立木柱捆贼其上，督令贼亲人从旁纵火，烈焰障天，黄烟缕逐（传言肉体被烧，烟皆黄色）。惨状臭味有心人不忍闻见。昔年此风遍行各夷。寻经官吏严禁，附省各属惧而中止。其在边陲之悍顽苗族今犹秘密施行，边夷亦难查觉而禁绝之也。"乌龙村之牛睬烧贼习俗似乎延续至清末民初。

（3）"乱世"自保

大清淡出，中华民国肇端，中国在一段时间内出现权力"真空"，社会进入藩政割据、军阀混战阶段。乱世出土匪,地处边远的云南更是重灾区。村老话旧,越不过这段伤痛史。这次匪灾,时人称作"匪风"。昆明县境内土匪主要在小河、双哨、双龙、大板桥一带荒僻山区盘踞,居住山区的撒梅人深受其害。据大板桥附近的小普连村李凤祥讲述:"土匪在老爷山爬龙背(指大山之山脊梁),很嚣张,来几个人,大模大样下通知,一亩地要交多少花银,不交就烧光、杀光、抢光。"瓦脚村赵自兴讲:"有一帮本地土匪,在嵩明一带活动,派人给村子送鸡毛火炭信,表示十分紧迫,不得怠慢,要百姓准备多少钱送去,如若不送,就来本村抢掠。一天晚上,土匪到邻近的大村子(村名)抢劫,点着了房。当时本村在大寺办着会伙,吃着饭,看到火光,众人紧张起来,说赶紧跑。大爹大约有心脏病,一头倒下,家人将他抬回家,就死了。大爹是保甲长,管着村上的事。乌龙村有人被匪抓走,土匪将人绑着,做出杀人的架势,磨刀霍霍,用冷水浇人背脊,

老村曾经的瞭望楼

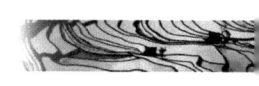

说再不交钱就要'利生'（祭天杀牛的仪式）。还用黄牛皮带勒人脑门，令人痛不欲生。家人得报，急得像热锅上的蚂蚁四处奔走举借，凑足钱将人赎回。阿拉村后的白虎山驻着兵，距此不远的小石坝仍难逃劫难。风水先生邵宝东是村中首富，匪徒抢劫后将他家的雕花美宅一炬焚毁。"躲匪成了农民头等大事，人们早早吃完晚饭，大人带着孩子钻刺笼、爬树棵、露宿野地，弄得人困马乏，盘田地、干农活大受影响，生活愈加困顿。

1923—1924年，云南政局稍有平稳，昆明县政府派出教练到匪情严重之乡村，操壮丁办团练，在重要关卡建堡设碉。各村以公私各出半价之法筹款购置枪支，平日由私人保管，一支枪配以三四围子弹，打完到村上去领。农民忙时劳作，闲时操练，令土匪有了些忌惮。同时村村打围墙，建栅门。青龙村就是在此时请来西波念"奠土经"，打起村子老围墙，整了四道栅门，分别称中栅子、下栅子、南栅子、北栅子，均有持枪团丁轮值。围墙内还有巡夜人，他们手提小马灯，在村内主巷来回巡逻，并兼作更夫，用小锣为村民敲更报时。

据有关资料记载，至1927年，全县共筑石碉4座，碉堡、炮楼131座，栅子166道，围墙41连。1928年，龙云主滇，在昆明北校场处决土匪头了普小洪，派重兵协助地方剿匪，治安有了改善，但劫匪并未绝迹。1945年，大麻苴的西波张福兴就是死于劫匪的一次抢劫。

3. 教育立村

撒梅人曾经书写汉字与西波文两种文字，使用汉语与撒梅语两种语言，后来西波文失传，其他的语言文字都在使用。当我走近他们，用汉语交流已不成问题，间或，还可听到老人之间用我听不懂的撒梅语交谈。但是在近百余年前，情况有所不同。在青龙村，我听到三个故事，是毕明从他母亲处闻知的，可以想见当时的场景。

其一，过去讲究的衣服都兴用黄铜纽扣。本村一个女人，到昆明买黄铜纽扣。她对老板说："你们有没有黄纽?"老板说："黄牛到珠玑街去买。"她去了，转一转，都在卖黄牛。回来说，她要黄纽，老板猜出来了，拿给她。

玉溪新平漠沙镇附近的大江，旧有大象渡口，旧时由云南周边老邦进贡来的象只走到此处，无以渡江，不得不泅渡而越。

怒江的溜索，横越于怒江之上，今每个渡者均要做出这种冒险的杂技动作，作者也感受过一把。

竹筏渡江，不用划子，依托的乃是一条跨江的绳索，但离在风平浪静时

建在大山石岩上的村落，诉说着人们生存的不易

不知名的大山，像岁月老人鸟瞰着山下孤单的人们

其二，一个老奶姓杨，七八十岁了。她去昆明买祭神的"灶君"，说不出来，对老板说："请你给我一套过年烧的纸火。"老板问："你要哪样？"她说不出来，就说："洗碗筷时他望我、我望他的那份。"纸马铺老板姓陈，是汉族，猜是灶君公公的那张纸，就卖给了她。

其三，本村一个老直人（憨厚之人），她不懂汉话，三十多岁，挑柴去昆明小东门卖，回来买了块豆腐，认不得路，昏走，走到城头上（老砖城城垛处）。一个警察站在那里，头戴着盘盘帽，顶子尖溜溜的。女人一只手抬着豆腐，警察说你来干哪样，老百姓不准来这里。她听不懂，警察打她一捶（一拳），打在胸上。她还了一拳，说："你打我的"阿鼻机"（胸），我打你的"毕力西左勒"（尖帽子）。"回来对人说，打人怕得抖，豆腐都吓得抖了起来。

那时，不会说汉话的撒梅人是不大敢只身上昆明的，误会、嘲笑常会遇到，回来说给乡亲们听，人们除了报以同情，潜台词还有"这么笨"。想必有过这种经历的老人会痛下决心，供儿郎读书，让他们会讲汉话、写汉字，扬眉吐气，自由出入昆明城。生活在省城近旁的撒梅人，为了生活，也为了自尊，用很大热情学习国文、国语。

据《官渡区阿拉彝族乡教育志》载，清代以前，本乡教育主要学毕摩文（西波文）。清咸丰年间，麻苴请了汉学先生来村教汉语。随后，高坡等数村也开设汉语私塾。这种私塾是几家有钱人共同请一位先生，

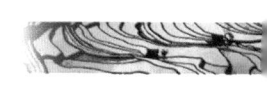

薪俸与先生的生活花费全部由这几家负担。官办学堂开始于清宣统元年（1909年）2月，由昆明县劝学所首批在麻苴和高坡开办小学堂。中华民国成立后，改学堂为学校，1913年3月，在阿拉村开办了初级小学。1914年3月，又在小普纳（普照村）开办初级小学。1915年，小石坝的初级小学也正式成立。

《官渡区阿拉彝族乡教育志》主要记载的是民国义合乡的情况。义合乡之北的大板桥是开发更早的乡镇。大板桥过去称板桥铺，是滇东驿道的铺堡所在地，有城堡铺兵，是封建时代官家迎来送往的重要站点，还是昆明东部山区商品交易的中心地。其教育由私塾进展至学堂、学校的时间应早于义合乡。在大板桥明因寺内开设的学堂甚至还设置了珠算课程。

早期，许多学校的校址都设在本村寺庙内，连昆明城也不例外。大多数学校只设初小。学校的教职员工也因陋就简，身兼数职。如高坡村小学为复式班，从一年级至三年级的学生在唯一一间教室上课，全校仅有一位老师，他身兼校长、教师与工友三职。大板桥明因寺内的学校有一位教师、一位校工、4个班级。

毕明在20世纪20年代就读于本村村小，学校设在慈悯庵。当时他七八岁，还记着一些有趣片段。他说："小时去念书，回到家，父亲问，你学到些什么？我说，老师讲第一课时，教我们说：'我到学校，先生爱我，我爱先生。'父亲听了哈哈大笑。"

"进讲堂，去到自己的座位，等老师来了，就起立，敬三鞠躬礼，坐下才可以读书。一个老师教着甲、乙、丙三个班，有三块黑板。有时，老师教大家唱歌，有孙中山的《中华要自由》。记得一首歌是《军人出发歌》，歌词是：'打倒列强，打倒列强，除军阀，除军阀，国民革命成功……'我们很喜欢唱。"

"官渡下面的一个杨老师在我们学校上课，他心肠软，学生来晚了，他说今早你没赶上早课，要打三戒尺，他将指黑板的棒棒（教鞭）拿过来，在学生手心轻轻按三下，第二天这个学生就赶上了。村管事说杨老

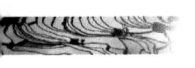

师心软，教不出学生，就叫罗老师来，他叫罗顺青，当过兵，有军阀作风，学生吓死了，进学校话都不敢说。学生犯错，他拿指字棒使劲打学生的手，痛得学生缩回手吹着气，还得伸出另一只手给他打。对逃课学生，他会叫四个学生按着他打屁股。"

毕明读了三年初小，考上了设于金马寺的高小，因道路偏僻野狗多，家人不放心，便没有再读书，而是放牛去了。

以当时条件，能在学堂读个初小，已是家境不错的家庭了。只有富裕的人家，才会供孩子读高小和初中。

一般来说，学堂设在哪个村，该村的学龄儿童上学的机率就大。据民族学家江应樑先生的记录，1939年青龙村共计186户，752人，有小学学龄儿童121人，入学者47人，失学者74人，当年就学率为38.84%。在我采访的民族村寨中，北地的哨上村旧时没有学校，儿童要到距村三四公里外的乌龙村读书。哨上村现年80余岁的老人毕盖年幼时在两地风雨无阻地走了一年多，他是当时本村唯一读书识书之人。

中华民国前期，中国农村封建思想仍然浓厚，表现在教育上就是不让女孩读书。当时经济拮据者居多，有限的钱用到男孩的智力培养上尚属困难，更遑论女孩了。在男权社会中，许多家长认为女孩是嫁出去的，是别家的劳动力。在我行走的村寨，只见到小石坝的师娘陆忠海在儿时读了三年正规初小。她告诉我，她书读得很好，还是班长，老师进教室由她喊"起立"。后来父亲病故，哥哥讨媳妇，孩子生得多，她要在家带孩子，便辍学了。有时她背着小孩在山坡放牛，看到坡上的小学放学，学生蹦跳着回家去，她便淌眼泪。陆忠海后来成为小有名气的师娘，除了自己的灵性，那三年初小是起了作用的。

1938年，国民政府推行"国民教育"制度，将义务教育与民众教育合流，在已有小学内开办民众学校，简称"民众班"。规定凡不识字的青壮年文盲，不论男女，必须进民众班扫盲。阿拉村风水先生王芝的女儿王忠秀在十二岁时（1944年）在海子村上民众班，每天上午8:00—10:00上课，无奈父亲抽大烟，母亲独肩难撑，读了两三个月她就没去了。小石坝鲁忠美与她母亲一起进民众班学习了两年小学课程。民众班开办时间虽然不长，教育标准也不高，但对女童的启蒙起了相当的作用。至今，在阿拉乡七十岁上下的女性中会识些字并能书写自己姓名的多半是当年民众班的女学生。

教育，令大村恒大，强村恒强。

## 多彩的生活

1. 燃烧的火矩

节日，是民俗的重要内容。彝人最热闹的节日莫过于火把节。火把节又称"星回节"，于每年农历六月二十四举办，前后要延续三四日。期间，祭祀祖宗、祈祷丰收、崇拜牛王、亲情聚会，所有有关人的衣食住行、生老病死的重要节点都被关注到。因此，此节又称"过小年"。

火把节的重要道具是松木火把。人们在三个月前就开始做准备。二三月，有山林的人家到自家山上砍回有碗口粗的松树，称"砍明子"。明子长约八尺，剔除枝杈后，用凿子顺木之纵纹，凿出许多长尺逾的缝隙，将若干个

*彝乡火把节文艺会演，一青年扮的彝族巫师毕摩上场*

含松油的树结子嵌入缝中，一支状若狼牙棒的松木火把便制成了。待其晾干，再备些松密油（松香），就可以用了。松木火把经燃，一支可以熊熊燃烧数小时。

扁鼓舞。跳扁鼓，原是师娘跳神所用，现在成为民族特色舞蹈

昆明石林大糯黑村彝族撒尼人在拨弄月琴，怡然自得

祭祀祖宗。旧时，火把节"祭祖"色彩较为浓重。六月二十四清晨，彝家在家堂祖宗牌位前供奉一斗白米，上插香烛、五色小纸旗及两支青松，然后由长者率领全家老小向祖宗牌位跪拜，颂扬祖宗功德，敬献酒肉饭菜。礼毕，一家人再上桌吃饭。除虫驱晦　祈祷丰收。火把节当晚，一场别开生面的稻田火把游行开始了，人们擎着燃烧的火把到自家的稻田四周巡游，此行据说对稻田灭虫很有功效。有些因故未准备松木火把的人家，便点燃稻草束去自家稻田照照。

有关火把绕田驱虫理念之由来，我在昆明安宁彝族村寨听到这样一个故事。据青龙镇官山场村赵卫民讲述：传说，六月二十四，稻田害虫多，天神派了一个神名叫支格阿格的来到人间，用火把将虫驱赶。后来，彝族在这天举行火把节，是为了纪念这位神，也为了得到好收成。

安宁青龙峡彝族小伙子演奏乐器，他们的自然率性，让我想起在中央电视台"星光大道"表演的彝族组合

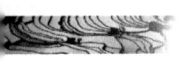

火把绕田也是娱乐项目，各村做派有所不同。热水河村的点火仪式有其独到之处。天刚擦黑，村中央空地上一个大香笼内的大火把在西波与风水先生的祷祝下点燃了。户户当家人手擎自家小一号的火把凑近香笼，将火种接引到小火把上，然后擎着小火把绕家、绕村、绕田地。乌龙村的火把节定在六月二十六晚，人们举着火把到田地绕转后，男女青年在村中空旷地开始玩闹，小伙子将松香沫子撒在女孩身上，随手用火把一凑近，"轰"的一声闪起许多耀眼火星，旋即熄灭。人们说，被火把燎烧过的人不大会生病。

西山区谷律乡马鹿塘村的彝族在六月二十四晚燃起火把，老人将自五月端午起就拴在女孩纽扣、男孩手腕上的红、蓝、白棉线取下来，就着火把烧掉，据说如此病痛就少了。有的人将家中祭祖供桌上的灰灰清扫出来一起烧掉，意思是把不干净、脏的东西烧了、送了，家里就清洁平安了。

中华民国以前，六月二十四的火把节还被夷人注入更多内容，据董一道编绘的《古滇土人风俗图志》载："星回列矩，每年六月二十四日晚间，青年夷民皆各执一柄，就门前燃矩戏舞，照耀如昼。亦有吹笙鸣锣以助欢者。若甲、乙两寨相仇，多以是夜聚众执把约场斗舞。有暗挟带器械以从事者，每致酿成巨案，祸结连年。此风前已传染汉族。民国成立，长官严禁，现已渐归消灭矣，幸哉。"

另有《云南游记》（谢彬）记昔时昆明四乡风俗，谓："夷俗每年农暇亦喜集会……更有六月二十四日之打拼伙会。是日与会之人皆未婚男女，衣艳色衣，佩金玉饰，杀猪沽酒。午前十时，则麓山中，跳舞唱歌。舞则漫无规律，歌则钩辀莫辨，纯用卿曲。歌舞即毕，席地饮食，饮食即毕，又起歌舞，循环为之，至晚餐后（约午后五时）始毕会矣。是会也，多有情投意合而愿为夫妇者，亦有意外而为仇敌者，又或中有阻碍而相携逃逸者，是亦有可纪者。"

古人之火把节，竟包含如此酸甜苦辣，奇哉。

在20世纪末，我亲身参与了一次狂歌曼舞的火把节，是昆明石林县

2003年七月十四（农历），高桥村宝珠寺中元节。头戴公鸡帽的撒梅少女歌舞。据撒梅人介绍，公鸡帽歪着带，表示未婚少女，正着戴，就是已订婚或即将婚嫁的女孩了

政府旅游部门操办的。在一块空地上，白天斗牛。傍晚，扩音机播放着热辣的民族乐曲，场中聚着许多热辣的人。朋友递过一柄长逾8尺的松木火矩，擎着沉甸甸的。点着后，我跑入场内手舞足蹈的人群中，与朋友嬉笑打闹，和着一种轻松自由的节律，那种忘情、欢娱，于健身怡情均有功效。环顾左右，那些舞得娴熟、情思迷离的人大约就是业内之人——彝族撒尼人。个别跳得兴起，双足两履落单，干脆扔掉另一只鞋，继续又舞又颠，逗得四邻哈哈大乐。此其时矣，突发奇想，现代城中有幽闭抑郁症疾之人，参与火把节或可令其步入人生常态。

崇拜牛王。撒梅人爱牛惜牛，六月二十六是为牛设立祭祀的日子，称作"牛王节"。一早，人们在牛圈门口举行仪式，供牛王牌位、烧香、念经，为顶起农耕半边天的牛祈祷清洁平安。一些相交甚欢，互称"小伴"的男人拎着红公鸡、酒罐、饭食，来到常年放牛的山坡，祈祷山神

保护牛群。然后在山上打拼伙（即现时城市流行的 AA 制餐饮）喝酒吃肉。

嫁出去的女儿回娘家。六月二十五晚，彝人家家买菜宰鸡，做上许多好菜。第二日，嫁出去的姑娘携儿挈女，背着几只鸡、几个面（揉制好的面团），还有孝敬父母的糕点回娘家，与父母兄弟叙叙情，教儿女认舅舅，再找儿时小伴撒撒花（指绣花），三五日后，过足亲情瘾的女儿又神清气爽地回公婆家去了。

2. 过大年

腊月二十后，家家开始备办年货，有钱人家杀猪，没钱人家宰鸡。二十四的祭灶君，老人要先说些颂扬话，感谢灶君在烟火熏绕的厨房忠于职守，使一家老小饭食无忧。还要教给灶神上天的汇报词：本家勤俭节约，不抛洒粮食，请上天多给些粮驮回来。行事周全之人还会在灶君神位旁煞有介事地摆放一些老蚕豆、一盆清水，水上还漂着几截稻草秸，这是给灶君上天的马备着的马料与饮用水。

春饵块、糍粑的活计最渲染年节气氛。四五个比邻而居的人家，一家凑上十几公斤的吃米（粳稻）、十几公斤的糯米，泡泡蒸蒸，放在石碓窝中，几个小伙子脚踏撞杆使力撞击，女人将春好的熟米团用力揉拍成瓷实的饵块。说笑声、春碓声和着新米的香味，这就是"过大年"。

年三十，人们从山上砍来两根拳头粗的青松，要那种枝杈成塔状，直苗苗的，类似城里人置办的两根甘蔗，象征生活水平节节升高。青松运回家，插在大门两旁的泥土中。至正月十五，将松棵拔起，修掉丫杈，主干置于屋内，日后做盖房的椽子，松枝搁到栽秧时可以烧火做饭，如此，年后的日子过得也松活些。我到棠梨坡、裕丰村、热水河等边远的撒梅村寨过年，看到家家门前插着这种已经有点打蔫的无根松树，人们称它为"靠门松"。

年初二，嫁出去的女儿又回来了，所带礼物就是年节适用的食物，如糍粑、饵块、腌肉、酒、糕点等。

撒梅老妇的扇舞，和谐、娴熟。后排舞者头上的饰品即为传统头饰"一块瓦"，是婚后女子的装扮

乌龙村李美莲家的大酒坛，一坛自酿的五十公斤苞谷酒，加上偶尔待客，男人一年轻松就喝完。酒是撒梅生活的重要饮品，也是族群社交的作料

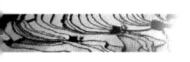

几个称为"老街坊"的老村：大麻苴与一朵云两村的花灯队分别步行数公里、数十公里来到三瓦村、阿拉村拜年。四村分别是两对哥弟村：三瓦村是哥，大麻苴村是弟；阿拉村是哥，一朵云村是弟。花灯贺岁，是兄弟向兄长的祝福，当然兄长宰牛杀羊，极尽长者之礼。

3. 好酒的男人

国人爱酒，自华夏有人文以来便有记载。那一场场重大战事，一次次隆重祭祀，还有农事庆典、讨媳招婿，哪样离得开一个"酒"字，连名人雅士的传世之作，其文思才情也大抵因酒力而萌动勃发。

中国西南的山地族群较之中原汉族，爱酒尤甚。究其因，一是传统，二是需要。以"需要"二字论之，山地湿寒，易患风湿，酒能御之。大山阻隔，族群寂寞，逢年节聚会，酒能慰之。

彝人酿酒，取自土法。传说制造酒曲的始祖是"火洛尼咎"，他率领众人翻山登云，踏出九十九条路，从山上找到十二种草药，其名称为乱头发、老黄芩、龙胆草、柴胡、茜草、一把香、蓝勾、地土瓜、碎米子、提勾、辣子面、草乌。十二种草药中六种长在崖子，六种长在山地，挖回来，合在一起，又舂又筛，取其粉面与大麦面掺水混和，捏成小团，捂上七昼夜，打开晒干便成酒药。还有个酿酒师名为"色色帕尔"，他汲取九十九股清泉煮荞粒，泉水里有九十九种鲜花的露珠。酿酒的器具是挖空的杉树，但因为没有酒药，酒没做成功。彝人祖先研制酒的经历，令我想起中国农耕始祖轩辕黄帝时代劳作的艰辛与浪漫。

彝家酿的酒是土制米酒，度数不高，俗称"扁担酒""咣当酒"。斟酒的器皿过去用牛角杯，后来用土碗或玻璃杯。小酒盅喝着不解气，斟酒又麻烦，便很少使用。在乌龙村李美莲家里，我看到了盛酒的大坛子，是罐状陶器，口小肚大，最宽处60厘米，高80厘米，可盛50公斤苞谷酒。说到男人的爱酒，李美莲兴致上来，拎起一个小墩子（打酒容器）在大酒坛上做沽酒状。她说，每年腊月都要做酒，如不待客，这坛酒一年够了。如有工（盖房、农事请工）或亲朋来，就没谱了。高兴起来，三朋四友，一晚上可喝好几公斤酒，醉了就背回去。红白喜事，一回起码醉三人，酒量大的可喝六两。李美莲的男人已去世，她一定是忆起了老倌（丈夫）活着时的情景，男人喜欢唱花灯，她说："男人喝酒，有点醉，就唱，唱小调。"

醉酒的男人难以自持，伏于牛脊

男人爱酒，不会喝酒的极少。酒使人英姿勃发，连平日木讷的人都会健谈起来。酒令茅屋陋室蓬荜生辉，一场其乐融融的酒席，让满室的人感受到温馨。这时，女人忙进忙出，将一盘盘香气扑鼻的佐酒菜端上桌来，斟酒添饭，不亦乐乎。但是，男人如果滥酒，女人就不喜欢，有人喝多了回去骂老婆，有的甚至动手打人。女人没法，只能让着他。小石坝那秀英说："过去喝酒厉害，有的像死人一样，睡一天一夜不醒的都有，小麻苴有一个，三天三夜不醒。喝酒人脾气冲，女人不敢劝。"

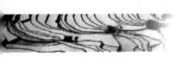

那秀英是见过世面又能干的女人，她为旧时的女性诉了一回苦，她说："女人没见过世面，将男人当成祖老爹（老祖宗的意思），还要服侍。"

对彝族社会生活重要元素的酒的功效，古歌也有吟咏，在云南武定流传一首"酒功"的歌是这样表达的："君喝酒发号令，臣喝酒接旨意，毕喝酒行祭祀（毕指毕摩，彝族巫师），民喝酒出手艺。舅喝酒嫁姑娘，侄喝酒要成亲。亲戚喝酒一世亲，一户传十户，十户传一村。代代相来往，世世走亲戚。"人们能深切地感到酒在曾经的血亲部落社会无所不能的作用。

我曾与精明一世的毕明老人谈起撒梅与酒的话题。他喜欢酒，天天喝上一小杯，也深谙酒的道道。他说，朋友来要用酒招待，否则会说这家人太尖了（此处"尖"为小气、吝啬），酒都没喝一口。朋友、弟兄来了，高兴起来，倒酒，个个要接着，不接，就说看不起，一个抻一回（抻，即轮转喝酒，不可推辞）。用酒调解矛盾，（输理一方）酒喝得多，脸皮厚，样样都讲出来，就说实话了。酒醒了就后悔，改也改不掉。还有茶铺讲理，老到点的（指有经验、有影响的老人）喝着酒讲，骂无理的一方："不合理，还叫，叫些哪样。"再不听，老倌拎起柴棍子就打。有的年轻人不尊重老人，老倌骂："不喊老人的，是像野人一样的娃娃。"

喝酒有方法，讲窍门，胡喝乱喝，轻者出洋相丢丑，重者伤身甚至危及性命。毕明说："人家把酒倒满了，抬到你手上，就用嘴沾一下，酒仍是满的，再倒也倒不进来，不能大口大口喝。"毕明回忆，有一次去相邻部队帮助搞果树嫁接，工作完成后，晚上在后勤处吃饭，兵们个个拿着一瓶酒在后面站着，见谁喝了点就倒上，是脑筋好使的官使着来的。有的醉了，用车送回村，现原形了（即出丑了）。有一次毕明喝醉，到小河沟里去泡着，不好意思回家，怕母亲骂。跑到田埂子睡着，起不来。禄劝的几个小伙子，把自家烤的酒当开水一样喝，有的喝了会发冷，对身体不好；要喝了一身热才喝得，脸不会红才喝得，喝了脸黄生生的可以多喝点。脸红的，是酒力跑到表皮上。喝酒喝死的，也有几个，喝

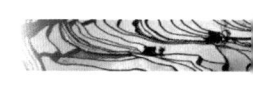

多了，又咂烟，酒在肚中燃，就烧死了。

爱酒的撒梅人对酒的厉害有清醒的认识。一些人调侃说，酒中有三滴血：大将的一滴血，神经病人的一滴血，再想找个学生的一滴血，未找到。喝酒人开始喝了神气，有大将气质；再喝，就成神经病了。此所谓，开头甜言蜜语，中间豪言壮语，最后不言不语。这种人，坊间称之为"烂酒"，不是人。彝人古歌有一首嘲笑醉酒之态的人，名为"酒量呵海量"，歌词诙谐："好酒啊好酒！好酒啊好酒！十六种草药叫糍子酿出的酒，神仙都吃，吃了能睡十年，还说，我没醉，我没醉。海量啊海量！钦佩啊钦佩！天空怎么烧起大火？鸟雀怎么向后面倒飞？大山怎么翻筋斗？神仙没有醉，这都不是胡言乱语。海量啊海量！钦佩啊钦佩！好酒啊好酒，好酒啊好酒，九十九种花露酿成的酒。神仙抱着大酒坛倒在地上，还说酒不醉神，酒不醉神……"

我没有见到醉酒的神仙，见到了醉酒的人。我去大板桥做田野调查，访问镇政府文化工作站，一位干部拿出近期拍摄的照片，是有关撒梅民俗的。图中一男子趴在牛背上，我不解其意，询问之，她说是醉酒了。看得出，醉酒者很难受，他的头伏在牛背上一动不动。那头权且作了拐杖的牛老老实实地站在当街上，它不似在草场的闲适，也不似干苦力的执着，牛头微偏，有点别扭，一副不知所措的样子。我想，醉酒的一定是它的主人。这是一种特殊的醉酒场景，有点戏谑效果。不过，对陷入"烂酒"深渊的人来说，醉酒一点都不好玩。醉酒者以医学观之，他们得的是酒精依赖综合征：不喝酒难受，喝了神志不清，理智丧失，打人骂人，胡作非为，身体垮了，人生的责任与理想全泡了汤，他们往往给妻儿老小带来痛苦与不幸，严重者，家破人亡。

所幸，族群中"烂酒"者居极少数。

4. 人文福地

1998—2001年，羊甫头古滇国墓地（俗称祭祀台）现世，它向今人托举出的不啻是古滇文明的巨擎火炬。至今，在其周遭，古文明的薪火余烬以古籍实录、百姓口传及出土文物昭示世人。撒梅族群就居住于古文明蕴藏的中心地带。

　　与羊甫头邻近，且处于同一台地的高桥村，在土著语言中称为"如城堡一样的村庄（恰普鲁）"，也许，当年它就是城堡，守护着古滇贵族的寝宫。村老言，此地原有鸡蛋山，是个点将台。在村老陪同下，我踏勘过此地，确有练兵点将的空间，这里与羊甫头祭祀台相距仅两公里。老妪说的鸡蛋山，我见过，但不是这座，而是滇池西岸观音山背后的一座，它巨大、圆润，被当地人称作"凤凰抱蛋"，传说风水极好，龙云的三夫人因难产而亡，就葬于此地。数年前我有幸随同云南大学教授陪同那位创作《1421——中国发现世界》的英国皇家海军退休军官孟西斯（Gavin Menzies）取道滇池水路赴晋宁考察，在滇池中央观看观音山的鸡蛋山，它的独立不凡令我想起中原皇帝的陵寝，只可惜已被毁坏。当航船向南驶去，可看到鸡蛋山西侧有一巨大裂沟，呈南北走向纵贯巨蛋。我曾访问观音山村老人，知道此沟是在中华人民共和国成立后，当地农民为探测山肚子中是否蕴藏磷矿而挖的探沟。当然，矿未探到，宝蛋却

昆明西山区观音山的鸡蛋山，人称"凤凰抱蛋"，传说风水极佳，龙云有一位死于难产的夫人就葬于此

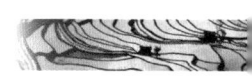

破碎了。高桥村的鸡蛋山不知毁于何时，现在，那里成了昆明一所大学的所在地。

阿拉村干海子有一片不小的山间平坝，坝中央有一地块被当地农民称作"大城以首""小城以首"（大城里面、小城里面）。大小城中间有"槽子邦"（人工夯筑的隔离墩），很久以前，这里就是田地了。人们在栽种庄稼时曾掘出青砖筒瓦。

一位老村居民曾向我出示从后山挖出的古董：几块腐朽的铜镜残片，上面满布斑驳的青铜锈；一把古滇匕首；一件打磨精细的石头饰品，像是挂件。

青龙村80余岁老人李增讲述了一个有关昆明东郊金马的传说，紧扣着当地的一块石头。青龙村南边有村名郭家凹，这里有一块拴马的石头名"縻马桩"，高1.5米，0.3米左右见方。远古有人牵着金马寺的金马（即金马碧鸡传说中的那匹金马）走到昆明东郊，放塌了（马脱缰），此地叫惊马场（今"军马场"），金马顺着金汁河跑，马龙头掉在此，因此得名"龙头街"；跑到又一地马嘶鸣，人吆它，马停住脚步，此地叫"喊马住"（"旱马罩"谐音）；马又跑，跑到九龙湾、放马桥，直跑了数十公里，回到縻马桩。老人说，縻马桩以前有宝贝，但被外国人盗走了。

云南山水神奇，图为澄江尖山，其形象令我联想起古埃及法老金字塔前蹲伏的狮身人面像，不过是背影

在金马山附近，有村名十里铺，过去有驿道、凉亭，是云南府迎送官员之地。村旁有一座山名"城光山"，我访问该村老人王寿，询问山名的由来，他说了一个贡茶故事：当地所产山茶名"十里香"，是贡茶，因送茶人掺假，被京官根究（即追究），一把火烧了茶山。如依此说，

应为"茶光山"。我查古籍,似有另解。清雍正十三年(1735年)编纂的《云南通志》"昆明县附廓"载:"金马关,在城东十里金马山麓,旧有城,元梁王筑,久圮。本朝康熙二十九年(1690年)重修,今废。"金马关废城就在十里铺"城光山"一带,据此,我认为"城光山"之城应为旧时的"金马关古城"。

西邑村,旧称西里坡,与高桥村、七家村相邻。过去该村有一富户号称"杨十万"。传说杨姓的帮工吆牛车干活,在山坡捡了块规整的石头回来做了自家枕头,被有成府的东家看到,问他从哪里得来,帮工带他前往,从草棵刺笼中捡回许多这样的"石头"放于家中,原来这些石头是银锭。后来修昆明德胜桥,官府叫百姓认捐,杨姓一家认捐十万两银子。德胜桥为三孔拱桥,杨家捐的款够修二孔。官府表彰,送匾称其"杨十万"。据说此事发生于清朝。

昆明东郊,宝象河畔,撒梅聚居区,是一块人文积淀厚重的宝地、福地。

## 昆明东郊撒梅人

彝族撒梅立于昆明府城东郊,与城市主流文化交流融合数百年。至21世纪初,当我进入撒梅坊间,以表象观之,撒梅村庄与周围其他汉族村寨已无大的差别。居:一样地以堂屋、耳房、小院所构建的土基房为住宅,少数富户的屋宇甚至与昆明大户人家的三间四耳、走马转角的"一颗印"居式完全一样;衣:男人穿着与汉族农民并无区别,女人以老妇的"一块瓦"头饰与少女的公鸡帽略显不同;言:说着一样的昆明腔普通话,好像韵脚还少了点"马街腔";行:一样的摩托、面包车,少数家庭有轿车,许多人袋中装着手机……是的,现代生活方式的简便、快捷、舒适是无人能够抵挡也不应该拒绝的。

那么,他们被完全汉化了吗?没有。当我有幸走近他们的内心世界,那千百年岁月铸就的民族特性很快便弥散开来,将我团团裹住。

1. 撒梅性格

撒梅人的姓氏主要有李、毕、非、王、普、周、张、那、邵、海、石、余、何、陈、黎、吴、赵等，其中以李、毕、非、王等为大姓。村老告诉我：海子村除了一户杨姓，二户非姓，其他一半为李姓，一半为毕姓。棠梨坡最大姓为李姓，那、陈、毕各一户。阿拉村以王、非、李三姓为最多。以姓氏观之，彝族撒梅的村落主要是以家族血缘来维系的。

现在，撒梅人的身高、体质与周边其他民族人群相仿。但是据一些老人讲述，过去的撒梅人与现在有很大不同。三瓦村李美芝说，以前的人长得慢，力气大，三岁爬，七岁走路。舂糍粑的大碓窝用整块大石凿成，约150公斤重，现在要四个人用杠子抬才抬得动。那时一个人将碓窝套在头上，一只手还夹根棒头（舂米的木棒）。毕明说："那时，生的孩子很小，半岁，脖子还硬不起来，大点的鞋子可以睡娃娃。长大了，力气很大，头脑没现在的灵。过去七八岁还不会走路、只会爬，十岁才会走路、会说话。中年时力大，有一头牛的力气。我爹年轻时，用牛车将碓窝拉来，几个小伙比试：一人抱着碓窝上石刻（石阶），抱到家又返回，放在牛车上，个个都可以。到我时，只能将碓窝侧倒在地，用双手使劲儿推，滚着走。"

撒梅人实诚。老人说，过去撒梅人与汉族农民一起站工，有人来找挖地的，专找撒梅人，说他们干活老实，不耍滑。

倾听村老对族群的优劣进行自我剖析是一件很有意思的事。

在大山世居的云南少数民族生活状态之一：劈柴

火塘做饭

　　那秀英说，撒梅人一是一，二是二，黑不会说成白，白不会说成黑。好的一面，老实，不会虚假。但是太老实了，发展太缓慢，比不上找的汉族（指招婿上门的汉族）。

　　李芬说，撒梅人的优点是勤劳、善良、好客、诚实、节俭。缺点是胆小、嫉妒、不善与人交往、保守；还有太好酒、自满、有房住、有衣穿就不想再发展。

　　陶正洪说，撒梅人脑筋不很开放，男耕女织，日子能过就行了。

　　撒梅人还有一个特点是不会做生意。对经商必有的讲价以及讨价还价方式不习惯，不好意思。毕明说，过去撒梅人"高低种点菜，不够吃"。坝子无烧柴，羊方凹、关上一些汉族农民挑菜来换。早上挑来，喊："换菜了，拿烧柴来换菜了"。撒梅女人就拿一小捆柴去换，问对方："你给几棵菜？"对方叫她自己拿，拿多了，就被说，让本不习惯做买卖的撒梅人气馁。

纺纱织布

  龚从仁于1930年出生在昆明东郊小板桥，汉族，父亲龚树恩于中华民国早期从玉溪江川农村来昆明东郊做生意，卖家乡的"铁匠布"，是奶奶与姑奶们家织的。生意做得活泛和气，在当地很有人缘，人称"布老龚"。龚从仁娶了撒梅媳妇，儿孙都是"民族"。在情感、性格上已经是个"准民族"了。他对撒梅人不会经商的特点深有体会，他说："从我七八岁记事起，在小板桥街场没见过撒梅人卖肉。他们不会织布，只会买点布、丝线，绣绣花，做做衣服、鞋子，自己穿穿。他们不会经商，只会胡乱卖点自产的粮食、柴火、活猪。不喜欢，也不学习做生意，不会做生意。"

  看得出，族人对自身的优劣长短有清醒认识。

  2. 石猫猫与"罗罗"

  从前，撒梅村村有石猫猫，还不止一个。石猫猫，即石老虎，它们蹲坐于村口路边，接受着人们的祭祀供奉。石虎的功效类似汉族的风水墙、佤族的牛头，是为了抵御歪风邪气、不祥之物的。据一位撒梅老人说："一股大路冲着村子，不好，支个大猫（虎），制着那股路，保护村子。"彝族崇虎，将虎视作圣物。以石虎制邪，源出此理。石虎还有个名称"石财神"，寓意会给人带来财运。

石猫猫与祭祀的老妇

旧时，昆明人将彝族散民称作"罗罗"，不知是否与虎崇拜有关联。在民俗调查中，我注意收集有关信息，官渡大耳村子君（彝族另一支系）老人告诉我，民族话称虎为"勒勒"，汉话说成"罗罗"。安宁青龙峡官山场村彝族李发明说，"罗罗"彝语是老虎的意思，是彝族的神物。

既然"罗罗"与彝族先民早期的图腾崇拜有关，那么"罗罗"之称应是早之又早的事。《南诏野史》载："猓猡，爨蛮卢鹿之裔，猓猡讹音也。"《滇海虞衡志》曰："故号卢鹿蛮，伪为猓猡，一曰罗罗。今罗罗之种类亦颇繁矣。有关罗罗记载不绝于史。"

中华民国时期，中国学者较早对地处云南、四川交界的"罗罗"族群做学术考察的是中山大学语言历史学研究所的西南民族调查专员杨成志先生。他于1928年夏至1930年，由昆明历经大板桥、杨林、羊街、功山、钢厂、癞皮坡、鹧鸡等地，又经东川、巧家至川滇交界的金沙江两岸凉山彝区考察"罗罗"状况，返回昆明后用数月时间调查省府四乡之散民、夷人、子君等"罗罗"族群。嗣后，创作九篇专题文章，结集于《杨成志人类学民族学文集》，其中有《罗罗说略》《云南罗罗的文字——罗罗经的跋》《中国西南民族中的罗罗族》等篇章。

三瓦村大堰塘边的石猫猫年代久远，石质棱角已被风雨剥蚀殆尽

作为官方对云南少数民族状况的调查，有云南省府于1932年、1934年11月进行的"云南境内苗夷民族调查"。在现今尚存的资料中，有峨山、龙武、石屏、大姚、嵩明、宾川、通海七县、局公所上报的有关"罗罗"情况，内容涉及人户、语言、生活习俗、教育等项，笔者择要录之。

峨山：猓猡，8910户，43552人。语言，别有言语，多数尚能了解汉语。生活习俗，夷人素耐苦劳，务农者颇多，男好饮酒，喜服土布，女喜穿花衣，头缠布条，多聚族而居，婚姻制度与汉人稍异。

阿拉村石猫猫，位于进村的主干道，据说，猫猫安置的地点，要由地理风水先生测定

通海，猓猡，共946户，4300余人。语言，别有一种，例如吃饭则云"打莫作作"之类，但与汉人交际则言汉语。生活习俗，日常生活大致与汉人相同，惟婚丧礼节则与汉人异。最特异者，新妇新婚后必离新郎，在外游玩两年余始归，有长子不得点主之说，女子服装与汉人异，男子服装与汉人同。教育，能读书者约百分之五六，在昔科举时代，仍偶有入庠者，民国以来办教育不分汉夷，均劝与一同入校，全无畛域之分，然读书者可百分之二十。

1934年的苗夷调查，延用了史称"猓猡"两字，但文字内容客观公允。

1949年中华人民共和国成立后，这个主要聚居于云南、四川，其称谓由原始图腾崇拜而生发的族群扬弃了"罗罗"称谓，代之以"彝"。"彝"之由来，据《云南少数民族图库——彝族》载：1950年毛泽东主席亲自为其定名"彝族"。取名"彝"，还有缘故，历史上这个民族还被称作"夷人"（自称与他称），"夷"字会导向另一个不快之词——蛮夷。毛主席将"夷"更名至形声词"彝"，用意精妙，彝为中国古代国家祭祀之重器，是重大祭祀时盛酒的器皿，为国之瑰宝。彝人爱酒，故名。一字之差，竟有如此升华效用，真乃"点睛"之笔。

"罗罗"之名之所以被放弃，是因为历史赋予了它太多的民族歧视的元素。起于远古带反犬旁的"猓猡"所含的歧视显而易见，近代即使

桃园大村外的斑斓大猫猫

云南玉溪新平花腰傣女孩逛花街，她们编织的小花箩人见人爱

改为"罗罗"也无济于事。以杨成志当年亲历的"罗罗"中心区域见闻，他在凉山脚下的六城坝县衙听到汉人文化圈内流行的谚语是："天见蛮子，日月不明！地见蛮子，草木不生！人见蛮子，九死一生！草见蛮子，叶落又萎根！"与之相反，罗罗却将汉人视作可以抢劫作奴隶的"汉奴"。族群间的相互歧视对立竟至于此。杨成志是信奉中华民国开创者孙中山先生关于华夏各民族一律平等的文化人，他有勇气独自进入彝区，是因着他内心的坦荡和对民族文化寻根的执着。不过，毋庸讳言，他的成行"还因为身后有出身于彝世家的云南省主席龙云的支持和所达县署的照应"及当地开明土司陆玉阶等人的关照。

至今，昆明东郊一些撒梅族人讲起"罗罗"称谓仍然愤懑不平。他们说："很难受，这是说我们野蛮，不讲理。"我也询问过昆明城一些汉族老户，过去的"罗罗"称谓是否有歧视之意，回答是肯定的。中华人民共和国成立前，城里人称呼滇池渔人为"海弯柳"，视劳作山区的彝族为"山罗罗"，虽然一些有现代平等意识的人只是以习惯用语无心呼之，但确有一些人以"大汉族"之优越感对少数民族取轻蔑之态。

"罗罗"称谓，因浸满屈辱痛苦记忆，人们选择将它放弃。

3. 撒梅与昆明

人类的文明五颜六色，在文明的大花园里，赤橙黄绿，争奇斗艳，互映陪衬，世界因此生机勃发、活力四射。中国上下五千年的主流文化被国人冠之以"汉文化"，它像黄河长江一样因不择细流而成就其大，同时又为所有支流提供取之不竭的源泉。撒梅人生存于省城附近，焉有不受主流文化浸淫之理。但是这影响细究起来，其实也是互动的。

（1）城市让生活更美好

学习语言文字，最基本的途径是教育。有清一代，能惠及民众的教育是义学。昆明义学始于清康熙年间，在四乡义学中，最早设立的是位于城东南10公里的官渡，蒙学场所安置于里塔街妙湛寺，是康熙二十二年（1693年）由昆明县知府张毓碧设立。北郊义学设于羊坞里羊肠小村寺庙，时在康熙五十五年（1716年）。东郊义学设立于阿拉村丰泰庵，

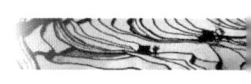

庵内一碑上书"嘉庆六年创学田碑记"。当时,义学是"辅书院而行",其教学范畴是儒学。可以推断,昆明四乡最早的义学教师多半来自省城的汉族。

义学至清末称学堂,至中华民国变身为学校。数百年启蒙,至中华民国始见成效。在撒梅聚居区,虽然民众多半还是文盲,但乡村基层管理者乡保长之类一般都有初小文化。经济殷实,家长开明的家庭好歹会送子弟就近上学,读个两三年。然后,这些虽然只有初小文化,但是本人聪慧勤奋的青年在后来的人生之路便有了精彩发挥。

毕湘,青龙村人氏,生于1913年。他在青龙村小学读书三年,24岁当兵,在昆明高射炮部队干了8年,先驻守于昆明圆通山,又移防至五华山、北校场。在龙云组建的部队任连部机械上士,管着连里的军火:两门13厘米高射炮,八支七九步枪,还参与炮击日本飞机的战斗。抗战胜利后,毕湘便返乡种田了。

毕盖,哨上村人氏,生于1924年,16岁才开始读书,该村地处偏僻,需步行数公里到乌龙村小学就读。据说那时哨上村进过学堂的仅他一人,也才读了一年半。18岁,毕盖当兵,干过通信、交通、步兵等兵种。二十三岁左右又调防至云南经济委员会裕滇纱厂当警卫,厂址在昆明西山山邑村龙王庙南的滇池边,他荷枪守卫工厂大门,日日观看滇池晓日。厂内管理人员中有几个上海人,好学的他甚至学会了上海话。

古话说"学而优则仕",虽然未必,但学得好的人必会弄出些响动。一些村出了教师,如普照村后来当了乡长的李永炎、小石坝的邵培英,他们都在本乡本土教育本族子弟。少数村社冒出的人才甚至可用"靓丽"两字形容,如瓦脚村。当我走进村庄,听老人叙述桩桩个案,不由令我两眼放光。据73岁的赵自兴讲述,其父亲赵润,生于1896年,卒于1960年,是中华民国时期这片上资格最老、名气最大的教师。他毕业于昆明县师范学校,于1919年在瓦脚村小学教书,当了24年老师。于1947年前后调至中华民国昆明县政府工作,任田赋科科长。2006年11

怒江傈僳族村人歌舞，此族群男子跳传统舞蹈，必身携三件物品：佩刀、弓箭与弹拨琴，象征男子的社会职责：开荒、狩猎及祭祀娱乐

瓦脚村教师赵润，是中华民国撒梅人中最早的教师，他毕业于昆明县师范学校，1919年便在本村小学教书了（赵自兴 供稿）

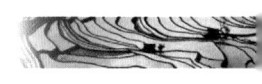

月 24 日我访问李成功老先生，他生于 1922 年，容貌清瘦，矍铄健谈。他说，他曾就读于本村于清宣统年间办的村小，之后到昆明县仅有的三所县属中学之一的清波中学读初中，1942 年毕业于象眼街昆明县师范。中华民国时先后在义合乡第四堡高桥村小学、三堡大麻苴小学、苍竹乡花鱼沟小学、东波乡小坝小学及本村小学教书。中华人民共和国成立后又先后在本村、浑水塘、新发村、复兴村、乌龙村、阿地村、西冲口等小学教书。我统计了一下，这些学校遍布十一个乡村，其中四所学校是距家乡数十公里以外的昆明北乡及城东的汉族村寨（花鱼沟、小坝、新发村、复兴村）。我不由得作此推想，李成功必是政府教育部门人才储备库人选，没有组织上的统筹调配，他个人要在偌大区间四处教学，恐难成行。因为撒梅乡村亦在积极兴学，高资质的教师同样稀缺。瓦脚村的杨亮当过县教育局的督学，这是我在白土村听杨德老人讲述的。后来找到书证——中华民国昆明县教育档案，上书："杨亮，字明之，1892 年生，任第二学区委员。38 岁时，民国十八年九月（公元 1929 年）到职。"据瓦脚村人讲，杨家的六个儿子均上了大学，有一个考上了清华大学。我不由纳闷，这个距昆明二十余公里之遥，居民散居于晒月山脚的民族村何以有如此出众的教育成果。

2006 年 12 月 10 日，我与李成功先生坐在村口李家大院土基墙下的条凳与几个晒太阳的老人闲聊，当李说道："本村的民族话已失传好几代，连外村嫁进来的女人都不说民族话。"一位年约 60 余岁的老妇说："听老人讲，以前打官司，这里人都讲撒梅话（申说理由），对头（冤家对头之意，指与撒梅打官司的人）汉人对官说，他们骂你（官为汉族，不懂民族话），撒梅人的官司输了就发誓，以后再也不说撒梅话。"现在，瓦脚村附近的 5 个民族村都不会说撒梅话。李成功是位敦厚长者，他补充说："这里距离大板桥很近，大板桥是汉族聚居区。"他的意思是，本村不讲民族话与邻近汉族居区也有关系。老妇说的故事我在青龙村听毕明讲述过，当时没问发生于何时何地。至此，我似乎明白了瓦脚村的学子何以如此发奋学习汉文化。以中华民国时期昆明城周遭农村的文化教育状况而言，瓦脚村的成就甚至超过省坝许多汉族村寨。后来，在与李成功的进一步交谈中，我知道了该村不会讲民族话是在他的老爹李国铨、李国荣、李国祥一代，推算下来应在清末民初。

接纳外来人。撒梅人世居交通要道，这里最初是云南通向京城的古驿道走廊，有文字记载的历史可上溯至元朝。清朝后期，阿拉村后的白虎山是云南督府的屯兵之地。1937年8月，中华民国政府又于此地开辟干海子机场。20世纪二三十年代建成的滇越铁路与京滇公路均取道于此。经查昆明市档案馆所藏民国资料，在1932年绘制的义合乡一览图中，标明了川滇铁路（即滇越铁路）穿越的该乡村庄，路西为瓦脚村、王百户村、三瓦村、大石坝、大麻苴；路东为白土村、阿拉村、小石坝、大麻苴。京滇公路穿越的村庄为瓦脚村、王百户村、白土村、阿拉村、三瓦村、大小石坝、新村、普照村、大小麻苴。

中华民国中期，随着中国抗日战争时局所需，大批内地企事业单位迁至昆明。云南省府将它们集中安置于省城外围东西两廊，西为马街片区，多为工业企业；东为贵昆公路沿线，多为交通与军事单位。

《义合乡一览图》还标明外来企业进入撒梅村的具体布局：

> 小石坝：安达炼油厂、川滇铁路公司、川滇铁路公司宿舍（据乡民回忆，川滇铁路公司下辖滇越铁路机车修理工厂小石坝分厂，其职能为修理蒸汽机车，组装法国人提供的机车部件）。
>
> 大石坝：佛教公墓、川滇铁路总机厂。
>
> 阿拉村：省府第九招待所、飞机杨（一三四机场）、新营房。
>
> 小麻苴：空军墓地。
>
> 大麻苴：复兴公司、公路总局汽材总库昆明供应处、后勤部总队。

外来企业的进入，域外人员的增加，令族人扩大眼界，增长见识，不同民族文化产生交流，下文将以王百户村与阿拉村为例进行叙述。

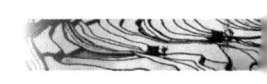

王百户之村名令人联想该村王姓之众已达百户，实则相反。据1949年义合乡乡长李永炎填报的"保甲户口统计表"所列，该村总共的户籍为"本籍户口58户，300人"。而且王姓是小姓。我询问过关于"王百户"村名之来由，村老答，过去，在该村人户达99户时，搬进一户王姓人家，这是村中唯一一户王姓，便称"王百户"村。据史料记载，历史上，撒梅聚居区曾经人口稠密，发生在清咸同年间的战乱以及后来几次大瘟疫使人丁骤减，老人的解释是有可能的。"王百户"村于中华民国后期变身为"金马村"，与外来企业的进入有关。据白土村杨德讲述，临1949年，政府在王百户村后建军库房，杨德与白土村几个农民参与了劳作，做挑泥巴、挖石脚沟等活计。工程即将结束时，建库的几个上海、安徽籍人觉得"王百户"名不副实，便为他们更名为"金马村"。

阿拉村是个大村，在义合乡"保甲户口统计表"中，阿拉村有"本籍人户89户，386人；外籍人户47户，159人"。统计表共列27个撒梅村，其中仅有4村有外籍人户，除阿拉村外，其他3村只有零星外来人户，这应该与阿拉村自清末以来就有驻军有关。虽然驻军是行伍编制，现役人员不可能编入地方户籍，但数十年间的兵丁退伍，有些人选择落籍阿拉村。据该村李存老人讲述，在营盘当当兵，就落脚在此，看着此地生活好，气候也好，落户的人就多。这些人中有来自江苏、山东、河南、河北、安徽、江西、广东、湖南、四川、贵州等省份，但仍以云南本省居多。有趣的是，阿拉村特殊的人口结构被并不在意逻辑表达的族群称为"阿拉村接纳了半个中国的人才"。

"留辫"与其他。居于城郊之撒梅，在清朝时也遵守了清廷关于"蓄发留辫"之规则。据毕明讲述，其父年轻时留过头发辫，由于编发麻烦，父亲与小伴每日早晨互相梳头编发，称此发型为"三喜圣"。中华民国革除流弊，下令剪辫。一开始，男人们因循守旧，不愿剪发。有一次，一个编发男人赶着牛车去昆明拉粪，在车上犯困磕睡，那根长长的发辫滑落，绞在车轱辘里，最终他被绞死了。大家闻知，才剪去发辫。

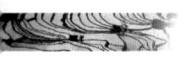

中国封建时代流弊甚久的女子缠足，在撒梅坊间却不曾流行，大约与女子是农村劳动主力有关。毕明一生很留意世事变迁，对此，他也有见闻与评说。他说："汉族女人缠脚，我们恨死，还缠得越小越值钱，走路一扭一弯的，大板大脚大步走路多好。我十七八岁时，与小伴一起到黑龙潭玩，见到警察正叫缠脚女人自己解开裹脚布，那些女人走不了路，一个个地叫'姆呀姆呀'，看得我们直发笑。"

（2）撒梅的回馈

撒梅聚居的山区富集之松树，挽松毛圈给城市人点火做饭，不经意间还做成松毛文化点缀城市。据清代倪蜕著《滇小记》"滇云夷种"记："松毛，官府莅任及新年佳节，约保必办松毛送署铺地，香润洁净，可代毡席。迎春祭祀，则办松棚。"即民间吉凶事、迎神赛会，亦必铺松毛于地，可以想见松树之多。

我访问一位曾经是昆明大观街松毛巷的老户，请她回忆松毛在年节中的用场。她说，此地过年时，年三十晚，一家吃年饭兴坐于青松毛上，还要烧皂角米。将栎木炭烧着，皂角米置炭火中烧出清香味，再将栎炭与皂角米放入冷水中一激，立刻热气蒸腾，香气四溢。然后到家里各个房间熏一下，是为祛鬼、祛邪，此法又称"打醋炭"。整完这些才吃年饭。青松毛由农民挑着来，用稻草索扎成小扎。四五十公斤一大挑，有的用谷箩装，有的用粗绳捆着挑来，不贵，十平方米的房间买5小捆就够铺了。吃饭前铺开，大家席松毛而坐，吃完饭将松毛挪开，堆到墙脚。整个新年日日用青松毛铺地，直至松毛发干发黄才丢弃不用，有的可以用三五日，有的可以用十来日。

旧时官民都离不开松毛，以点缀节日喜庆。2009年春节，我在农贸市场看到乡人在卖松枝，那一柄柄如拂尘般的青松毛发出阵阵清香，勾起了我的松毛情结，花五元买一枝，喜洋洋地带回家挂于厅堂。希冀如早年昆明人一样图个吉利喜庆，谁知身体已很虚弱的我还是在大年初三生病住院了，想这民俗之事有时也是虚妄一场。

滇地乡人爱用铜锣锅煮饭，所煮洋芋焖饭是当地一道名吃

这种茅草编织的物件，便是云南民俗"十八怪"说的"草帽当锅盖"的锅盖，用它盖于饭甑蒸的饭更可口些

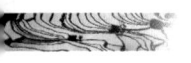

我在北市区汉族村寨采风,遇到一桩与彝族文化相关的趣事,当然也是陈年之事。松华坝水库上游为嵩明白邑乡,有个汉族村名为马君村,此村有个溶洞称"罗罗洞",洞内一块钟乳石像一个背着背箩的汉子,只是倒挂着,不知何人看出此石状若撒梅男人,便称之"倒挂罗罗"。也不知从何年起,民众相信,击打此石有利于妇人生孩子。一些怀不上娃或想生娃的女人到此用鸡蛋击打,没带鸡蛋的,就随地捡起一块小石掷出。据说打着石像上半截的可以生儿子,打着下半截的可以生女儿。但一个老妇说,也有打着了但就是不生的。上坝村范品祥生于1942年,小名"罗罗",是他母亲跟着亲戚去"罗罗洞"里玩,冲罗罗(冲:击打)回来怀上的,生下他,小婴儿老是哭,奶奶不解:"说娃娃没病,为什么老哭?"媳妇说:"是尾着打罗罗生的(尾着,土话,即跟随人)。"奶奶叫她每月初一、十五朝马君方向供斋饭,又起小名"罗罗",孩子的毛病才慢慢好了。范品祥长大后讨的媳妇是西白沙河桃园小村的王珍凤,上坝邻里街坊便喊她"罗罗媳妇",她也应得脆脆的。此村有六七个小名叫"罗罗"的。有一家父亲叫罗罗,女儿也叫罗罗。据说昆明北地农村曾很时兴"冲罗罗"。我想,这种习俗,可以视作省坝汉族对彝文化的崇拜。

(3)阿拉村的另一半

1949年,阿拉村有住户136户、545人,其中外来汉族住户47户、159人,外来人、户分别占总数的34.5%、29.3%。显然,外来人口不足半数,以其不足半数而称之半数者,是以为这些外来人源广流长,他们来自汉族主流文化,带入撒梅的是别样眼光甚至血统基因。此种状况,对于长期处于封闭的彝族撒梅支系来说,既是一种接纳,也是一种挑战。不过,有意思的是,这些外来人口面对在白虎山已生根数百年的本土文化,其自身的文化是客居文化,某种程度是弱势的少数,此即民谚所称的"强龙压不过地头蛇"。自清末云南省府于白虎山驻军以来,阿拉村先是接纳退伍老兵(村老称亦有开小差的逃兵和犯纪开排者)。中经20世纪三四十年代,在惨烈的日寇侵略中国、国人拼死反抗的战争环境中

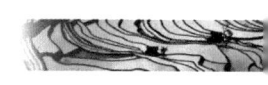

由内地流亡至滇，阿拉接纳的数十流徙者（搬家人）；又经20世纪80年代后，中国农民工进城务工潮带入阿拉的新移民。虽然迁移是经年累月、三三两两地进入，但形成批量的是上述数个特殊历史阶段。记录百年来不同民族文化在阿拉这个弹丸之地的碰撞融合，记载其中一个个鲜活生动个案是很有意思的。

2014年3月，我再入阿拉，请李存老先生作陪，穿小巷访老户。凭着李存、鲁忠美夫妇在老人圈内的人脉，我们还召开了一次座谈会。参会者有李存（彝族，77岁）、鲁忠美（彝族，77岁）、肖湘（彝族，89岁）、王凤英（彝族，70岁）、温文沛（汉族，84岁）、杜仁山（汉族，77岁）六人。在老人们饶有兴致的交谈中，汉族移民在阿拉近百年的生存轨迹渐趋清晰，这是一条艰难创业的路。

白虎山南北走向，阿拉民居分布于白虎山西麓，距贵昆公路（1937年通车）仅数百米。分大村、小村两个群落，小村在山坡，大村在山脚。两村之间并无大的间隙，只有一条窄窄小巷作为分界。据李存讲述，本村民族的老根底是王、李、非三大姓，他们是白虎山干海子的拓荒者，大约可追溯至明代。村子饮用水源来自山涧清泉大龙潭和数口水井，灌溉用水取自由大板桥拦阻的宝象河红泥沟渠。由于村子所居地理环境优越，村庄繁衍甚众，曾分出部分村民至数十公里外的老爷山麓安家拓荒，规定：户有两子，一子必迁去新村。老爷山被撒梅视作神山，养口活命的宝象河就发源于此，撒梅人视老爷山山脉为祖根所在，阿拉拓展的新村名"一朵云"，后来也是个有影响的大村。

中华民国末叶，阿拉村有彝族89户386人，他们分别居住于三条巷子。王家族里（族里，家族的意思）住小村，有四五十户；李家族里住大村，二十余户；非家族里住非家巷，十余户；非家巷位于村子南头。

在阿拉扎根近百年的汉族外来户居住在大村主巷。旧时，撒梅族群为保护本民族的聚居地资源，曾经制定过一些规则，例如，民族家庭有出卖土地者，只能卖给本村民族。数年前我在临近的三瓦村、瓦脚村做田野工作时也闻听此说。阿拉村对落籍本村的外方人还另有规矩，如，外来人户不准进本村大寺（丰泰庵），其亡故者不得埋葬于本村公山公地。

如果事情仅止于此，相信阿拉不会吸引众多外籍人士。李存曾经评述外来者的窘境："他们宁肯在这里艰难，也不愿回到家乡。"表达的是对外方人在阿拉坎圩生活的同情，也是对外方人离开家乡热土至陌生地域打拼的不解。

当然，外来人员选择阿拉不是来受苦受难的。在阿拉村的大村，有一条纵贯全村的长街，名曰"小街子"，这里有货殖贸易。类似街巷在许多撒梅村落都有，那些小街往往处于村中要道，其间有一两家杂货店，小打小闹卖些日用品，也会有少量村民卖些富余的小菜蔬，间或有个茶铺烟馆，消费范围也仅在本村。阿拉的小街自是不同，老人说，解放前山上有部队、营房，兵士们要吃菜、肉、鸡，赶起小街子。小街两边住的大部分是外来人，他们在街上开饭馆、杂货店、烟馆

阿拉村街景

等。正是小街子的特殊空间，令一些肯吃大苦，愿意不耻钻研生意经的外方人看到机会，留在阿拉。至于彝族撒梅，似乎大部分人成为小街子的旁观者。对此，李存说："民族不会搞吃的，无此技术，习惯上也不想学，多数人种种田地，一年养两头猪，一头活猪囫囵卖了，一头杀了腌腌吃。"不过，我以为，撒梅不做生意除了民族习性使然外，也与所居环境自然条件较好，勤俭耕作就可安然度日密切相关。

小街子盛时有各行各业四十余户，其中杂货铺十来户，饭馆六户，

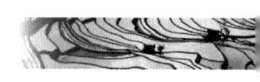

茶铺四五户，烟馆三户，客运一户，棺材铺一户，制窑一户，屠宰两户，理发一户，卖豌豆凉粉一户，驿馆两户，啤酒店一户。至于其他支个摊位做点小生意的还有不少。

我对小街来了兴趣，请村老陪同踏勘。小街从头至尾长不足百米，宽不足五米，其间房屋一间紧挨一间，大多是二至三层的水泥砖瓦房，现在还有不少食馆杂货铺陈列其间，有的还冠名"小超市"。为添美意，我曾邀村老至饭馆、杂货铺消费一番。不过，旧时的房屋大多为传统的砖瓦房甚至茅屋。

村老先从茶铺烟馆说起，这些行业似乎与民族生活联系更密切些，有一些撒梅人也涉足此业。在四五户茶铺中，有两户是彝族人开的，铺主是李文杰与非法（人名），李文杰是李存之父。据从旧村上门来的肖湘口述，开茶铺，卖盖碗茶，五分钱一碗，续水不用钱。大家一桌桌打字牌，也卖炒豌豆，一角钱一盅。水是本村龙潭的，距街子数十米，有人挑来卖，茶铺再请一人烧水。李存说："阿拉村是撒梅聚居的中心区域，又热闹，周围的彝村如三瓦、高坡、白土、海子、新村、旧村的老人都爱来此喝喝茶、聊聊天。"由此我明白，李文杰从事此业有"人脉"优势，而且他识文断字，其父（李存的爷爷）还是个受人尊敬的风水先生，所以李文杰开的茶铺生意做得较好。但是，李存补充说："茶铺生意并不能完全养家糊口，家中其他人还要盘田。"

烟馆，是吸食大烟鸦片之场所。中华民国时，昆明城内外吸烟成风，甚至被畸形地视作有身份地位的象征。政府虽颁"禁烟令"，但叙而不作，作秀而已。阿拉村有三个烟馆，大烟来源于烟贩，本村吸食者十数人，还未包括外来人员。大烟鬼如"夜行动物"，白天睡眼惺忪、哈欠连天，夜间精神抖擞、毫无倦容。为了迎合需要，烟馆设置通宵打牌业务。村老说，有些人烟瘾发作又无钱开销，便从家中偷点米面什物换烟，婆娘追到烟馆根究（追究之意），惹得众人笑。邻村白土是吸食大烟的重灾区，我曾聆听该村杨德老先生讲述其父与一些沉疴极深之人的不堪遭际，他们中有的人甚至妻离子散、家破人亡。鸦片大烟，痈疽毒瘤而已，民众恨之入骨。我想，烟馆大约难逃不雅之责，故老人谈及此话题，有语焉不详、避重就轻之嫌。

茶铺与烟馆在其他撒梅村庄都有，形迹大同小异，人们继之铺陈开的才是阿拉的特色行业。

其一，有人在阿拉村大寺内开设啤酒店，这种饮料是专为山上的美国人量身定制的，当时国人喝不惯这种有点"马尿味"的洋饮料。开店之人的姓名已被人遗忘，只记得开了三四年，正是美国人在昆明的那段日子。美国人一走，此人就上昆明去了。

其二，阿拉村宝象河畔有个官办屠宰场，专为助中国抗日战争的美国飞虎队提供肉食。宰杀的牲口、家禽主要有牛、羊、鸡，以牛与鸡为多。阿拉村有为其帮佣者。人们说，宰场里有个国人未曾见识过的洋机器，活牛被人驱赶进入一个通道，五头牛排成一列，运转中的屠刀落下，一次就将五头牛全部宰杀，牛血流淌至近旁的宝象河内，牛身倒在传送带上，送入深处，从另一头出来的已是剁了头足、剥了皮、掏了肚杂的体胴，再经专人分割肢解，牛肉随即包装，再用飞机运送至云南有美国人驻守的地方供其食用。余下的头足内脏卖给小街子上的食馆摊贩，他们加工成熟食卤品出售。宰场卖不完的头足内脏还会倾倒野外。不用说，经营熟食加工的都是外来户，这需要技术与精力。2014年10月9日，我访昆明顺城老户94岁的聂国祥，有关昆明东郊有个专为美国人宰牛的屠宰场之事得到印证。聂老先生是回族，祖上开的"永顺和"堆马店规模大、时间早，是近代顺城街经营马店最早的一户，他回忆昆明曾经繁华的马帮经济，讲述了中华民国小西门外大观街"兴和园"清真馆老板马祥龙的故事，马老板为美国人宰牛，日供活牛300头云云，据说宰牛场在昆明东站出去三四公里的地方。如此数量的牛，把昆明金牛街、珠玑街牛集的牛买光了都不够，又约聂国祥的父亲聂斌率人到四川会理买牛，请人将牛群赶回昆明。聂国祥是听老人传说，并未亲见，也觉难以置信。当我将白虎山阿拉村自动宰牛场事一说，他才明白原委，唏嘘当年美国兵就食中国，一至于此。不过，日供300头牛可能不确，大约是

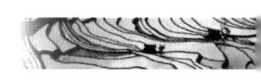

某一次集中采购的活牛数。因为据阿拉村老人回忆,宰牛场并不日日运转,一周大约宰牛两次,每次数十头牛;300头牛大约是某次的特殊需求。

其三,烧制砖瓦,经营者名李正,是昆明南郊晓东村人,落脚阿拉,开办了两个黑窑砖瓦厂,烧制老瓮、砖瓦,请临工六七人,还有一个哑巴长工。窑场踩窑泥用牛力,制砖用模板,人工将制好的窑泥掼进模子,再用弓弦割去多余的泥头,脱板阴干后送入黑窑烧制。1937年,云南省府在白虎山建盖新营盘,就用李正窑上制品。李正生意做得大,还兼营屠宰业,请工人杀猪卖给村民和兵营里的中国士兵食用。

其四,从事客运业。中华民国时昆明至东郊大板桥并无客运汽车,阿拉人坐的是马拉车,一车拉八九人,经营者李光真,绰号"马车老太爷",属于"搬家人"。他置办一张马车,雇用一个玉溪人赶车,从阿拉至昆明东站三四公里路程,上午进城,下午返回,生意好时一日拉两个来回。他赚的钱,人们称为"车脚钱",收入稳定,除去供两个孩子读书,他还在昆明拓东路上置了房,凭借此基业,中华人民共和国成立后,"马车老太爷"全家搬至昆明定居。

其五,街上有个棺材铺,铺主姓王,老人们已说不出原创者姓名,其子王福健在,只说是王福家父亲的棺材铺,专做棺材卖,需求者要预先定制,他便按要求置办不同材质木料。据说他制作手工精细,一年只做三五口,居然能养活八个孩子。现在,这些孩子都孝顺,王福的母亲还健在,已80多岁;听起来,这是个福顺人家。

其六,阿拉村还有两家马店驿馆,"驿馆"是李存这个老高中生文绉绉的称谓,其他老人直称为"马店"。老板分别是宁伯仁和肖逢才,都是搬家人。不过,在阿拉村休整的马帮少,更多的是"吆猪"的与"吆牛"("赶猪"的与"赶牛"的),这些牲畜性子慢、脚力不济,驱赶者从宣威过来,至昆明呈贡,其间有数百公里路,沿途站店不少,到阿拉村距目的地只有十几公里,但有些牲畜走得四足皮开肉绽,一瘸一拐,再不将其喂养数日,就会报废途中。另一说是滇越铁路开通后,有

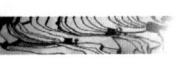

从滇南用火车运送猪牛至昆明者，在阿拉将牲畜吆下车后，会在该村"马店"休息一两日。大约两者兼而有之。店内有供人食宿的驿站，也有牲口歇息的场所。两家马店都有露天大院坝，可关上百头猪、十数头牛，这些牲畜硕壮，不怕淋雨。猪料与牛料由吆赶者自备，马草要出钱向店家购买，马店一直开到1952—1953年。

至于其他与居家关系密切的生意还有不少。例如，有个理发匠，名李吉高，很多人找他理发，收入并不多，他的妻子还要为人洗衣缝补以贴家用。最让李存难以忘怀的是孩提时代的一种小吃：豌豆粉。店主郭宽，最是和气，多多少少都卖，很多孩子与他结缘。他的豌豆粉有名，大人们一碗碗去抬，孩子吃不完，便递上个铜板，他麻溜地用小刀四四方方地切一块，再在中间剜个洞，挑些香辣作料放入其中，递给孩子，小孩吃得脸红红的，吸吮着嘴，心里想的是下次有了钱再来。

小街子上生意做得风生水起，以至于有人调侃阿拉是"小昆明"。生意做到家门口，所需生活用品不用跋涉至昆明购买，阿拉的盘田者自然最得其便，生活较他村也闲适许多，头脑灵活的人还可以跻身其间做点小生意，令日子过得滋润些。山上的兵士也是重要的获益者，他们的饭食增加了许多鲜活花样，操厨者下山一趟，大部分食料可在小街采买到。至于定居阿拉的外来人户，他们赚了钱，立了足，挺直腰，少数"成功人士"买房置田，不在话下。日后在中华人民共和国成立初期的土地改革中，被评上"高成分"，这是后话。

外来人先富了起来。撒梅人淡定、厚道，不眼红、不嫉妒，他们记住的是这些苦干者的付出："李瞎子，搬家人，租点房开馆子，三四个兵来白吃白喝，他拉住与之理论，被打瞎了眼，路都摸不着走，就有此绰号，真名反而被人淡忘。""张化荣，又名陆化荣，四川人，当兵来此，落脚阿拉。有一次与两人去昆明进货，走到大麻苴，遭贼抢，将三人衣裤脱光，串起来绑在一起塞在犄角旮旯，天黑了，三人磨蹭着敲开一家屋门，里面的人为他们解了绳，才顺铁路摸回家。""连生意做得最大的王兴才，在起始阶段都是自己到昆明拓东酱菜厂挑酱油、腌菜回来

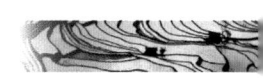

卖。""还有姓朱的一家开馆,运气不济,晚上起火,一家人睡在楼上,全部被烧死。"

从老人的讲述中,我得知在20世纪40年代落籍阿拉的外方人中,从山上退伍(或处理)下来的有二十多人,另一半是搬家人。这两类人谋生情形肯定不同,我便请他们讲述其中个案。

以退伍军人而言,人们能追索的落籍者甚至可早至清末民初。温文沛说:"现在70余岁的段光荣,他的爷爷是营盘下来的人,有人见过其画像,画中人头戴清廷红顶官帽,传说是个头领,可能是盖营盘下来的人,传至段光荣的孙辈已有五代人。"还有一位当过官的下山人名李永祥,任过营盘工兵营的副营长,是富民人,学历高,其老婆还是个大学生,这是20世纪40年代的事。

这些退伍者如何在阿拉立足谋生,参与座谈的一位老人现身说法,他就是杜仁山。杜仁山生于1937年,汉族,武汉人。其父杜远刚原在武汉造船厂工作,在船上做事,后来做过糕点。1939年,杜仁山2岁时,其母病故,其时,日寇已占我半壁河山。父亲将他托付给孩子的姑妈,只身参军至云南,先在昆明巫家坝机场招待所工作,后调至白虎山招待所,前者称"五所",后者称"九所",当时属同一系统,人员可以统一调配。老人说,杜远刚任空军招待所伙食团领班,人称杜师傅,擅做西点,专为美国人制作蛋糕面包,后来与云南开远籍的女子再婚。美国人撤走后,杜师傅的手艺闲置下来,年岁也大了,便退役落籍阿拉。1946年,9岁的杜仁山从武汉迁来随父。因着父亲的关系后来当了兵,是个娃娃兵,在白虎山为国民党军184师的一个连长当小通讯员。杜仁山回忆,当时山上军营极为简陋,士兵住的房用木板钉钉,外面糊以泥浆草茎。驻兵一个连,百把人,杜仁山后来又调至关上。说起杜师傅从山上下来后的生活,老人们说,他就是找点烧柴卖卖,在临近的白土村买亩把地种种。中华人民共和国成立后,杜仁山属起义人员,1956年退伍回阿拉村,一个月后就在大板桥供销社工作,现在,杜仁山在阿拉村一所宽敞的楼房内养老。杜远刚在20世纪80年代病故,高寿80余岁。

李存（左）与温文沛（右）

    阿拉村外来户的另一大类"搬家人"曾经的谋生状态，在座的老人中也有一位亲历者，他名温文沛，生于1930年，原籍昆明呈贡县雨花村人，3岁便随父母来到阿拉，现今已高龄84岁，精神矍铄，记忆力甚好。自农业合作化后，他当过生产队会计，兼管队上的水电，有一定的文化。一生勤俭，现在还为社区掌管抽水站事务。他说："1949年前，我家卖松瓜子（松瓜子是松子、瓜子、炒豆等炒货统称），父亲擀面，在小街摆摊卖面，一家五口人，父母加我们兄妹三人勉强过活，有时出门干活自带苞谷饭，连盐巴都没有。从1933年至1949年，没苦得一寸土地，租田地种。"

    自然，搬家人与从山上下来的人相比要艰难得多，他们无背景、无根底，来阿拉唯有出苦力死拼而已。人们记得四川人周应挺，绰号"周四川"，来此定居时的窘境，他先从四川流落至昆明呈贡，从呈贡过来时，一根扁担两个筐，一头装的是菜，另一头是两三岁的女儿，步行几

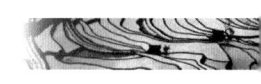

十公里路，一副落魄流浪相。有的外来人选择做撒梅的上门女婿，那时的上门有辱没祖宗的含义，需有极大勇气，不到万不得已不可为之。上海人李如张，本姓张，上门在李家。岳父也靠体力生活，每天从龙潭挑水卖给茶铺。机敏的李如张学了些手艺，他会做泥瓦工盖房，在外面成日帮人打石埂修路。1951年，他参加解放军西南军区施工队，在阿依村（撒梅村）打油库石碉，随部队四处盖房，为养活一家老小，也是不敢懈怠。

阿拉村外来户在白虎山下各自营生苦斗，富的富穷的穷，喜的喜忧的忧。至1949年，农村进行土地改革划分阶级成分，外来户划为地主成分的有3户，他们是李永祥、王兴才、李正；另有富农1户，名吴国华。人口占阿拉一半以上的彝族撒梅，被评为富农的1户，没有地主。显然，就聚集财产发家致富而言，经商强于盘田。在被评为地主的三人中，最富的李永祥是营盘下来的官，居然有田地四五十亩用于出租。可能另有恶行，李永祥被判了极刑。李正经营烧制砖瓦并屠宰，发迹后也购买了不少土地用于出租，成分评为工商业兼地主，但他富裕不忘行善，热心村上办学事，又是出钱请教师，又是购置桌椅板凳，故被称作开明士绅，后来成为团结对象，选为官渡区政协委员。王兴才开铺子发家，去昆明进烟酒茶等货品都是自己背着来去，没有大的恶行。村老说，他苦得三根金条用陶罐盛装，藏匿于自家房屋楼梯脚，在大石桥陪斗时被人揭发搜出，充公没收。说起此事，老人的讲述颇有声色，令我联想其潜台词是：富又怎样，空欢喜一场而已。外来人在风云变幻中的沉浮遭际，一定令撒梅人增强了对自己安守小农、不求大富习俗的坚守。

土地改革时，阿拉还有一个不同于他村的形势，小街子搞经营的外来户大多被划为平民，也称居民，居民不得参加农业合作社。对居民中原有少许土地、愿当农民的，村上分给其田地；不愿当农民的，则自谋生路，不少居民继续在阿拉从事小商小贩行当；少数有机会出去工作的，便就食他处，如大板桥、昆明等。

纵观中华人民共和国成立以前数十年阿拉的彝汉民族关系，撒梅老

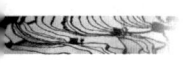

人直言以告。李存说:"汉族服从当地习俗,彝汉关系可以,没有矛盾,民族不欺生。汉族会请撒梅风水先生做法事,但几乎不参加民族的庙会,有时祭天去看看热闹。村中大寺,撒梅人不让汉族进去,居民便成立'同乡会'互通声气。还买了一片坟地,名小石桥,里面葬得密密麻麻,令人看了肉麻(窘迫、局促、凄楚)。"不过,在我看来,民族关系融洽,还有彝汉的谋生处于不同空间,前者安心事农,后者发奋经商,两者没有竞争而是互补。撒梅身处省府周遭,仍然坚守中国古代重农抑商遗风,因为他们有广袤的田地,这似乎也是传统中国农民实际生活的写照:三十亩地一头牛,老婆孩子热炕头,其乐融融。只要田地宗庙在,命根就在,不会流离。

中华人民共和国成立后,又是一个甲子过去了,阿拉的人口户籍变化几何,据阿拉村居民小组干部告之,目前阿拉村有1100余人,380户人家,其中汉族占三分之一,有100余户,300余人。然而,撒梅居住区变化实在快,前两年阿拉属于昆明经济技术开发区,现在又被并入云南省滇中经济开发区,迅速扩张的市政建设已将撒梅农耕的基础颠覆:大片耕地不复存在。好在时兴的农民工进城务工潮为撒梅家庭引入新的动力:不少新移民成为上门女婿或媳妇,其中汉族居多。较之当年白虎山下的外来户,他们观念新、有文化,为淘金而来,为他们铺垫的是个充满机会的阿拉。在小街子和村口公路旁不乏有这些人开办的饭馆、店铺、修理站、苗圃。至于阿拉的汉族老居民,据温文沛说,其中的六七成上门撒梅,部分迁入昆明城区,至今仍坚守小街两侧的老居民,他们只做些小生意,做大生意的都是新的外来人。由于城市化,老民族也成为居民了,但他们更多的是种点小菜卖卖。

以阿拉村的小地域而言,汉族与彝族你中有我,我中有你,但在民族认同上,我认为在相当长的时间里仍是"和而不同"的。记得在座谈会上,温文沛曾说,"阿拉村的汉族都变成撒梅人了",他说的是汉族男招赘上门的事。至于彝族的看法却截然不同,一次进村,与几个贩菜归来的民族女同路,问及本村民族有多少人,令我意外的是,一位妇女答,

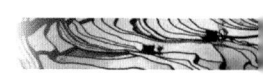

撒梅人很少了，都是汉族了。这两种说法，与村干部手持的户籍花名册大相径庭，何也？显然，这不是一个纯粹的户籍问题，而是文化差异，是"和而不同"的弦外之音。

古人有诗云："漫说滇南俗，人民半杂夷。管弦春社早，灯火夜街迟。问岁占鸡骨，禳凶瘗虎皮。軿车巡历处，时听语侏禽。"诗作者为明代世守云南的黔宁王沐英后裔沐璘。以此观之，在升平年代，云南各民族彼此包容，相互善待，应是一种常态。云南这块乐土，是各民族大众共同营造的。

## 国军败兆相

中华民国晚期，昆明四乡有一道"风景"——躲兵与抓兵，当时的兵役制被百姓称作"抽壮丁"，"三丁抽一，五丁抽二"，即家育三子，一子当兵；有五子，两子当兵。按例，各朝各代都要养兵，有不同方式的募兵制，抽丁并不稀罕，但国民党政府在抗日战争前后推行的"抽壮丁"制度的名声很坏，百姓将其视作"火坑"，因此便有一幕幕"躲兵"与"抓兵"上演。

躲兵形形色色，有从城里逃往乡下，从坝子躲进山区，还有居住于湖滨的藏匿到浩渺的滇池之中，一舟一桨，捕鱼为业，直到年关将至，才悄悄回趟家看望爹娘。在滇池北岸的老渔村我就访着过一个年轻时有如此遭际的老人。撒梅人躲兵，做的是山文章，乌龙村人告诉我，他们的躲兵，一般至大板桥背后的荒僻山村或投亲于阿拉村。官府如派人下来抓，就要远走高飞往嵩明或大山深处躲藏，再不就跑得远远的，躲到外地的亲戚家。

李增原是金殿背后旱马罩村人，有兄弟四人，都不敢在家待着。二十一二岁他便出去帮人，在小坝挖田地，点白菜、莴笋籽。二十五六岁时当了半年兵，找了个机会从曲靖坐火车躲在顶棚，偷跑回来。一两年后便到青龙村做了上门女婿。

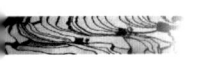

俗话说"跑得了和尚跑不了庙",有时躲兵会殃及家人。洪桥村毕玉英告诉我:"旧时,哥在昆明当学徒,被抓兵,跑了,他们就将我妈关起来,关在乡公所一间专门关人的屋,跳蚤很多,腿上都糊满了虱子,活受罪。过了个把月,家人想法凑钱买了糕点送给乡长,才把我妈保了出来,才没事。"

百姓视当兵为寇仇,这是有缘故的,那时当兵实在苦,毕明二十来岁时,家里住进了兵,得以把小兵之苦看得一清二楚。他说:"士兵出癞子疮,没人瞧,还时不时挨打。那个班长是四川人,叫田民武,住在我们楼下,打那个老实巴交的兵。因为他早上的敬礼做得不好,结果越打越憨,手都被打肿了。我和妈劝,说整不来就算了。他骂:'你们老百姓,懂个疤子。'高射炮的兵,吃的是喂马的老蚕豆,伙夫头晚将豆泡开褪皮,在磨上磨,再用筛子筛,将豆面放入行军锅煮糊糊。在我家小楼上,吹哨吃饭,兵一窝地站好,班长叫'开动',一个吃一碗半或二碗的糊糊,绝对吃不饱。官不在时,兵就将蚕豆挤了吃,官回来一看,全是空壳壳,就骂人。"

士兵的苦在病疫时尤甚,简直令乡人发指。当时大约有瘟疫,大麻苴的驻兵死了很多。毕明说:"开始,用庙内请客的桌子翻过来装死尸抬出去埋。桌子用没了,就用苞谷秸、高粱秆捆扎,装在老牛车上一车车拉出去,在山坡上随便挖了坑,丢进去,雨季大水一来,死人骨头都被冲了出来。"毕明见到的一次惨状令他终生难忘:"一个兵死了,抬出去埋,稍微用洋铲铲几下,将泥巴覆盖在身,一只手还露在外面,村人经过,眼见那只手先是肿大,后来发黄,又发黑,最终掉了。就在我们经过的路旁,不想看也得看,心里又害怕。"

当时官场腐败,克扣粮饷,一级克一级,直贪到事务长。官员腐败,军纪必败坏。李存告诉我,抗日战争后期,白虎山驻入国民党军,兵士下山吹烟(吸大烟),狐假虎威。进馆子吃饭不给钱,见什么拿什么。山上数百年的大麻栎树被村民视作风水树,结果被驻军用炸药炸倒作烧柴,百姓敢怒不敢言。人们说,兵住过的地方都苦,连粮食税都征不上

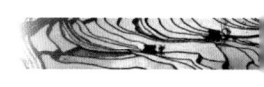

来。辛苦一年不够吃，兵来还抢抢吃吃，菜长得一小点就被拔走；蚕豆快熟了，兵躲在里面弄吃，豆田几乎绝收。

乱兵如匪。部队入村，直接住进农民家。毕明与母亲去田里干活，门锁着，军队大模大样地在门上写粉笔字，要住多少人。待母子俩做活回来，一开门，兵就进来了。晚饭后毕明出去玩，一个兵在站岗，回来时换了岗，不认得，拦住不给进，非要母亲出来领人，这令他哭笑不得。

那时，青龙村吸大烟的多。毕明说，大家没心思了，活一天算一天，田都卖了，老的小的抽大烟，别村人说："你们青龙村是烟龙村了。"

## 邂逅美国人

20世纪40年代，世界反法西斯战争的特殊场景和昆明东郊白虎山营盘的特殊地理，令撒梅人邂逅美国人，而且是比昆明城里人更近距离地观之、察之。

据云南省档案馆馆藏资料《委员长昆明行营主任龙云致电挽留陈纳德将军》载："1938年9月28日，日本飞机首次轰炸昆明……1941年12月陈纳德的航空队进驻昆明……1941年12月20日……飞虎队打下九架日本飞机，只有一架（日机）回到基地……连续几天昆明各界人士敲锣打鼓到巫家坝机场为他们庆功……"

龙云电文的背景是，抗战胜利后，陈纳德行将离昆返回美国，龙云作书挽留，书中概述了这支美国航空队对中国抗日战争的贡献以及云南人民对他们的感谢。至于"飞虎队"之称是昆明人的创造，因为这支航空队的战斗机机身上有张着巨口的鲨鱼标识。昆明百姓没有见过鲨鱼，只知道老虎长有尖牙利齿，因此称这些飞机为"飞老虎"。

在陈纳德与他的"飞虎队"驻防昆明期间，昆明的省府招待所、西山龙门村旁的卢汉西苑别墅都接待过部分美国官兵，干海子白虎山营盘也是美军驻扎的基地，当地百姓称之为美国空军招待所，实际标识是省府第九招待所。这里交通便捷、风景优美，便于官兵休整；山环水绕、草木葱茏，便于军队隐蔽。这支中国抗战的重要友军在此训练备战，以待出击。营盘与阿拉村近在咫尺，军营曾经的土地是撒梅人祖耕之地。于是，撒梅人与美国人之间便有了些若即若离的交往。

干海子白虎山山嘴处，也是村民的一个祭祀地点

当时，美国人需要一些人手为其料理杂务，曾招募过当地农民工，多数为临时雇用。阿拉村有六人为山上长期服务，做一些打扫卫生、装卸车辆、搬运杂物等活计，这些人白天在山上干活，吃、住时回到家里。在工作中因双方语言不通，开始都是连说带比画，十分费劲。六人中有个名为李诚的后来成为小头目。他十七八岁，不识字但为人机敏，从揣摩美国人讲话的意思，到模仿学习美式口语，最后成为双方沟通的桥梁。

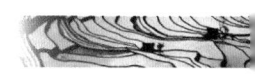

美国人爱开玩笑，称他为"翻译官"。

村民与美国人熟识了，见着会互相点头致意，但两者是不相往来的，山上有严格的纪律，并且有专管军纪的督察宪兵，只要发现有人不在位，便寻根究底。偶然有一次，一个美国兵喝醉酒，摸下山来出洋相，不等滋生事端，督察便将他带回山上。

美国人的伙食很好，为解决他们的肉食问题，国民政府专门在宝象河的宝象桥下端修建屠宰场。三五天宰一次牛，一周宰一次鸡，数量较多，供应全省美军士兵。美国人不吃牛头、牛脚及肠子，便用车运至白土村附近有个叫涵洞口的地方倾倒。煮牛肉也大有讲究，肉将近煮熟时放入一种粉末，营养便全在汤里，肉变得像木渣一样无味。美国人不吃米饭，专吃面包，就着牛肉汤。肉渣有时出售给乡民，有时给营盘里的中国兵吃，他们各有自己的食堂。据白土村杨德讲述，那些被美国人当作废物倒掉的牛头、牛脚、肠子，当地农民因忙于农活，一般不去拾取，只有一些开馆子的及吸食大烟之人会拿去加工出售。

最近，我从有关方面得知，那段时间为了供应美国驻军的牛肉，云南省暂停了活牛出口。联想到同时期中国的精英——西南联大在昆明的教授生活窘困，有的靠典当、治印、朋友接济苦度时光。战时的昆明百姓都在节衣缩食，礼仪之邦的中国对美国友邦的关照是竭尽全力了。

美国人讲究养生，天天锻炼身体，有的冬天还洗冷水浴，令从未见识过的村民觉得稀罕。他们的文艺生活也丰富，建了一个放电影兼作舞场的设施，在一块较平整的山坡上筑了一个平台作舞台，台下有一排排用石头砌成的座位，四周围以铁丝网。每周四晚上在此举办舞会，官方用汽车拉来面包和大桶牛奶，美国人排队进入场地，用一种圆形饭盒盛接牛奶，每人领取三四个面包，吃完后，便在舞台上跳舞。电影几乎每晚都放，是乡民听不懂的外国片，以战争片居多。孩子们好热闹，会在铁丝网外面观看。电影散场时，供应充足的美国兵在场上丢弃一些用过的蚊子油、香烟头。蚊子油装在有如当今"风油精"大小的瓶内，香烟头有寸把长，是骆驼牌、红吉士。孩子们捡拾了去。据讲述者回忆，烟比当时中国的香烟好抽，蚊子油也好用。

美国空军飞虎队有飞机场、工程处，并配以地勤人员，人们还记得一个矮小的小铁匠专管机修。飞机场连接着四五个隐秘之所，那里可以藏飞机，乡人称之为"飞机窝"，平日飞机停歇在里面，需出动时就用汽车将飞机拉至机场跑道。日本人的鼻子很灵，曾出动飞机来此轰炸。俯冲时敌机机身离地面很近，胆大的村民甚至可以看到日本人东张西望的脸。营盘被炸过两次，一次炸弹落在中国骑兵团的"病马房"，地面炸出几个大坑，炸死一匹马。另一次落下的炸弹未炸响，却震死了阿拉村一位七十余岁的老农。

飞虎队自身出过两次事故。一次因大雾，能见度差，两架飞机移动时撞在一起，其中一架砸到大箐沟里；另一架砸在地面上，引起大火，美国消防队来救援，用大铁钩将困于其中的两个飞行员钩出来。另一次事故牺牲了一名飞行员。因机场小，一架飞机未能成功降落，眼看失控的飞机要撞向邻近村庄，飞行员没有选择跳伞，而是顽强地操控飞机，避开了人口稠密之地，最后砸在高坡村背后的山上。

为安葬飞虎队阵亡空军将士，国民政府在昆明东郊辟出两个地块作其陵墓。其一在小麻苴龙树庵右侧，称"空军墓地"。鲁忠美八九岁读小学二年级时，去小麻苴学校考试，老师组织同学们去墓地，大家脱帽向烈士敬礼。里面埋葬的人不少，只见一排排十字架肃立着。另一处在羊甫头祭祀台小山包。数年前，我曾为了解古滇墓葬之事访问近旁的羊甫小村村民。老人说，这里过去一直是荒山坡，长着一些矮小的树，后来成为美国空军飞虎队的墓地，周围用铁丝网围了起来，门口有士兵站岗，竖着美国国旗，不准闲杂人等进入。抗战胜利后，烈士遗骸被取出装进匣子运回美国。因为原先挖的墓穴只有2米多深，后来挖出的古滇国墓葬有5米多深，因而古滇国墓葬并未受影响。

这是昆明一个少数民族族群视野中的美国人形象。现在，飞机窝、空军墓地、屠宰场已杳无踪迹，但是陈纳德与他的飞虎队对中国抗日战争的支援，中美两国人民在第二次世界大战中结下的情谊已被中国人民铭记于心。

瓦脚村涌泉宫门头的"泽润生民"匾。原匾是清末云贵总督岑毓英赠送的,是为表彰乡绅李旺与撒梅民众在杜文秀起义围攻昆明时向昆明城内送粮纾救民众的义举

# 老村故事

1. "武功将军"李旺

瓦脚村,又名瓦角村。据《官渡区地名志》载,它"位于昆明东郊大板桥办事处以西2公里,海拔1943米,聚落北依山麓,南临小溪,94户,455人,彝族。彝语译音'瓦奥卡',意为有树有水的村子"。

这段文字大约形成于20世纪60年代。我于21世纪初访问该村,于村老赵自兴处得知,瓦脚村在中华人民共和国成立时有七八十户,300余人;现有120余户,600余人。

瓦脚村有一股极好的山泉,在村北,水量曾经不小,是农耕主要水源。山泉旁有个寺庙,名"涌泉宫",是龙王庙。寺庙的独特之处在于其上悬挂的一块匾额，书"泽润生民"，题句为"但使桑麻敷紫甸　常将霖雨慰苍生"。下款"光绪十有五年岁次已丑孟春月吉旦　头品顶戴太子太保兵部尚书云贵总督岑毓英敬立"。原匾已经损坏，我看到的匾是赵自兴于1995年修复的。

光绪十五年（1889年），这是清云贵总督岑毓英在平定云南回民起义后的一段忙碌日子，战争的创伤需要抚平，昔日的功臣需要奖赏。昆明城内毁于战火的"品字三坊"——金马、碧鸡、忠爱，以及西山龙门脚下的龙王庙都是在这段时间重建的。一个距省府20公里的民族小村受到封疆大吏的刮目相看，以督府名义题字赠匾，当然事出有因。因为在那场被昆明人称作"长毛下坝"的战乱中，瓦脚村的李旺做出了不小贡献。李旺，号明斋，是一个有胆识、有威信的乡绅，虽然识字不多，但有头脑，在当地有号召力。昆明城被围困数月，城内粮乏民饥，岌岌可危。岑毓英向四乡求救，要求援以粮食。当时城外是有粮的，但要把散于民间之粮收集起来，送入被武力和战火包围的城市要冒很大的风险。再说，昆明东郊也是双方展开拉锯的战场。李旺决定冒险。首先要解决粮食来源，给饥困的城市送粮可不是个小数目，由单家独户难以承担。李旺把眼光转向"水碾"，水碾是石磨，引水力以驱动之，专司为村民将谷子加工成大米，日夜可以运作，其时在宝象河两岸的溪流边，村村寨寨几乎都有水碾。李旺四处奔走，号召有水碾的

瓦脚村八十余岁的李成功老师是李旺后裔，一生教书，育人无数

地方拿出些粮食救助政府。据李旺的重孙李成功讲述："老祖一说，大家都答应。然后，人们将收集的粮食用马驮、牛车拉、人挑、人背。因不易进城，他们事先打探好，什么时候什么地方有可能将粮食运入。李旺指挥着人们走夜路、山路。天不亮，运粮人从小东门入了城，来到总督府。"李成功讲得质朴又生动，他说："看到粮食，岑毓英欢喜了，大家有粮吃了，精神振奋起来，加上其他地方也有运粮食进去，就开始反攻，杜文秀的兵退了，昆明解围了。"由此，岑总督与李旺有了交往。在

武功将军李旺墓坐落在晒月山南坡

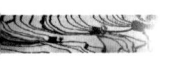

封赏功臣时，为之向清廷请得封赏——武功将军。岑同时向涌泉宫赐匾以答谢众乡亲。

后来还有故事。据说岑毓英认为李旺有勇有谋，人才难得，要保荐他去山西做县官，李旺有两位夫人，小夫人颇有见识，她劝告丈夫："你不识多少字，离开乡土恐不能成事。"遂未成行。

李旺发达后，四五个儿子也长大了（其中一子年少去世）。原有两所住房不够居住，就又在东边起了两所，一个儿子分得一所。四所房镇，屋四方相连，均为三间四耳的大瓦房，坐落在涌泉附近人称"上水口"的好地势，老屋至今坚固，与"涌泉宫"一起成为瓦脚村的风景。李旺死后，墓碑碑文书："李旺，号明斋，前清诰封武功将军"。其妻墓碑书："前清例赠慈淑宜人"。墓在家园背后的山坡上。在李成功引领下，我去拜谒过，那是在冬季的一个傍晚，只见一抔黄土，凄凄荒草，在淡淡夕照下泛着清冷的光，墓碑已然不存。李成功说，是修铁路时，将碑挪去镶了桥洞，后来就找不着了。

李成功为寻根花费了一番心血。他告诉我，老祖祖籍是阿地村人，自李文顺在前清年间由阿地迁来瓦脚村，生下独子李旺。李旺子嗣兴旺，有五子一女，子又生子，至李成功这一代为李文顺之第五代、李旺之第四代。李成功之下又有两代。说到李旺之后裔，李成功说："李旺的下首（指李旺的儿孙辈）不行，文化不高，只识几个字，随便过。我们父亲（父辈）也不行，旧社会吸鸦片烟，个个都会，不成器，田地也不很多，自种自吃，高低识点字。"

中华民国以后，政府开始注重办学，社会有了进步，自李成功这代"成"字辈，情况有了变化。那时，撒梅极少有人在外面工作，但李成功与堂兄弟有三人在外工作，第六代有七人在外工作，一代比一代强。瓦脚村李姓家族托庇祖先李旺功业在村中是有影响的，他们在整个昆明东郊撒梅族群中也是有代表性的。自清末民初以来，识字人逐渐增多，尤其在中华人民共和国成立后，走出村，在乡镇、官渡区乃至昆明市工作的人逐渐增多，有的走上了领导岗位，这印证了族群的进步、社会的进步。

李成功编写的"李氏门宗七代宗亲世系表",为先祖李旺留下了血亲与文化脉络

21世纪初昆明至曲靖的昆曲公路旁兔耳关街景。当年这里是茶马古道"东川人道"的重镇,络绎不绝的马帮穿街而过。村内正中观(寺庙)曾有省府驻军

## 2. 茶马古道的守护者

云南古道，四通八达，官方称驿道，民间称马道。现代文化人经实地考量，以其上驮载大宗物品为西南地区关乎国计民生的盐、茶、粮，以历史文化观之，称作"茶马古道"。不谬。

昆明城东北方向曾有一条通向京城的茶马古道，昆明人称作东川大道。它起于昆明，由小东门出，经波罗村、大波村、两担石、旧关、兔耳关、军马场至嵩明、东川，与贵州亦姿孔相连，迤逦通向北京，长约四千余公里，乡人因此也称之为"北京路""通京大道"。

马道之上行走的有携带官单（指官方文书）的大吏官差，有背篓而行的赶考学子，有衣衫褴褛的迁移者，也有轻车简从的旅游探险者，林林总总，但最多的是商贾，是运载大宗货物的马帮。

彝村"哨上"是东川大道上一个哨卡。村庄位于图中左侧树林后，中间的道路曾是马道，现为昆曲高速公路，右侧的守路山上曾是村民守护马道商旅安全的哨卡

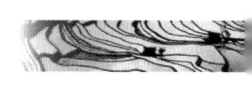

古往今来，凡有财物通行之地，必有强人蟊贼觊觎。明清两代，为保护四方马帮畅行无阻，官府在沿途设置关卡，昆明县境内便有2讯、4关、14哨、24塘。初设时都有兵丁屯戍；后来，人口稠密，哨卡逐渐形成村落，讯关已然成为乡镇。

哨上村，旁依三尖山的两担石，是个彝族村庄，彝语称"趋史锁"，是有14人驻守的哨卡之意。显然，它是由原两担石哨卡演变而来，至于何时完成蜕变，已不知其详。21世纪初，我访问该村老人，据回忆，清末民初，此地早已没有了吃皇粮的兵丁，日常守路之责全由村民"民办"。民办的报酬是豁免一个农业税税种，名"屠宰税"。一般农民杀猪宰羊仅于年节，故所免税种，其优惠并无多少，乡民更多的是在尽先辈护路保商之责。

哨上村地处山间箐沟，据村民介绍，村子南面是元宝山、兰家坟，东有守路山、蛤蟆山，北有三尖山、两担石、长脑包，西有老官山、上街路、苦荞坡。村民住房依坡而筑，村路山道弯弯，抬脚举目全是山。用水也不易，喝的是从元宝山淌出的一股山泉水，种田靠祭龙冲龙潭。每年临近栽秧时节，村民齐聚此处虔诚祭龙，唯恐这全村唯一的依靠有个闪失。哨上村地盘小，施展不开，20世纪50年代初，全村仅有十几户，几十人。人们从山疙瘩里觅食，数百年持之以恒，仅刨得田八九十亩，地也八九十亩。村子小，做不成大事，中华民国时，在撒梅聚居区，此村是少有的没有西波、没有风水先生，也没有学校的村子。

人们吃粮靠田地，用钱就靠山了。山上的松毬、烧柴背到小东门、人东门、武成路一带去卖，山上的野物也打来补贴家用。也许是村小人少，也许是守路花费了村民不少心力，此处打猎很少使用刀枪，一般就用网具捕猎些兔子、麂子、箐鸡等，凶猛动物如狼、豹等也都有，但就随它去了。人们讲述农耕，平铺直叙，可说起"守路"，却神采飞扬。

守路由村民挨家轮流，值勤地点在村东的守路山山顶。守路山视野开阔，可以俯瞰纵深四五公里的马道，但条件简陋，连房屋都没有一间，只有一个标志——一杆旗。村人早上上岗，旗帜一竖，强人（指图谋不

云南大山中的马帮，至今仍在跋涉。图为作者于21世纪初在怒江丙中洛拍摄的景象：傍晚，马帮从藏区返回丙中洛

轨者）便忌惮三分。守路职责有两项：一是发现盗贼要追捕，如果随便放跑歹徒，上面会拿村管事关押是问；二是商旅路人被杀死要报官，并负责看守尸体，等待官府与家属前来处理。若属无名尸体，哨上村要负责掩埋，且无任何报酬。

东川大道不宽，只有1.5米左右，连马车都走不成，但人流、物流颇盛，是出入省的主干道。据路南头的龙头街老人回忆，东川道1958年前还铺着青石板。过路的马帮有大有小，一般有三四十匹马，驮着香油，用羊皮袋装盛，一匹马一边驮两个，四个袋装七八十公斤。有许多马匹驮着日用品，还有"贵州货"。头马额头佩着小镜子，前几匹马的脖子上挂着大大小小的铃铛。路北数十公里外的兔耳关是重要关卡，马帮在此要走城门洞，穿街而过，人们于家门前观看马帮便细微得多。杨增荣、李凤文老人说，马路上走着驮花钱的（官银），还有川烟、川盐、洋纱、洋火、火腿，都是大宗货物。刘友林老人还记得："龙云的三公子在军界，他的集团军吆公马（指公家的驮畜），一人吆几匹骡子，最多时，队伍有近百米长，骡长得高大，一个跟着一个，很威风。"哨上村老人的讲述有许多细节。69岁的李本华说："马帮与吆牛的、吆猪的、吆羊的都走这条路，这些牲畜走得慢，有时会在本村歇六七小时。在蛤蟆山与守路山的交界处有个水潭，名'放鸡场'，挑鸡的在此休息。上面北大村人在此卖凉粉、白开水。挑鸡人给鸡吃着水，自己也买点吃食歇息着。挑鳝鱼、泥鳅的都在这里，将笼子放在水里养养。还有挑鲫鱼的，鱼装在篾笼内养着，都是活的。笼有三层，最里面是胶的东西，中层是牛粪与泥的混合物，外层是竹篾，不漏水。"

负责守护此段马道的还有乌龙村，哨上在路之西南，乌龙在路之东北，两村相距三四公里，各负其责。在追捕盗贼时两村协作，但两村分属两个镇，哨上属龙泉镇，乌龙属板桥镇。两镇镇公所同样有守路职责。这段路长数十公里，人烟稀少，山林茂密，地形复杂，是事故多发地段。20世纪二三十年代昆明四郊"匪风"乍起，板桥与龙泉两镇官府曾联合剿匪，在旧关、歌乐兹、庄房一带包围了一股土匪，发生激战，但最终还是让匪贼逃走了。

2006年11月5日，我访问哨上村的毕盖老人。在三尖山采石场打工仔居住的棚屋内，他讲述

哨上村八十余岁的村老毕盖，曾是该村唯一的读书识字者，满腹都是当年的"守路"故事

起往昔一桩桩守路护道故事，有点现代影视警匪片的韵味。

有一次，从嵩明过来，父子俩挑栎木炭在昆明卖。返回时要去旧关歇，在这里遭匪抢，儿子吓傻了，爹被砍了一刀，仍然用扁担与贼对打，贼抢了五角钱。爹死了。本村去报案，壮丁去撵，撵不着。

我放着牛，四个贼在两担石抢人。从东大门跑，有人放枪。那时只要听到枪声，村子就要出壮丁，有刀拿刀，有枪拿枪。这些贼被撵着，在大凹子烧人场被烧死了。

一次，抓到七个贼，是本村壮丁与嵩明保商队共同抓到的，关在昆明钱局街七号，那是日本人设计的房屋，贼后来被关死在里面。抓贼是义务的，无工钱。撵贼的人，越打越多，从各村出来。那时，各村有围墙，有棚子门、前门、后门，有枪眼。

守路，各村有责任，有生意的人走着都要守路，抓到贼要交政府。有一次被贼杀了三个生意人，昆明大东门吹箫巷，挑鸡的、挑蛋的、背背架的（用背架背货的）在这里歇脚。在路上抢人的贼会在昆明踩点，他们在吹箫巷了解一些人是做什么生意的，哪时走。三个贼摸清情况后，打扮成三个妇女模样。几个挑鸡的卖了鸡要返回，贼说，我们几个女的不敢走，要与你们一起走。来到这里，几个贼岔开，在弯道杀了三个挑鸡的。几个贼中被抓到一个，交县政府，硬整，坐老虎凳；加砖，整得鬼喊鬼叫，支撑不住，都交代了。

嵩明一个老倌，要打发（指嫁女）独囡，吆一头牛到昆明卖，贼杀了老倌，吆牛到昆明珠玑街卖，被我们访着，钱还未给，说好哪天来取。我们报县政府及警察局，一个大汉独自去拿卖牛钱，买牛老板悄悄地告诉我们，本村动手抓到了这贼。

1997年，昆明至曲靖的高速公路通车了，原来的东川大道成了它的基石，哨上村不用守路了，曾经数百年的哨卡守路故事成为爷爷奶奶的讲述内容，也成为一方文化印记。

# 薪火相传

## 抹黑脸的媒婆

"十里不同风,百里不同俗",民风民俗中,要数婚姻、宗教最见人真性情。以婚姻而言,性与婚姻,是人性天道,再严酷的社会环境,只能改变其形态,却不能泯灭其天性,否则,人类如何得以生存繁衍。一位撒梅老人说起本族婚俗,说人都生活在大自然中,男女混在一起,

图为阿拉乡撒梅花灯队合影,摄于三四十年前

打打闹闹，谈情说爱。因此可以说，男欢女爱是人之天性。

民歌，是风俗的载体。民歌贴近大众情感，古往今来，男女情爱是民歌的一大主题，不管南腔北调，土俗高雅，万变不离其宗，都有哥哥妹妹一个堂皇的舞台。"一进南门三牌坊，两只狮子蹲两方；公的望着母的笑，笑来笑去就成双。"（小调摘自《昆明歌谣》）词曲中的两只狮子是石狮，用本土红砂石雕琢，风格稚拙，逗人喜爱。三牌坊毁于20世纪40年代日本飞机的一次轰炸，以此推断，歌词当形成于1940年以前。嗣后，两只经受战火洗礼的石狮被弄去昆明大观公园。据已故省文史馆馆员李瑞先生生前回忆，当年清理废墟搬运石狮很是费了一番功夫，没有载重卡车，人们用圆木铺地，权作轮子，泼洒河水以作润滑，数十人用绳索牵引，做了陆上纤夫。忙活十多天，才将石狮搬运至滇池边。至今，它们仍与赏花游园的情侣们相谐成趣。

彝族撒梅也爱花灯小调，他们的歌自然直白。我从王定明主编的《昆明歌谣》引用三则。其一，《隔河看见妹穿蓝》："隔河看见妹穿蓝，怀抱琵琶坐着弹；哥想和妹唱两调，隔山容易隔水难。隔河看见牡丹开，好朵鲜花过不来；希望老天下大雨，雨飘牡丹过河来。"其二，《不给小郎穿草鞋》："白布底来青布鞋，是大是小带样来；小妹宁可熬烂眼，不给小郎穿草鞋。"其三，《两情相爱一朵花》："两情相爱一朵花，爹妈莫再强扭瓜；莫怪女儿不听话，不是情郎囡不嫁。"三则歌谣将男欢女爱的世情表达得淋漓尽致。但是，人的婚姻家庭又是社会学研究的一大范畴，它不能不受特定社会的制约。撒梅在数十年前的婚姻家庭状况，同样不能脱离那个时代的规范甚至羁绊。

中华民国时期，西风东渐，民主自由的新潮在中国东部大城市鼓荡，一些敏感的知识精英成为其肇端。至于地处偏僻的西南，封建礼教仍笼罩大众。在一次采访中，我听到一件令今人发笑之事：20世纪40年代，西南联大一对教授夫妇手拉着手溜达于昆明大街，在马市口，被人莫名击一掌，回身未见肇事者，以为是无意碰撞。两人游兴未减，照旧携手游至小西门，又一次被打，郁闷之间，有人告诉他们缘由，是因为见不得他们男女手拉手，认为有伤风化，令这对教授夫妇闻之哭笑不得。那时，国学大师钱穆定居昆明宜良岩泉寺潜心研究国学，闲来无事，游历宜良旧城，但见南门以外，一路节孝牌坊林立可至四十数，因之叹息：中国传统风教远被偏远如此。世风世俗可见一斑。

21世纪初，路南石林县大糯黑村彝族撒尼人花灯队在本村祠堂合影，舞者手持的乐器是霸王鞭（义称金钱棍）、月琴、大小三弦。后景两廊柱上书有撒尼彝文对联

### 1. 包办婚姻与热心的"老媒人"

据一些老人回忆，旧时撒梅老村的封建意识很是浓厚。男女青年对歌，女的坐着吹树叶，如女的走了，男的不能去坐她的热凳子，否则就说你这个"酱油包"（二流子）。在村子里说个媳妇，走路对面遇着，要赶紧让一边，一方不让；另一方就让。结了婚，一两年才互相讲话，因为硶（害羞）。做些粑粑，男的在灶间凑火，媳妇在锅边炕粑粑，两人不好开口说话，待到粑粑要煳了，媳妇说："你少凑些火了，粑粑要煳了。"才搭上话。在这种场景、氛围下，青年男女不会，也不敢自由谈恋爱。

双龙乡文化站站长陶正洪告诉我，中华民国时撒梅的婚姻绝大部分是父母包办，托人说的也有，但必须经父母同意。父母首先看对方的经济，包括房子、钱、财产等。那秀英说，此地闭塞，接近的都是本村人，其他人认不得。父母同意，就与他结婚，过去从未听见自由恋爱。老人说，有的姑娘如果在外面乱来，怀孕了，村里要罚，全村挂红，以后不准此女进村。

包办婚姻，离不开撮合的中间人——"媒人"，媒人年龄不大，一般为结了婚的三四十岁的女人。她们能说会道，热情大方，好媒人很受欢迎。为鼓励能者多劳，人们说，做媒最好做三次。

媒人说媒也有些规则。据说，青龙村人要说个媳妇，就买两三斤猪肉去媒人家，请她带给相中的姑娘家。估计事先已经吹过风，媒人将肉放在她家灶台上，叫他们炒着吃。如果对方中意，姑娘的母亲会高高兴兴地炒了吃；如果不同意，她母亲会说："拿回去，歇两年，姑娘还要帮我几年呢。"委婉、客气，双方不伤面子。很多时候，媒人是婚姻主角的亲戚长辈，一般是父母的姊妹，称姑妈、姨娘者。

毕明的母亲是大麻苴的姑娘，姨娘也为他介绍该村女孩。待一来二去讲得差不多了，姨娘对外侄说："你瞧瞧去，这姑娘就是脚小点，眼睛软点，她勤快、苦得。"毕明说："姨娘你瞧了就行了，怪磣。"后来，此女成为毕明终身伴侣。小石坝的那铣是1947年农历十月结的婚，他的媳妇是七家村人，名叶美珍。那铣母亲事先请本村的李玉美带着儿子去七家村相亲，问他要不要。那铣实在，说要。母亲便正式请李玉美当媒人，去跟对方父母讲，对方没意见。又问女方，也同意，便订了婚，然后，正式的礼数才一一展开。这桩婚姻有点民主色彩。可见，同为包办婚姻，父母的观念和做派决定了儿女的婚姻质量。

我访问过两个成功的媒人，她们分别是旱马罩的李凤珍与小石坝的李兰芝，现今都已70余岁，回忆的往事应该是20世纪六七十年代的事。旱马罩由大村与新村组成，李凤珍是新村（又称小村）人，丈夫是大村

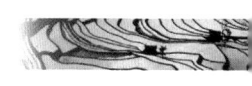

人，大她五岁，是姑妈为她做的媒，1947年冬月十三结的婚。李凤珍大方、健谈，这是所有媒人必备素质。她为我讲述了该村旧时婚俗后，对我说，她为本村小从友、毕福存、毕枝与李福荣做过媒。四次媒看来都和谐美满，很有成就感。最后她自嘲说："人讲，媒婆、媒婆两头撮。"我想，在这里，"撮"是撮合之意，媒人的功夫就在撮合上，只要撮合得合情合理，婚姻和顺，便是功德无量之事。

小石坝李兰芝是鲁忠美的小伴，个子矮小精干，嘴边有颗痣。鲁忠美说她随和、好玩。我与她聊天，果然。她说，自三十六七岁起，做了三次媒，都和和美美。第一次的媒是为本村一女孩介绍陆良来昆明做工的小伙，是汉族。婚后，也许是语言习俗的不同，姑爷有点发闷，经常睡懒觉，引起了老岳母的不满，便将李兰芝叫来，用撒梅话说，把他送回去，不要了。李兰芝很硬气，说："我只是搭个桥，不能包死包活包埋。"小伙子看样子听懂了，向她解释，说自己这几天身体不好。女孩哭着送她出来，李兰芝安慰说："不怕，如果你妈不喜欢，你可以跟他回去。"后来小伙子很得劲，房子盖了几幢，令李兰芝脸上生光。不过，我知道李兰芝敢对女孩说这种话，是中华人民共和国成立以后社会观念的改变给了她底气。

说旧时的婚姻百分之百的包办，似乎不尽准确，我找到几个特例，应为另类。在阿拉村，鲁忠美告诉我，她的表姐王忠田，小名美兰，长得很好，祖父与父亲都是有名望的风水先生。由于父亲王芝抽大烟，将家产抽得个底朝天，就打女儿主意，要把她嫁给花箐的一个有钱人做小老婆，她不乐意，老营盘有个排长对她好，她也喜欢，就跟此人去了曲靖，再也没回来。三瓦村李美芝也讲过"自择婚姻"之事：本村1949年前有两个姑娘，一个乳名叫小石定，另一个叫加纳；后者跟干海子当兵的走了。一个去了山东，一个在陕西。

这些自行择偶的姑娘都选择离家出走，远走高飞，她们得不到父老乡亲的祝福与庇护。能够合理合法地"立足"于本乡土的婚姻必是包办婚姻。如此看来，说旧时撒梅婚姻百分之百是包办婚姻，是有一定道理的。

识记撒梅

早马罩村七十余岁的李凤珍曾为本村四对青年男女的婚姻牵线搭桥，是一位落落大方的媒人

小石坝村媒人李兰芝，20世纪六七十年代做媒，送亲时被抹黑脸，途中她会趁人不备扯把野草擦拭。老岳母不满上门女婿，请她上门说道，她会站在新人一边做工作，是一位观念较新的媒人

2. 定亲——两亲家鼎力撑持

男家女家要结姻亲之好，依国人传统，要看生辰八字、属相配伍，然后再定结婚日子。农家以农事节律制定规则，说五六月不准结婚，日子不好，办大事要到冬腊月（冬闲，不误农事），其中最好的日子为腊月初八，一位风水先生说，这天办事，办什么都好。

定亲，男家要向女家送礼，因为按农耕社会规则，男家娶媳是得，得的是一个健壮劳力和繁衍子嗣的能力。当然，反过来，女方嫁姑娘便是失。所以，约定俗成，也是情理所致，一次次的送礼便是必然。那铣讲述他的婚姻送礼有三次，当男女双方的亲事谈妥后，先"订婚"。他家要给女方一个围腰，一顶大公鸡帽，一小罐白酒，约两公斤。这是压婚的礼品，是给女方结婚前使用的。这时，订了婚的少女头饰有了变化，由之前公鸡帽的鸡头在后转而朝前，表示她的婚姻已有归宿。第二次送礼名"合八字"，礼品重于第一次。有半扇猪，用锡壶盛装的酒十多公斤，一挑米三四十公斤，一个围腰，一对银手镯，两个银戒指，一套衣裳。第三次为结婚之礼，名"过大礼"。要给一些钱足够女家为嫁女买衣服及制作两个陪嫁的木柜，三四挑米约一百公斤，四五十公斤酒，一头六十公斤以上的活猪给女家自己宰杀待客。另有衣服三四套，银耳环、银手镯各一对，是给女方父母的。说到双方家底，那铣说："我家穷，她家更穷。"

那铣的父亲是中华民国早期从滇池边的石榴园村流落到小石坝，在那源家帮工做活，因那家子嗣不振，将他招赘上门。不幸的是，媳妇有一次独自在山上劳作，被狼咬死。那源为留住这个勤快的上门女婿，又为他讨了外村的媳妇。那铣与父亲出苦力死拼，至那铣成亲前家里稍有积蓄。在那铣于2006年86岁大寿写给子女的手书中，我看到了那铣儿时困境：吃自己在水碾房磨的粗麦面（含麦麸），没有碱做不好。洋芋连皮吃，无钱买猪油、香油。米饭中加粗苞谷面再煮刀豆。多数时间煮一锅老南瓜汤下饭，没有油。烧几个辣子蘸盐吃。常年抓一碗青菜老帮叶子做的酸菜就算吃菜了。去山地薅苞谷，找来野菜，煮一锅加点辣子面、盐巴。秋天荞子收回家，将荞粑粑当饭……常年出门走路都是光着脚板，大人干重活才穿草鞋，冬天有钱人买人工布鞋穿，穷人穿破布做的凉鞋过冬。光着脚，每个人的脚都被霜雪冻得开裂出血。我由此知道，那铑的父母为儿子的婚姻是竭尽全力了。

过了大礼，离婚嫁的日子不远了。按撒梅习俗，红白喜事离不开酸腌菜。所需腌菜数量之大，使办喜宴之家不得不认真对待。冬腊月，用以做腌菜的苦菜长得正好，或者去自家地里砍菜，或去大板桥菜市采购，总要弄个几大挑，然后晾于房头瓦檐或晒场，一台事要腌三大罐，每罐三十多公斤，一共一百多公斤才够。有时因人手不够，就临时去大板桥买现成的水腌菜。有个叫周云山的老板开了腌菜店，头天去订，一晚上就可以整出来。他们的窍门是将腌菜罐放在火塘边烤，第二天早上，腌菜就黄澄澄、脆生生的，又酸又好吃了。

这时，待嫁新娘熬更守夜为自己缝制嫁衣绣品，还会招来小伴，发给每人一套够做一双鞋的布料，让她们为自己做鞋。据说手巧勤快的三天内就做好送来，笨点的婚礼客散后几天才送到娘家。十几个小伴就有十几双鞋，这是小伴们的互助协作。妈妈要为女儿做一件褂子、一个系腰、一个围腰、一顶帽子。做爸爸的便要备料请人打制两个木柜，漆上喜庆的红色。两亲家母还要为新郎制作一红一黑两个大绣球。李美莲告诉我，嫁女的妈妈是流着眼泪扎绣球的，因为舍不得女儿。婚前的准备工作如此精细繁杂，不由令人作此联想，中国的人口众多，大约与这种传统婚俗也有关。新婚子是在母、父族的力挺下成家立业的，一个个新家背后几乎都有血亲族群的精心呵护。

3. 迎亲——抹黑脸的媒婆走在前

撒梅人迎娶新娘，喜庆、热烈，简直是全村寨的节日。为了使族群繁衍壮大，古人发挥充分的想象，设置若干奇巧机谋，经代代传承便成婚俗。有些习俗今人听来匪夷所思，但细品其韵，个中智慧，令人心领神会。他们用隐喻、示范，将亲人的祝福、教诲寓于趣事中。

那铑讲述的是自己的亲历。那是1947年的事，他说："我走着路去，

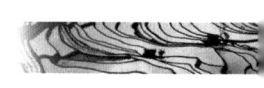

媳妇是七家村人，两地相距三四公里。小伴牵着匹马，是我母亲向人借的，叫人提前一天送到。马很稳，是给新娘骑的，新郎不骑马，走路。陪我去的，有陪郎一个，其他都是去耍的，要未结过婚、与我要好的伙伴。早上约十一时赶到新娘家，她们备好了酒席，招待新郎、伴郎、小伴和媒人，新郎一般不吃，不好意思吃。"

"新娘由弟或兄从屋里背出来，多数是哥哥背，新娘要哭，一直哭到马上，有的骑上马在路上还哭，表示舍不得爹娘。女方也有伴娘一个，还有八九个要好的小伴。新娘骑上马背，以哥哥为主及几个小伴扶着，一直扶到我家，下马。用从小板桥买来的草席从下马处一直铺到家，让她踩着走。有的人家草席不够铺，便倒换着铺，总之，不给新娘踩泥地。在家堂（供着祖宗及"天地君亲师"牌位的堂屋），上辈人坐在上座，新人一拜天地、祖宗，二拜爹妈，再夫妻互拜，父母亲送给新人钱，多有多送，少有少送，无定数。有的还送银的或铜的戒指，那时穷，一家都买不起金首饰，后来被评为地主富农的人家，当时也买不起金首饰，有了也舍不得送。新人也要给男家的舅舅、舅妈磕头，他们也会送点礼品。"

"当晚的酒席，新娘一般不吃，也是怕人笑。"

旱马罩村的婚礼似乎要讲究一些。据李凤珍说，本村结婚，也是用马驮着新娘。新娘头上盖块盖头，叫"沙其"，是用缎子做的，中间插着个"喜神"，马与"沙其"是向一户专门出租的人家租的，马是红马，马头上有红布须须，戴着马嚼子。红布上缝着十二对黄铜做的小铃铛，亮晃晃的，马一走起来就发出"丁零当啷"的声音，几里地外都听得见。一个半大伙子（十三四岁）拉着马，新娘或是由自己的哥哥背，或是喊一个伙子背。出门时，新娘用铁锁锁住自己的房门，表示要在男家过一辈子。新郎斜背着两个大绣球走路，绣球是母亲与岳母用棉线扎的。

"行新婚礼，在新郎家门口搭个松棚，四处挂点柏枝叶，供着一个纸做的亮堂堂的小人，代表喜神。这时围观的人要赶紧让至两旁，老话说，不能正面迎着喜神，冲撞了会生病。新郎要冲着喜神下跪，新娘不跪，

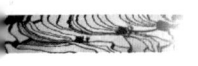

只点三个头。并请年老的男人,用五谷籽四处撒撒,口念:东方……,南方……(词记不得了),把东南西北都念到,都是些吉利话。"

在婚礼上,媒人要抹花脸。小伴用锅烟子(烧柴火的灶内,沾在锅底上的黑灰)拌和油,黑亮亮地,抹在媒人脸上。媒人去洗脸,婆家要准备香皂、手巾和一个铜盆,盆里盛水,里面放一个小银币,媒人洗后,香皂、手巾和小银币都给媒人,后来时兴纸巾。给媒人的谢礼一般是主家给一个猪头、猪尾,尾衔在猪嘴中,表示婚姻有头有尾。

毕明讲述青龙村的婚俗,他说得较多的是细节以及含义。他说,接亲那天,在新娘家吃一顿早饭(当地一日两餐,早餐即午餐),新郎坐的那一桌是挑米去的小伴,挑的米有两三挑,上面插满鸡蛋、鸭蛋,是送给新娘家的。新郎的伴郎也在那桌,女方家帮忙的人给新郎倒酒,新郎不能吃,怕人笑,其实他在自己家里已经吃饱了。女方到男家的那顿晚饭,新娘也不能吃,说是怕人笑,其实是怕吃饱饭后,到不熟悉的地方上厕所等有所不便,有失礼仪。

新娘哭着辞别父母,走出家门,说要去吃别家的饭了。嫁女必须哭,不会哭的女孩,妈妈要悄悄把她掐哭。新娘的哥或弟将新娘背出,扶上马背,女伴在两边扶,男家的人拉马。母亲对拉马人说:"你拉马,好好地牵,慢慢地拉着去,给你两文钱。"数额相当于后来的二十元。

娘家给两个柜子,新娘缝的东西装在里面,由娘家送亲的四个人抬着走。有的姑娘能干,缝的东西多,抬柜人会说:"这新娘好,从姑娘起就缝着,把柜子装满,给我们抬着重了重。"抬到半道,娘家人将柜子放下,做出要往回走的样子,男家接亲人早就候着了,连忙抬起,给女方送亲人几文辛苦钱,也是小规矩。并且要把对方拉回来,到新郎家吃酒。据说男家人如果不及时接柜,会被认为失礼。

路上,媒人走在前,新郎跟在后,骑着马的新娘在第三,再后是男、女方的小伴二三十人。新郎胸前挎着两个大绣球,手捧着女方陪嫁的"五谷瓶",瓶子是用铝或铜制作的,围观的人老远就知道这场婚礼的新郎是谁、媒人是谁(新娘骑在马上,当然更是一目了然)。到了本村,

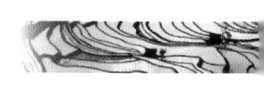

哪里人多，新郎就手捧"五谷瓶"拜一下，遇着未被邀请出席婚礼的人，对方只要说"新郎给点糖吃"，新郎、新娘就要将早就准备好的红糖块拿给人吃。

新娘到婆家，将盖头取下，围上一块漂亮的红手巾，手巾很长，可系腰，也可作围巾。有闹包乘其不备，将手巾抢走。新娘说："还我手巾。"那人说："拿扇红糖来才还你（一扇红糖半斤）。"新娘只好给他一扇糖换回手巾。有时厨师也会来点恶作剧，如果主人脾气坏，平日怠慢过他，这时来点手脚，小小作弄一下自家的新郎、新娘。在他们的那桌菜里，或多放盐，或多放花椒，有的甚至整几只瓢虫漂在汤里，规矩只在一碗菜做手脚。事后主人知道了也不会生气。

瓦脚村李成功老人说起本村娶媳妇时新娘的红盖头时说，新娘顶块红布，从娘家上马时就顶起，直到第二天早起才取下，梳头，到青松毛上（堂屋内铺着青松毛）见客，令急于观看新娘容颜的客人干着急。孩子因此取笑，大声喊："新媳妇，顶块烂尿布。"

婚礼中的恶作剧，在昆明的汉族村寨也有。清泉村84岁的李桂枝老人讲述，清泉村结婚，过去娘家也兴陪嫁两个木柜。柜中除了放新娘的衣物、一些米，还会放上两个瓷盆，盆里装着瓜子、一些钱和用红纸封着的两扇红糖，名为"子孙盆"，祈求多子多福。柜子抬到新郎家，次日一早，姑太或嫂嫂或小叔来丌柜，将糖、钱取走，也是个小礼数。有时，遇着抬柜的闹包做小动作，在路上将糖偷吃，把马粪包在红纸里，这种闹包应是新郎的小伴至交，不过极少，一个村只有一两人。

昆明农村汉族在迎亲时男骑马，女坐轿，施行的是江南古风。有一次，我访问官渡小街子（汉族村寨），一位老妇告诉我，旧时再穷的人家，都要出几文钱租台轿子来。因为不知撒梅新娘有否坐轿的，我便开始留意。三瓦村老协主席李美芝告诉我，以前大庙里有一台轿子，可以租用。也有骑马的，可以向私人借。但是，我采访了数村老人，没有人说见过新娘坐轿。在小石坝，我向那秀英问起此事，她说："我没见过撒梅人结婚坐轿。"我想，既然在一个村的寺庙内摆放过供出租的坐轿，起码在这个村就该有撒梅女孩结婚坐轿的，是不是因为没有流传开，后来废止了呢？不过想到彝族世居山区，村与村的道路曾经都是羊肠小道，有时还要翻山越岭，骑马走，当然比两人抬轿走方便、安全。因此，撒梅选择具有山区特色的新郎走路、新娘骑马（小伴牵着走）的迎亲仪式是很自然的事。

云南的丽江永胜傈僳族人的婚礼，婚宴结束，酒足饭饱，余兴未尽的人们在庭院支起电灯，男女老幼围成圈，携手踏歌

迎亲队列中，媒人被抹成黑脸行走于前列，这是奇特的习俗，除了凸显人物角色便于观瞻辨认以外，还有其他用意吗？在后来的调研中，我知道了媒人抹成黑脸的特别含义。做了三次媒的李兰芝回忆自己被抹锅烟子的场景，她说："小伴与厨师将锅底烟子倒在菜叶上，倒点菜油，媒人的脸抹得只剩一对眼睛，亮堂堂的，个个媒人都抹，古话说'媒人带头第一个走，脸像包公，将两边不好的（指不吉利的）撵走、轰开'。"这是风俗，为吉利。小石坝李炳顺说："以前抹黑脸，媒人抹锅

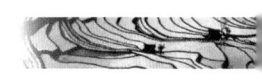

烟子，走在前，媳妇讨过来安全。"看起来似搞笑的做派，却蕴含着如此苦心。但是，它的原意应该就是搞笑、制造热闹欢乐场景。云南一些少数民族都有如此做派。在昆明西山区马鹿塘村的彝族在婚礼仪式中，用黑灰将媒人的脸抹得只剩眼睛，连衣服也抹脏。

《云南少数民族婚俗志》载，阿昌族在男方的媒人来到姑娘家时要举行"抬锅盖"仪式。仪式开始时，先由媒人代表男方向女家求亲，说一些吉利话……两家老人用锅盖里的食物共敬媒人。每个锅盖里都装着一碗肉、一碗煮熟的带壳鸡蛋。敬送食物时，老人一手抬锅盖，一手持筷子，夹一个蛋喂媒人。带壳蛋又圆又滑，夹了掉，掉了夹，已然十分有趣。吃蛋时媒人只能用嘴转，不能动手扶，一个蛋塞在嘴里，胀鼓鼓的，要用嘴剥皮、嚼蛋，十分滑稽，围观之人常常被逗得捧腹大笑，气氛十分欢乐活跃。这个仪式就叫"逗媒人"。

4. 牛圈闹房

撒梅娶媳妇办酒席，富裕的家庭会遍请亲朋好友，这种请大客，人称"三天不熄火"。住得远点的亲戚头晚便背着铺盖行李翻山越岭赶来，为的是参与最隆重的头两日婚宴。大宗族大支系人脉繁盛，参与婚礼者有时会涉及整个村的人户。人们踊跃参与，一为增进亲情，二为礼尚往来。以华人习俗，婚礼是民间集资的传统方式，参与婚礼要送上礼金，通常规则是对等与有来有往，是一种互助。撒梅婚礼还为特别的一些人准备了人生舞台，他们是新娘新郎的小伴。这群即将步入婚姻殿堂的年轻人，他们既要为先行一步的同伴营造喜庆场景，送上殷殷祝福，还要为自己即将到来的人生大事做出铺垫，得到启示。

张明是大麻苴毕摩之后裔，他说："撒梅人结婚，闹新房，三天不熄火，请的规模视家中条件而定，大家来热热闹闹，家中顺利，人家看得起。叫新娘唱，新郎比动作。新娘与新郎的小伴互相扳跤。这样各村的人互相认识，以后遇着很客气，便于互相交流，谈婚论嫁。"他说得朴素、实在。

三日婚礼，头日酒席场面最大，小伴们要帮忙办席，菜肴有定规，

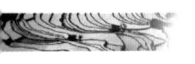

一日两餐，早上六碗，晚上八碗，一些菜品如红烧肉、豆腐、芹菜炒肉、腌菜炒猪血、千张肉、豆芽菜等是少不了的。女孩们拣菜、洗菜、切菜，男孩们挑水、砍柴，能干的还要帮忙杀猪。大厨们各显身手，一阵炒、煮、蒸、煎后，数十道、上百碗的精美菜肴便用大托盘托着上席了。然后，新郎新娘在伴郎、伴娘的陪伴下，由长辈率领着，一桌桌斟酒敬献，其间的亲朋关系由长者一一介绍认识。第二日，上祖坟，新郎新娘由长辈领着去祖坟地认祖归宗。男女小伴相随，大家拿着一些水饭、菜、酒、糕点，在一个个祖坟前虔诚磕头。为使凝重的场景轻松一些，小伴们有时会来点搞笑动作，比如用一根扁担压着新人磕头。

国人新婚，多半有"闹房"仪式，是为婚礼盛宴添加佐料，制造轻松、喜庆氛围。旧时的撒梅婚礼，"闹房"更是一大特色。有时甚至要闹三个晚上。毕明讲述了一种文明闹房。他说，闹房在堂屋。新娘的小伴送她来，骑着马，新郎的小伴都请来。头晚"上槟榔"，讲"接令"，"接令"又称"逼口话"（即呦口话，江南称"接令子"）。新郎、新娘抬着一个红漆铜盆，里面绘有花，是到有钱人家借的，一人抬一边。屋里支着一条长板凳，新郎、新娘去拉两个口才好的小伴坐着"出题"，先由新人讲，接着众人轮流上，先易后难。如"高粱秆，难晒干""一棵大白菜，摘一片，洗一片，搁在筛子头"。这些看似简单的段子，要求表演者不断重复、提速，其结果是舌头打结，不断出错，达到搞笑的效果。一些复杂段子非得那些口齿伶俐、爱好文艺的人才敢尝试。如"墙上一只虎，跳下来抓破鼓。买来一尺白布来补鼓，是布补鼓还是鼓补布？""一个半罐算半罐，两个半罐算一罐。三个半罐一罐半，四个半罐算两罐。五个半罐两罐半，六个半罐算三罐……"每讲完一个段子，新郎、新娘就抬着铜盆给他（她）发小红包，里面装着槟榔。夜半，主家抬上热饭菜和酸菜，众人各取所需，酸菜最受欢迎，因为它醒神解磕睡。

闹房第二晚"上红糖"，当时没有糖果，人们事先将红糖敲成小块以作糖果，仍是讲接令。讲完，新人就抓几块糖给他们吃，说："你们两个请吃糖。"闹房佐餐各村有所不同，棠梨坡村是犒劳酒肉，将炖好的猪腿肉切成小块，讲个接令，就喝口酒，吃块肉。白土村的加餐是酒与酸菜。杨德说，酸菜解酒，此法是糟你的酒（多喝主家的酒）。讲接令累了，又来点别样的，新郎的小伴与新娘的小伴各坐一边，男的弹月琴、三弦，拉二胡，女的吹树叶。两边对唱山歌。

第三晚"传烟筒"，烟筒是用粗竹筒箍的，有点分量。新郎拿着烟筒，新娘往烟筒嘴里按黄烟，以香头点火，凑至小伴嘴边，请他吸烟，对方吸了几口，说："调一下才香，不调不香。"两位新人只好互换角色。新人手接手不好意思，害羞。小伴不断叫他们换，直弄得两人脸红耳赤，手忙脚乱。

闹房通宵达旦，不让睡觉，有的人熬不住，中途逃走，以后会被同伴取笑。讲接令，是检测新人与小伴的智慧与口才。毕明回忆，他在十五六岁还未结婚时观看了一场汉族婚礼，在呈贡关坡，那边不做客也可以去看热闹。有人考新娘，她对答如流。半夜，毕明与同伴回去，大家说这个新娘厉害了，这家讨着了。

另一种闹房称"牛圈闹房"。起初，我并不知道有这种闹房。某次查阅资料，见中华民国谢彬《云南游记》载："散民……闹房，人多力大，洞房有因之倾倒者。"我甚觉好奇，便询问几位撒梅熟识者。渐渐地，那种有如当今中央电视台播出的《城市之间》栏目别出心裁搞笑的"牛圈闹房"婚俗浮出水面。

那秀英告诉我，过去结婚，新房兴在牛圈里。牵走牛，寄养到亲戚家。挑走牛粪，打扫干净，洒生石灰消毒。里面供一张桌子，上面有把升子，装着米，中间燃灯，两旁点蜡烛。新郎、新娘两人磕头，就叫新房（不是洞房）。两个新人与男女方的全部小伴，吃了饭要在那里闹三夜。这是中华民国时的事。三十亩村韩云贵、李兴说，该村过去的房子，下面关牛，上面住人。牛圈长6米，宽4米，20多平方米，可关四五头牛，提前清理牛粪，用生石灰消毒后，垫上干稻草，再铺以青松毛，结婚头三天晚上都在牛圈闹房，不睡，只是闹，这是风俗，开心，闹闹，笑笑。

洪桥村闹房的习俗是"传油香"。毕玉英说，三瓦村的一个姑娘嫁到村里，她的嫂嫂有个绰号叫"油香老板"，又叫"老油香"，力气大，好玩。闹房时，她双手抱胸，与人互相挤，看谁挤得过谁。

一朵云村86岁的周富珍说，牛圈清粪后，先铺30厘米左右的青松毛，上面再铺几床席子，姑娘、小伙在里面抢糖，你抢我，我抢你，你推我，我推你，席子都蹬烂，闹两晚上。

普照村兴"刮西北风"。小伙子身披新草席，蹭小姑娘。

裕丰村的闹房是"扯被子"。在牛圈里放入几床被子，新郎、新娘的小伴，互相拉着、扯着盖被子。

阿拉村的闹房是"筑松毛"，将青松毛塞进新娘裤管，塞得满满的，扎住，又重又臃肿，叫她站起来走路，一站起来就摜倒，几个小伙子拉着她走。

大麻苴的闹房是扳跤，男男女女扳成一堆，西波张福兴的长孙张普珍说，这叫"码堆堆"，又称"堆柴火""堆人"。

在我行走的数十个撒梅村，大多有以上习俗。有一次，倾听洪桥村毕玉英讲述牛圈闹房，我好奇地问："有没有因闹房后来结为夫妻的?"她说："一个村十几个伴，有的闹闹后，喜欢了，就请人去说。有看上的，因有障碍（被许配别人），两人逃婚到马街，几年才回来。"我总算听到了旧时婚姻为有情人网开一面的个案。

我曾与族人讨论牛圈闹房之根由。一些人说，是因为旧时生活艰辛、房屋紧张，不得已而为之，这应是实情。但是我听到了另一种意见，亦言之凿凿。乌龙村陶正洪说："平日受三纲五常限制，男女青年单独不能交谈，不能开玩笑。只有闹新房时大家才能一起闹着玩。把牛牵到别家，牛圈打扫出来，铺上青松毛，伤不到什么。"

瓦脚村李成功说："以前兴牛圈闹房。我结婚时也闹过，牛圈闹房是风俗，媳妇才乖，白头到老。家家习惯了，有楼都不在楼上，要在牛圈。以前的男女，虽然结婚，男女都不熟，不好意思说话，三日闹房，不分老小，有的小伴已经结婚了，当了爹，也去闹房。"

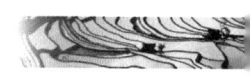

在十里铺村，我与识文断字的王寿讨论撒梅闹房习俗时，他的一番话启发了我。他说，撒梅有虎崇拜，还有牛崇拜。过去，撒梅对牛相当爱护，将其算作半个家当。六月二十四"牛王会"，祭牛王，郑重其事。在土主殿塑牛王圣像供奉。

我不由想起陶荣生讲述的婚俗，他说："结婚，牛圈闹房。古言，讨媳妇，在牛圈，以后儿孙满堂，人烟繁盛，还可以六畜兴旺。"第一晚闹房，小伴一定会先将老公公接进牛圈，大家齐声喊："公公进房，儿孙满堂。"然后将老公公送出去，年轻人便闹开了。牛圈闹房花费较多，仅二三十个年轻人三日的宵夜便是一笔不小的开销，有些经济拮据的人家还因闹不起只得作罢。

牛忠勇力大，撒梅先辈祈求牛王庇佑子孙后代兴旺发达，创造了"牛圈闹房"的婚俗。至此，我联想起好文艺的撒梅人还有一首民歌，题为《纳西啥调》，歌词汉译为："老爹们，奶奶们，家里有没有儿媳妇了（有没有姑爷了），孙男孙女都得见了没有？"从歌词内容看，此首民歌应在牛圈闹房行将拉开序幕时演唱。所以，我认为牛圈闹房仪式的背后所蕴含的是族群对劳动力再生产（人口增长）的殷切期盼，即民族学所谓的"春嬉"。

牛圈闹房之俗起于何时已无考，但终结之时大致在1958年。中华人民共和国成立后，在政府有关移风易俗的倡导下，此俗日渐式微，至人民公社化后终止。记得有一次，我在三瓦村老年协会主席李美芝的陪同下，与五个坐于村口石阶的老妇聊天，问起当年的牛圈闹房，有三四个七十余岁的老妇笑说，当年她们的婚礼闹房就是牛圈闹房。在婚礼的第三日，要安排一对新人"回门"，即新郎探望老丈人、老丈母娘，新娘与分别才两三日的父母团聚。新娘家要请"回门客"，场面没有男家那么大。这时，又有一次别开生面的"闹房"。人们是这样讲述的：结婚回门，新郎与新娘拿着一扇红糖、一小瓶白酒、一小条肉、一棵白菜、两根青蒜、两棵葱。这时，女家有人守在村口，一见到新人踪影，立即燃放炮仗，女家大门随之徐徐关闭。新郎新娘来到门口，拍门，大声喊：

"爹、妈，我们今天回来，样样都拿着呢，柴也拿着，米也拿着，盐巴、菜都拿着，我们光借你家的锅，煮煮饭吃。"但里面帮忙的人把着门关着不开，爹妈在一旁只是笑。两位新人要把屋里的长辈喊个遍：阿波（老爹）、阿奶、爹、姆……人们说，这首先是对新郎的"改口"训练，婚前，他叫女方爹娘为大伯、伯母，叫惯了，现在要叫爹妈。还要发糖、发烟给众兄弟姐妹及帮忙的邻里。那时农家的大门基本是两扇木门，有门头、围墙，都不甚高。成把的红糖块裹在红纸包里扔进去，卷好的黄烟扔进去，要扔得快点，如果小气，就堵着不给进。一些人为了看个真切，甚至爬至墙头看热闹。

三瓦村闲坐于村头的老妇，当我对她们说起当年的"牛圈闹房"时，其中三四位老人笑说自己当年"闹着了"，图左红衣者为村老年协会主席李美芝

回门的"闹房"仪式，在我看来还有另一层意思，这是对新人自立门户的教育，意思是：从现在起，你们是一个新的家庭了，要自力更生……

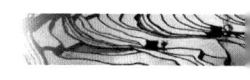

当新人好不容易进得门来，吃完饭，新郎要在丈母娘家"表现表现"，多半是挑扁担，有时是挑水，有时是起粪。年轻人出大力干活，如扁担老旧点，会挑断。这时，丈母娘便喜形于色地夸新郎，说："这姑爷力气大呢，成得成得。"于是，有人教新郎在无人处将扁担弄"劈"一点，这样容易断，以博取丈母娘的夸奖。

回门结束，新娘跟着新郎返回婆家。当婚礼所有仪式结束，新娘又跟着自己的小伴返回娘家。三四日的婚礼只是仪式，新郎与新娘没有"圆房"，新娘仍是女儿身。问及缘故，那秀英说，没有"新房"可进，没有铺床，因为人那么多，不方便。可是，房宽的人家，如瓦脚村的李成功、青龙村的周学宽家也仍然如此。因此，我认为这也是习俗。从一定意义上讲，数日婚礼只是一种婚俗展示：它是向族群告白，这对年轻人已结为夫妻；它是为父族、母族结为姻亲之好作展示；它是为族群的生存繁衍做贡献。撒梅婚俗是先大家后小家的。当然，如此婚俗，也昭示了先人生存环境的艰难。真正的夫妻生活，是在随后的日子里。

5. 不落夫家

婚礼结束，新娘返回娘家，随即展开的是"三请"。新郎在之后的初一、十五要去丈母娘家接媳妇，一共三次。他到岳父母家，按规矩喊声爹妈，坐一下，就走了。父母对女儿说，还不赶忙走。女儿披上"羊披"，背上新背箩，尾随而去，两人一前一后还离着一截。在小石坝，爹、妈或哥有一个会陪新娘回去。新娘披的"羊披"（民族语"褥根"）与背箩（民族语称"卯卡志"）是婆婆给的，是个"配头"（必备的装扮），再穷的人家都要给。"羊披"用绵羊皮制成，白得发亮，专为新娘出行壮声色，用乡人的话说是"多板扎"。但用过新婚阶段就舍不得再用了，平日好好收藏着，以后给幼儿作坐垫，要用一辈人。因为都是包办婚姻，一对新人互不熟识，有的女人紧张加"眼拙"，还会闹笑话。据毕明讲述，一次，一个新娘未认准自己的丈夫，又走得慢。男人性急，等不得，先到了家，挑着水桶出来挑水，女人走到此地失去目标，就问他："我给的那家在哪里？"男的说："尾着我来。"新娘这才算找到了夫家。

到了夫家，有的女人只住一夜，第二天一早天不亮就急急返回娘家，有的住三四日，住得惯就多住一段，依个人性情喜好而定，并无规则。据李兰芝说，还有的新娘婚礼散后回娘家，一个月都不回夫家，左喊右喊不去，三年四年才去。这当是个别情形。男的接了三次，然后就是女方自由来去，直到怀了孩子才正式落脚夫家。

三十亩村是汉彝杂居村，此地婚俗有所不同，据该村李兴、韩云贵讲述，过去结婚，头三天在牛圈闹房，三天后上楼进正室拜堂，一个月后回娘家看父母（回门）。

我还曾访问距撒梅村庄不太远的大耳村，这里居住着彝族另一个支系：子君人。他们居住的是平坝，周围全是汉族村。据该村郭贵、郭春泉讲述，子君人结婚在堂屋，拜堂，传槟榔，讲吉利话。婚礼结束，女方不准回娘家，必须同房。一个月后，娘家的舅老倌（新娘的弟兄）来接一对新人回娘家吃满月饭，他们的婚俗已与汉族无异。在云南，其他一些少数民族如普米、壮族、怒族的传统婚俗都有新婚三日内夫妻不同房，新娘回娘家的习俗，称为"不落夫家"，又称"坐家"。这些特殊的婚俗，究其因，我以为体现的是"女权"，表示对女性的尊重：允许新嫁女有一个逐渐适应环境的过程。也是对母族的尊重：在新家庭还未有孩子的时间里，新娘仍是女家的劳动力。由于旧时整个婚姻环境的封闭（没有离婚，不允许离婚），这些习俗并未影响新组建家庭的稳定。对于少数没有生育能力、没有子女的家庭，多半采取讨来养（过继）方式进行弥补。

6. 牛圈生孩

撒梅结婚，闹房在牛圈，生第一个孩子也在牛圈。毕玉英告诉我，过去生娃娃在牛圈。在牛圈门侧铺点草，垫上席子。难生时，才叫接生婆。村中有个老人，是阿九的老祖，懂点接生，帮人接生时，人家随便给点钱。李成功老人也讲述了牛圈生孩子，他说："生孩子在猪圈、牛圈，铺捆稻草，坐在里面，拿烂衣裳垫着，产妇自己用碎瓦片割脐带。"

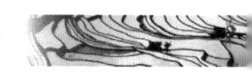

谢剑在《昆明东郊的撒梅族》专著中有记载："以往撒梅人生产是在房屋右厢的牛圈中进行，丈夫和家翁都得避开……在牛圈之内停留三天，产妇和婴儿淋浴之后才能进入房内。在待产期间，牛圈要经过整理，铺好草席。事先约好有经验和子孙众多的老太婆来抱腰生产。"

旧时有此习俗的不仅是撒梅人，省坝农村的汉族人也这样，清泉村李桂枝回忆自己年轻时嫁到小街子村的生活，她告诉我，当年生娃娃也是在牛圈。老话说，生下孩子坐三日，是为了让污血流干净，否则"血包心"会危及产妇性命。村人有个孩子小名还叫"圈水"，这是出生在牛圈的纪念。

牛圈生孩，再以房屋紧张说事，是无法说通了。一位族内老人说出他的看法。他说，以前两台事，一台，讨媳妇在牛圈；另一台，生第一个孩子在牛圈，意思是女人下贱。我闻之纳闷，即便以封建思想论之，女人下贱，难道她所生的子女也下贱吗？显然，这种解释是完全说不过去的。我想起了撒梅另一习俗：为新生儿起丑名（乳名）。毕明的乳名叫"腊狗"，他是腊月所生，属牛。父母亲生了八九个孩子，只留住了最后两个，毕明与其姐，即所谓老儿老女。毕明说，起丑名，好养活。

人们为保住孩子，想尽各种办法。有烧香拜佛的，每一次庙会祈愿，求子是大头。还有找干爹干妈的，为此撒梅人与周遭的汉族村寨、昆明城里人甚至是土主、神仙结了不少"干亲家"的对子。还有一种叫"压长"。李凤珍告诉我，她原来是大板桥黑波村人（民族村），两三岁时给到旱马罩小村一农家，因为这家的女人留不住娃娃，生一个，死一个，就叫她去"压长"。十年后，如愿以偿，生下兄弟，属蛇，小她12岁，终得平安长大。

旧时，生活艰辛，环境险恶，尤其是农村几无医药可言。愚昧无知的人们在生育时甚至用碎瓦片或竹片切割脐带，因此，生下的孩子死亡率极高，大多数保不住，无奈的人们只好求助于虚幻的神灵法术。

生下孩子，月子里的产妇唯一的营养品似乎就是鸡蛋加红糖。糖水鸡蛋、蒸鸡蛋就着米饭，要吃一月才开荤。据说母亲如果提早吃了荤，孩子会拉肚子。孩子满了月，女人便下地干活了。

孩子满月，家庭会隆重庆贺，办酒设宴，名为"喜生客"。经济条件好的办得较隆重，杀鸡宰羊，吃满月酒，将鸡蛋染成喜庆的红色。尤其是第一个孩子，名目更多。孩子出生后，三瓦村的习俗是姑爷拎着个小酒罐到老岳父家报喜，生儿子就将酒罐搁于饭桌，生女儿将酒罐放于灶台，无须言语，一目了然。孩子满月后，老岳母身背背箩，内装小抱被、背背（背孩子的背带）、小帽子、小衣裳、小百日鞋。孩子的舅舅挑着一对大谷箩，内盛大米，米上插满鸡蛋，喜气洋洋送来姑爷家，称"送祝米"。青龙村、小石坝等村，岳父母会送一对大陶罐，里面装上一点米、红糖、鸡蛋，多少不定，用红布扎口，挑了去。姑爷会请岳父岳母为外孙取名（乳名）。

生子报喜的小酒罐

罐子好好保存着，待孩子长大，告诉他们：这是你喊名字（起名）的罐罐，是你外婆拿来的。罐高一米左右，肚大，可盛装六七十公斤粮食，防鼠害，也不易霉变。

## 高原女人

1. "蒙心帕"的故事

中国女人之勤勉、贤淑，世所闻名。地处西南山区的少数民族妇女尤甚。朱孟震《西南夷风土记》："治生，男耕稼，女织纴……男反好

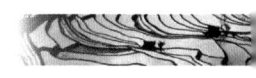

闲，女顾劳力治外，负载贸易以赡其夫，盖女壮健而男萎靡也。"张咏著《云南风土记》载："云南蛮民杂处，其类不一，最熟者为倮罗……负担贸易，妇女居多，舁（共同抬东西）肩舆，服牛乘马，千里之役，往往有之。"老舍旅居云南，作《滇行短记》，文载："此地，妇女们似乎比男人更能干。在田里下力的是妇女，在场上卖东西的是妇女，在路上担负粮柴的也是妇女。妇女，据说，可以养着丈夫，而丈夫可以在家中安闲地享福。"

这是外省籍人士对云南民族女性的感观，那撒梅族群自己又是怎样评价的呢？我访问了几位男性，爽直的撒梅人对我敞开了心扉。

阿拉村79岁的王春富说，女人能吃苦，女人的活儿是栽栽种种，是小活计。男人的活儿是重的，犁、挖、挑，耕田使牛。但是，他也承认，日常活多半是女人出动，不见男的干活。青龙村毕明说，以前女人很苦，两三个晚上要扭一背松毛圈（几十公斤），有二十捆，背去昆明卖，一捆一合二合（相当后来的一角二角），卖了买油盐回来。李存评论，彝族女人强的多，男的强的也有，夫妻俩都强的少。

我与数个撒梅男子一起聊他们的女人，听他们对本族女子的赞美。他们说，彝族女人实在、贤惠，比男人辛苦。背柴卖了，要给老倌打着酒、买着烟回来。女人对婚姻很忠贞，很护男人，即使男人窝囊，仍然对男人很尊敬。女的不论老小都勤劳，男的煮煮饭，带带娃，放放牛；男的重活就是犁犁田，挖挖土。男人放牛骑在牛背上，还咂着烟，有的拉拉二胡，吹吹箫，唱唱山歌。他们还讲述了几个故事：七家村一个男人与媳妇去小板桥赶街，回来，走到小喜村，男人胃痛，走不动了。女的要背他，男人不肯，她说背得动，一直背了六七公里才到家，有些地方还要上下坡。裕丰村一个女人二十八九岁，半夜豺狼来叼娃娃，将她的孩子叼走，她有本事将孩子从狼嘴中抢出，孩子长大后额头留下个伤疤。

高原女人巧手装扮孩子。有点羞涩的哈尼族女孩注视着外来客

元阳梯田让族群与世界结缘，两男孩笑迎省城来的宾客

健康、活泼的
傈僳族小姑娘
吹起口弦

女人们在
互夸衣裳

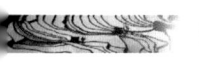

因为与李存和鲁忠美夫妇熟稔，在他们家，我看到了一对撒梅老夫妻"妇唱夫随"的生活场景。原先我已知道，因李存的身体弱些，平日都是李存在家生火做饭，带带孙子，鲁忠美与女儿们在田地里种瓜摘豆。这天是用午餐时间，三四岁的孙子润润调皮可爱，他天性使然，有时喊，有时哭，有时又要上厕所。李存对孙子始终和颜悦色，耐心"侍候"。这顿饭，李存恐怕没吃出多少滋味。鲁忠美洒脱地做着自己的事，扎敬神用的小章马，用面糊糊纸元宝。桌上放着一个个成品章马，李存咂着烟看电视，当小孙孙要伸手抓拿她的手工成品时，她急叫："李存，管好孙子……"孩子一般是谁带得多就与谁更亲近，润润就是如此，他管李存叫"阿波"（爷爷的昵称）。

普照村七十多岁的李芬与我谈起本族女子的传统服饰时说，未婚女人，戴公鸡帽，头发一根辫，内着白色或绿色的衬衣，腰系带子。前面罩着绣花围腰。结了婚的妇女，头上围一块布，状如屋顶的板瓦，叫"板瓦头"，头发盘起来，脑后绕个髻，表示成家了。"板瓦头"撒梅语称"来斯坡"，表示梁头一块瓦遮着雨，有安全感。系的花腰带是黄色的，表示一条黄龙，意为由一条黄龙护着。上面绣的花表示龙的鳞壳，围腰上面的绿色，表示河流与海洋中的水，龙在水中，下面是黄色或蓝色，表示地面。鞋子叫龙爪鞋，用三个耳系起来，代表龙爪。李芬强调，女人的服装是祖先发明的。至于男子的服装简单，与汉族区别不大，爱穿褂子，脚上也着三耳的凉鞋。

老人说了那么多龙的元素，只是在比喻，服装上并没有真正龙的形象，因为在封建时代，龙是帝王专利，僭越会惹来杀身之祸。云南山野之民，也就是多了些自由想象的空间。不过，在这里，女性"尊贵"的意思是有了。

在撒梅坊间，我多次听到"蒙心帕"的故事，其中，以毕明的讲述最为完整。这个故事与女人的失势有关。他说，从前，女人奸（聪明），男人憨。一个秀才过路，他是个半仙，走路过去，看到一个男人在挖田。

玉溪新平花腰傣，恬静的老妇安享幸福晚年

三个可爱的花腰傣女孩

玉溪新平花腰傣妇女染的黑齿，据说可防虫蛀，使牙坚固

怒江傈僳族女孩的传统服饰

新火相传

传说的"蒙心帕"就是妇女所系围腰

　　秀才说："大哥，你一天可以挖多少垄子？"男的说："不知道。"秀才走了，男人回家将此事告诉媳妇，媳妇说："明后天他再来，你问他，大哥你一天走几步路？"几天后，男了又遇着秀才，便将老婆的话学说一遍，果然将秀才问倒。秀才问男子："是谁教你的？"男人说："是我媳妇。"秀才惊异，告诉男人："某天我要到你家扰酒席（吃酒。"扰"为谦辞，指讨扰，为滇地惯用语），你们要准备九十九样菜，百十百个碗，七十七双筷，千只眼的桌子。"说完便走了。男人急了，回家连路都走不动，到家，媳妇问他有何事，那么着急。男人埋怨说："都是你惹的事，秀才要来吃饭，要那么多菜，我拿哪样办给他。"媳妇说："不急，我会办。"后来，秀才骑着马来了。女人用一只白碗——百十百个碗，一双漆筷子——七十七双筷，一碗炒韭菜——九十九样菜。拿一个筛子——千只眼的桌，把所有东西放在里面，说你要的这几样摆好了，请吃酒。秀才无话，吃完饭，要走了。这时他一只脚登上马镫，一只脚站地，问："我现在是上马还是下马？"女人正跨门槛，一只脚在里一只脚在外，问："我是出去还是进来？"秀才想，不得了，这女人太凶煞（厉害），便说，没什么东西送给她，将身穿的长衫撕下一块，叫她缝个围腰。女人不知是计，从此，"蒙心帕"（围腰）蒙住心，女人便没那么凶了。

"蒙心帕"的故事不知道是何时由何人所编，我以为，它说出了女性在男权社会被一张巨大的网——封建宗法制度羁绊的困境。乡人告诉我，旧时，一家有三个女儿，哪怕个个聪明能干，都要招个姑爷上门，打比方说，田里赶雀，扎着草把都要有个样子在。家族都是男的做主，缺男的受歧视。宗族议事，女人不得参与，没有发言权。

女人在如此境遇中何以自处？坊间还流传一句笑话："我们一辈子只有一个男人。"据说一个撒梅女子背着沉重的柴火去昆明卖，她将背架停歇在街边，擦汗喘息，一个城里女人心有不平，说："哎呀呀，你们撒梅人，为什么男的一天在茶铺，女的挖秧田（很重的农活）什么都做。男的背娃娃、玩、打牌、喝茶。"她的意思是女人把男人惯坏了。撒梅女子不好回答，说："我们一辈子只有一个男人，舍不得他做。"毕明每讲到此笑话，便会揭男人的短，他说："女人说'一辈子只有一个男人'其实是没办法，男人使不动，男人不肯做。"

2. 几个撒梅女

撒梅女确实很出色，她们勤劳、善良、爱孩子、护男人、敬老人。也许是长年劳动所致，她们的身体大都健壮，体质胜于男子，身上还有一种难得的气定神闲的自信。

1. 李美莲印象

2006年7月21日，在乌龙村李计香的陪同下，我来到77岁的李美莲家。进得大门，只见居室三间两耳，有庭院花木，环境整洁、宽敞，这是一个舒适的家。

李美莲把我们让进堂屋，我简单做了自我介绍，并说明来意：我要把撒梅人曾经的生活状态记录下来，请她说说过去的生活。李美莲便不紧不慢地叙述起往事，我专心致志地进行笔录。

"我15岁就被讨来了，是三十亩村的姑娘，那时公婆已经去世，是奶奶与三婶接我过来。想想，我小小年纪就要去端人家的饭碗了，我妈又命苦，舍不得我，我们都哭。我骑着马，男人走路去接我，马头扎个绣球，有人牵着。马走得不久（三十亩、乌龙村两者相距1公里左右）。小伴、伴郎、伴娘、大老窝（即一大群）闹着闹着来。"

"小时候，我妈命苦，嫁了三个男子（头两个相继去世）。我小小的，大约十多岁，背着一小捆柴，赶着一个马，马背上驮着柴。如果赶两个马，就不背柴了，到昆明去卖（三十亩村距昆明20公里）。"

乌龙村李美莲

"被讨过来时家里有七口人吃饭。我男的好学灯（指花灯），活计也不做，家里、田里都是女人盘。那时田地多，七八亩，种苞谷、稻谷。肥料是到山上铲点渣渣，还能养点猪。年还上粮，到人石坝，有一早上的路程。我养了七个娃娃，老倌很不当家，酒都要我供着，卖柴回来还要给他买烟买酒。这么懒，一样使不动，使不动他我只有自己做了。有次吵架，我回娘家一两个月，他使着介绍人来叫我，说不敢了；我回来后他改了一点。"

据李美莲说，他的男人66岁就去世了。看着眼前的房不像是1949年前的老屋，我提出要看看房子，李美莲带领我走了一圈。李计香说，这房是李美莲自己盖的，这令我很惊异。李美莲说起了李计香的妈李长翠，说："她妈与我最投缘了，说说笑笑，有东西就给点。她妈是棠梨坡人，72岁，属猪，我属马。你来我往，相互找着玩。今年3月2日，我俩还去海南玩，我俩脾气合得来。"

眼见耳房中搁着大酒缸，十分醒目，我说起男人与酒的话题。一场红白喜事起码三人会醉，酒量大的可喝6两。我想，这是撒梅男人孱弱的另一原因，酒精损耗了他们的身体，弱化了他们的精气神。撒梅男人，你们是否有警觉？

2006年8月14日，李长翠陪同我访谈李美莲，仍在李美莲家。从李长翠的言谈中，我知道了李美莲当过农村干部：生产队长、妇女主任、大队长前后十年。李长翠自己也当过村小组长（村长）。

李美莲说："我有姊妹4人，3个哥，我是独囡，最小。不让我读书，中华人民共和国成立后当干部完全靠心记。市劳模会1973年开会交流，我口头讲。当小组长时，要操心，要上前。我领大时（大，指第一个孩子），他还不满月，我就去栽秧，眼睛搞成迎风流泪。"

我请李美莲说说盖房的事。李美莲说："这土房，盖了十五六年了。盖房要凑钱，我赶着个小毛驴，天天拾松球卖。天晴薅苞谷，下雨薅谷子，田间休息时还要找猪草。"

李长翠说，20世纪70年代，李美莲盖房，队上批的树都在山上，她喊工去砍，酒做了，工喊了，做工、立木、买瓦，大的小的都要她管，大家也都来帮忙。三间两耳，两个月盖好，是土基房。

李美莲孝敬老人。她说："我奶三十多岁时，四个儿子都死了，我养了抬掉（下葬），那时她已经八十多岁了。二婶在我家像做客一样，饭要一碗碗抬到她手上，衣裤、被子要帮她洗。"李长翠补充道："二婶是五保户，无人养，双目失明，要她（指李美莲）养，吃的队上拿，粮食照样分。当时我当村小组长，动员她养几日，端点吃的得了，但她一养二十多年，活到了86岁。"

2. 那秀英印象

2006年9月13日、19日我两次访问小石坝李国良、那秀英夫妇。李国良76岁，原籍昆明大树营，汉族，国家退休职工，于1982年从官渡区政府公务员任上退休。我对那秀英的最初印象就是他提供的。

李国良说："媳妇那秀英，75岁。1951年入的共产党，她先在普照管理区工作，参加土改，当过十八办事处七年的支部书记（当时石坝与普照合为一个办事处，规模较大）。1953年，云南省委搞边疆互助合作化，将她调出两年参加培训班，1954年回来就在十八办事处干了。组织上曾经要保送她到北京读书，后来知道她是文盲，只得作罢。过去撒梅很落后，受压迫深。在撒梅，女的不让上学，只有男的可以上。女人只能种种田，管管家务事。1949年前乡保长只要男的，不要女的。"至此，我才知道那秀英是个与国家公务员甚至妇女领导干部失之交臂的撒梅女性，很是为她惋惜。

而那秀英自述：

小石坝那秀英

"过去，女的很没地位，只能在家干干活，管管娃。中华人民共和国成立后，1951年政府培养我，第一批到省市学习，回来搞土改。我爷爷叫那长荣，种田，1958年去世，当时83岁。他有两个哥哥。讨了媳妇，两个哥哥都没子女。我奶是本村的，没生育。奶的哥家孩子多，过继了一个女孩，就是我妈：邵那氏。过去，没子

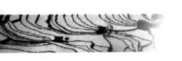

女的人家很被瞧不起，我老爹、奶一辈，一个比一个没地位。土地少，盘的土地要给地主、富农交租米、租金。纳皇粮有两种，一种给地主租金，交到大石坝仓库（乡公所）。另一种，两户地主，先收租，他们交总的，佃户还要交到仓库。"

"我奶人很矮，最能吃苦。养着一条牛，有老牛车。奶到很远处（棠梨坡）撸松毛，我老爹去用牛车拉回来，一大摞挨墙码着。"

"我妈是讨养的，我爹是上门的（棠梨坡人）。我妈的亲妈生了五个孩子，她是老三。姥爷讨了后妈，后妈将我妈的两个姐姐、一个兄弟折磨死，只剩下她一个。"

"我妈生的孩子多，六个，两女四男，我是老大，我一直帮着她。她忙着在家管弟妹，我与爹成天讨生活，养活一家人。家里有两头水牛，两辆老牛车。川滇公司在1949年前就在这里管着滇越铁路，我们卖了一部分地给他们。我与父亲用牛车帮公司拉东西，从小石坝车站运柴火，每天拉，路不好，一天最多拉三车，栎木做的轮子叽嘎叽嘎响。我敢骑牛，这在女孩子中少有。干海子盖营盘，我们又从这里拉石头过去。"

"那时每年只能缝一套衣裤。因为劳动，容易破。有一套替换的，有时连换的都没有，晚上洗了烘干，第二天接着穿。鞋子没有时间缝，我妈会打草鞋，用破布打，每晚打一双，最多只能穿两天，有时赤着脚去赶牛车。"

"我们1956年结婚。李国良是大树营的，他当兵从边疆回来，叫我去大树营，那里条件好，就在昆明。我不肯去，因为大弟13岁，最小的才三个月，我去了，弟妹就饿死了。为了养兄弟，我们就在小石坝。买杂粮吃，白薯、红薯、洋芋。红薯煮着吃，洋芋很小，便宜，剁碎了，加点苞谷面拌和，再放一小碗米，蒸着吃。一年吃杂粮八个月。"

李国良指指眼前的住房对我说："这房子是她盖的。"尽管事先我在

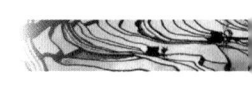

乌龙村见到了李美莲盖的房，但我还是惊异，因为眼前的房屋更宽敞，庭院规整，还有一大个院子。那秀英说："这里原来是个山箐沟，房子是1982年盖的，是我用肩膀背出来的。房屋土木结构，有180平方米，三间三耳加灶房。除了买木料、瓦及喊工出了点钱，其他都是我亲手盖起来的。下石脚的石头用了20车，是我打的，当时我45岁，最苦，其他女人是不会去打石头的。"

看着眼前沧桑的那秀英，我想起另外两个女人。一个是旱马罩75岁的李凤珍，她向我叙述往事：27岁时，她前胸用绑背背着囡，后背背着四五十公斤的柴，还打着伞为囡遮阴，去昆明卖柴，上两个大坡，汗滴嗒嗒……这是五十年前的事。另一个女人是我在高桥村偶遇，我行走在如城堡般抬升的村路上，风有点大，夕阳西下，一位老妇人坐在门口大针地缝制着物件。我问她缝什么，她说：连耳鞋（撒梅男子穿的凉鞋），给三个儿子一人缝一双。看得出，老人已七十余岁，眼力不济，手指粗糙僵直，针线已有点不听使唤。她的灰白色长发在风中舞动，夕照为之增添一抹亮色，其情其景，令人感动。我动了摄影的念头，却不知为何，心有不忍，不愿惊动她，便没有拍摄。我没有问她姓甚名谁。我知道，撒梅女人都这样，一心扑在丈夫、儿女身上，唯独没有考虑自己。

我记起那首云南民歌《高原女人》：

　　太阳歇歇么　歇得呢　月亮歇歇么　歇得呢　女人歇歇么　歇不得　女人歇了么　日子过不甜呢

# 祭天山的狂欢

## 最后的张西波

1. 大麻苴的张西波

彝族有自己的宗教执掌者，称毕摩，他们熟知彝文，通晓史事典故，操持占卜、治病、祛灾、祭祖等事宜。他们为自己的族群与天神沟通，同鬼怪过招；祈祷福寿、规避祸灾。昆明东郊的撒梅作为彝族支系也有毕摩，在撒梅语中称其为"毕摩帕"，"毕摩"是念经的意思，"帕"是成年的男子，"毕摩帕"即念经的男人。撒梅人在用汉语与外人交谈时，称毕摩帕为"西波"，其中法术最好的为"大西波"。问及缘由，说这是昆明城里人的叫法，再究根源，不知就里。我不由想起人们对毕摩的另一种称呼"觋爸"（觋，男巫），"西波"音近"觋爸"，或许是近代某些人用同音字称呼生辟的"觋"字，后来的昆明人便将撒梅毕摩称为"西波"。

阅读史籍，又有发现。李京《云南志略·诸夷风俗·罗罗条》载："有疾不识医药，惟有男巫，号曰大奚婆，以鸡骨占凶吉；酋长左右须不可阙，事无巨细皆决之。"又有万历《云南通志·爨蛮风俗》载："疾不识医药，惟用男巫，号曰大觋皤（皤）。"我方悟，原来如此，大西波竟是"大奚婆""大觋皤"之同音词。看来，昆明城里人对撒梅男巫一直沿用着古称谓。我因此推断，应该是在近现代简化汉字运动中"奚婆"与"觋皤"被"西波"替代。汉字的简化适应近现代社会的快速交

20世纪70年代,在距撒梅聚居区数十公里的昆明呈贡天子庙挖掘出古滇墓葬,其中一件青铜器被命名为"巫师鼎",鼎形为三足平台,每足均有一栩栩如生的巫师立像,证明巫师在云南至少有两千余年历史(摘自王海涛著《昆明文物古迹》)

流与发展,但也不可避免地令国人遗失了许多宝贵的历史元素。本书沿用"西波"两字,权且尊重近代的约定俗成吧。

西波作为专职宗教人士人数极少,多时数十人,少时数人,分布零落。在宝象河上游的热水河村有毕摩山、毕摩坟,在金殿南隅的云山村(现为汉族村)也有西波坟。但是至中华民国时期,有西波的村就只有大麻苴与青龙村了。青龙村地处呼马山脚,村中西波有余、李两姓,他们主要为居住于白沙河流域的洪桥、三十亩、三家、棠梨坡和双龙乡的乌龙、旱马罩、哨上等村庄主持宗教仪式,影响所及只在本民族。大麻苴地处宝象河流域,这里是撒梅人的主要聚居区,旧称"一股水十八寨",意思是在宝象河流域有 18 个撒梅村。实际上不止此数,自宝象河发源地乌纳山起,由东北至西南,沿宝象河谷分布着二十余个撒梅村庄。大麻苴就在流域的西南隅,它与村南的小麻苴呈犄角之势。大麻苴西边是昆明坝子的汉族聚居区,与之近邻的是牛街庄、羊方凹等村落。宝象河流域开发极早,这里自古便是昆明经滇东、川贵至京城的通京大道必由之路。大板桥设铺城的历史可上溯至元、明。阿拉村后的白虎山在清宣统年间就是云南总督府的屯兵之所。宝象河流域的开放,使大麻苴的西波文化辐射至省城及其周边地区。

(1) 墩在莲花上的大麻苴

美丽的大麻苴原野

大麻苴,撒梅语称"末召出卡么",意为山箐中吉祥的小白鸟降临之大村。麻苴的"苴"字,撒梅人读"zuo",汉语词典的标音为"jū",意为大麻的雌株,开花后能结果实。村名可能源于一座山,名为"月苴山",在小麻苴村,是祭天山,很有名。

大麻苴距昆明 8 公里,中华民国时期属昆明县六区义合乡,1949 年后为昆明市官渡区阿拉乡,目前,又归属昆明市经济技术开发区。官

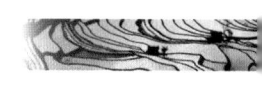

渡区政府为保护与昆明城近在咫尺的彝族撒梅人的民族文化传承，20世纪50年代以来，一直将阿拉乡作为彝族（撒梅）乡。大麻苴是个大村，昆明档案资料载，1949年，义合乡乡长李永炎填报该乡"保甲户口统计表"列：大麻苴有本籍人户61户，人口283人（男144人，女139人），其户籍、人口，居在册的25个撒梅村前五名。据昆明县1942年田赋管理处大板桥征收处统计，大麻苴有田地2202.06亩，上交税额413604石，所交税费居当时大板桥镇辖区21个撒梅村落之首。村庄面南而坐，地势东北高西南低。村后是一座接一座的山，有葫芦山、锅底塘山、攒水塘山、大山、无锡了山等大大小小数十座。村前是一片农田，次第而下。大麻苴属宝象河流域，却不占宝象河灌溉之利，河流在地势更低的小麻苴村便往南拐了弯。农耕灌溉靠龙潭及堰塘，龙潭从后山透迤而下，可达自流灌溉，平日水量不大。两个堰塘在村西北与东南，称大塘子、小塘子，因田高水低，不利灌溉，大量田地属雷响田。村子地多人少，谋水不易，农民勤勤终岁，生活艰辛。栽种的作物主要是谷子、苞谷、高粱、黄豆，还有荞、麦、洋芋等。中华民国二十多年还种过鸦片。旧时，撒梅人不习惯种菜，农闲时以各种咸菜敷衍度日，农忙时则以粮食与柴火向附近汉族农民交换菜蔬。村后还有山林数千亩，也是重要生活来源，冬腊月农闲之时，妇女们上山弄柴火、拾松球、搂松毛、割山茅草，挑到城镇卖得钱来买油盐以及丈夫的烟酒。

　　大麻苴出行便利。中华民国时，村口一条独路长约2公里，通到村南的贵昆公路，是村子对外的主要通道。路不甚宽，可走牛车、马车，村后曲折山道通向东邻三瓦村以及北地的呼马山、白沙河。村民见识到现代交通的时间不短，1910年建成的滇越铁路在村后通过，1937年竣工的贵昆公路以及随后通航的巫家坝机场（大麻苴上空是空港下降通道）也让闭塞的农民知道了地上四个轮子跑的与天上两个翅膀飞的东西的威力。但是在1980年以前，这些东西对大麻苴人的生活并没有多少影响，农民照样日出而作，日落而息，负重的牛车照样辚辚而行。

　　在过往岁月中，大麻苴曾经是个纯粹的撒梅村，清咸丰、同治年间，一户王姓汉族入住该村,是当官的,人们简称其为"王官"。中华民国时期又有两户汉族入籍,一户姓徐,名徐培厚,是官宦人家。另一户姓张,名张根柏,也当着官。张根柏在本村买下房产、土地与一座山,这山从此称作"司令官山",据此推断,张根柏是个司令官。至1950年,大麻苴撒梅人约占95%,汉族约占5%,撒梅人中的主要姓氏为毕、李、张、周、杨等。

大麻苴是古老而美丽的,它的葫芦山与锅底塘山的红土中埋葬着一代代撒梅老祖,个个坟前有祭祀台。它的阡陌原野上野蔷薇花年年盛开,采花酿蜜的蜜蜂嗡嗡飞绕。村老流传着这样的话:"大麻苴坐落在一朵

村舍、堰塘、田地,加上隆隆驰过的火车,这是21世纪初的大麻苴村景象

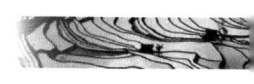

莲花上。从山上看就是这样,水涨村子也涨,淹不着。"似乎说的是风水好、风景也好。还有另一句:"大麻苴坐落在一堆白沙上。"寓意村人四分五裂,一盘散沙。

(2)张家有西波

大约在清代中叶,大麻苴的张家招了一位女婿,是乌纳山西坡的老鸦洞村人,此人十分了得,家中并无西波家传,却习得了西波文字、西波经典与西波技艺。当时,距老鸦洞村十余公里的大普连村"西波教"兴盛,不知是哪位"教主"思想开放,收徒授业,在大普连寺讲课传经。老鸦洞小伙子拜师学艺,心有灵犀,聪慧加勤奋,竟将世所稀罕的宗教宝典继承下来,带到大麻苴。大麻苴民族文化底蕴也丰厚,它曾经是撒梅人传授西波文字的主要村寨。三瓦村李善喜提供的《官渡区阿拉彝族乡教育志》载:远在清代以前,大麻苴就

大麻苴张西波一家。中端坐者:张福兴;左前:三女张桂芳;左后:张桂芝;右前坐童车者:张汝坤;右后:张汝乾;怀抱者:小名长牛,张福兴长孙 (摄于1944年 张普珍 供稿)

是传播本民族"毕摩"文化的主要村寨,也是本乡开设私塾(学习汉文)最早的村子。这里办学历史悠久,在清末及中华民国时期,周围村子的学童都到这里上学。可以说是附近十数个村的文化教育中心。张家上门小伙得自于大普连西波教经典的西波功业,在大麻苴肥沃的土壤中生根开花结果了。后来,在相当长一段时间内,大麻苴张西波家族年年冬至携带香火与供品不远十数公里到大普连老西波祖坟祭祖,以示不忘根本。

后来，当张西波家没有男嗣时，又从本村姓毕的一户招姑爷延续了西波的香火。

西波执掌西波文字只为念经祭祀，却没有用文字记载本族历史的传统。大麻苴张西波技艺传承于老鸦洞上门女婿之往事，现今族中知之者寥寥。据张西波嫡子张汝坤讲述，他知道此事，是源于一次母亲与叔叔张福德的聊天。

大麻苴有了西波，在远近更是闻名遐迩了。

(3) 西波教掌门人张福兴

张家西波传至中华民国，其中一脉便是张荣与他的三个儿子：老大张福兴、老二张福彩、老三张福德，可谓子嗣兴旺。以撒梅传统，西波为家族世袭，且传男不传女，男中单传长子，因此，当张荣老迈，张福兴便成为西波掌门。张福兴，字隆仙，他个子中等，体格健壮，隆鼻阔嘴，配在国字脸上，透出干练、机敏的气质。隆仙擅交际，与撒梅及昆明城中达官显贵来往甚多。这时的大麻苴张家西波，影响所及不仅在撒梅聚居区，而且远及省府及滇池周围地区，人称"张西波"。

西波的宗教理念与道教相近，奉太上老君为最高主神，其测字算阴阳的依据也是八卦。与中原传承的道教相比较，西南地区的封闭与多山使云南彝族保留了道教更多古朴成分。西波崇拜的神灵多而杂，天地、鬼神、祖先、龙王、山神、龙树、怪石以及日月星辰都属敬奉对象，撒梅人还信奉土主，供奉家堂。西波宗教信仰以自然崇拜和祖先崇拜为主，带着人类早期原始宗教的特征。

家族总佛堂。张西波家供着家堂，就在张荣的父亲建盖的一幢三间四耳带串楼的楼上。以西波供奉道教太上老君为主神，称其为"总佛堂"，在所有的撒梅寺庙内均供奉佛、儒、道三教高真，人们在日常称谓中并不严格区分佛、道两教。佛堂墙上挂着一张彩图，称"五谷财神"。图画自上而下有三组画像：上层有三个富贵之人身边各有神异禽兽环绕，象征老祖、老爹、爹三代祖宗；中层两人戴着官帽端坐椅上，左右有龙虎相随，即为"文武财神"；下层三个劳动者在进行耕犁、挑

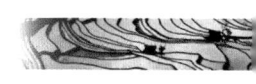

秧、栽秧的劳作，意为承载神仙祖宗的现世。这些象征着西波家族的祖宗以及福禄神仙就是现世张西波的精神寄托与力量来源，他们是祭祀崇拜的重要对象。在一年中一些重要节日如农历六月二十四、七月半、八月十五都要祭拜。但最隆重的祭祀在过年，纸火（上面图刻各种经符图案的纸钱）从年三十烧到正月十五，每天烧的不一样，据张福兴的儿子张坤说：“听母亲讲，父亲一边焚化纸钱一边念叨：'祖宗三代，今天来给你们烧纸钱，你们张家的都来领领钱，保佑子孙后代，快快长大，平平安安。老祖宗领着钱到哪里去耍耍。'"张福彩的儿子张明说：“大爹有时在佛堂给我们讲做人的道理，小辈要好好听着并且应答着。平日，西波出门办事回来，也要在佛堂读一段西波文以祈求一家平平安安，顺顺利利。"张福兴有一次对儿辈们郑重地说：“做西波不是靠我的力量，我的力量做不到，是靠老祖宗的保佑。"总佛堂沉浸在西波文化的浓重氛围中，一代代西波的精气神萦绕其间，令后代肃然起敬。

关于"五谷财神图"，我从阿拉业内人士鲁忠美处得知，它又称"家堂图"，过去在小板桥老莫家有售，要预订，有不同款式。鲁忠美的母亲是师娘，信奉太上老君，供奉的"家堂图"上层的图像是骑着白马的太上老君，后面跟随的鲁家祖宗三代，分别骑着黑马、红马。图中财神与劳动者的格式是固定的。

神药两医。张家西波祖传有中草药，据张汝坤回忆：西波治病，先以设坛、念经作为铺垫，再以中草药针砭时疫，以达药到病除。这种神药两医之法，令撒梅人与周围的汉族人只要有点疾病，都来大麻苴找西波。

张福兴二女儿张桂珍回忆父亲当年为人看病的状况。她说：“下雨天，到家里看病的人淋湿了衣裳，我们生火给他们烤。看病不讲价，看好病，将谢钱放在桌上，没钱就算了，当时有钱的少，没钱看病的多。"由此来看，西波不仅是西波家借以谋生的职业，他们还要兼顾族群利益。这是民族巫师行事的行为准则，否则，他何以得享如此尊崇的地位。

西波作法的禁忌。西波作法有诸多禁忌。据青龙村毕明讲述，过去西波不兴穿鞋，出门办事光脚或穿草鞋，因为西波大神不穿鞋。后来我

西波家堂悬挂的"财神图"

张西波祭天的油盏

小麻苴曾经的祭天山（月苴山），现在建起了人居小区

才知道，这个不穿鞋的西波大神传说是太上老君身边的得道牧童。20世纪70年代，云南民族学院的老师采访张福德，他说：西波作法时头戴八角帽，帽檐下悬两支鹰爪，身披白色毡衫，斜挎神签筒，手摇铜铃，根据不同的对象使用不同法器：赶鬼驱魔用赶山鞭，祭神用宝剑，举行祭祀则弹琴咏经。张福德讲的这种穿戴可能是他父亲甚至祖父时代的做派了。至张福兴当家时有了改变，据其儿辈说：平日在家他的日常穿戴多半是衫子，与城里朋友见面时头戴毡帽，身着西装。但出门办事仍是身穿衫子，脚着布鞋，冬天在衫子外边套一件厚呢大衣以抵御寒冷。可见西波的衣着也是与时俱进的。

毕明二十多岁时学过一个月西波知识，老师开讲时与大家约法三章：学了西波，不准吃有爪的东西，不准吃自死的禽畜。他念过祭天的开经，念过十二雷神。他说："很害怕，天上的神什么都请。"毕明还讲到祖上发生的一件事，是老人传下来的。他说："四五代以前的老祖到李家上门，是小李家，是西波。他有五男二女，一次到外村念经，有人整他，弄死马肉给他吃，回来后双眼瞎掉，孩子也先后死光。无人养他，我们

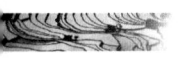

家将他背回来，养老送终。"西波行神秘之事，有时亦为神秘所伤，看来这碗饭并不好吃。

大麻苴西波为人治病解困，大量做人世之事。为保证不受干扰，规定不做丧事"开路"（开路是丧葬仪式的简称），说两样一起做就不灵了。此外还有一规：初一、十五坚决不出门。

西波与先生。在撒梅村寨为人们解决宗教需求的，除了西波还有风水先生与经奶、师娘，经奶与师娘为女性，另当别论。风水先生，人们简称其"经先生"，经先生供奉释迦牟尼与观世音，信奉的是佛教，他们既做阳——为人生解除困苦灾难，也做阴——操办丧事，超度亡灵。他们念经用汉话，书写经文用汉字，许多经先生受过学堂教育，写得一手好字，唯独不识西波文。

西波与经先生各做各的法事，互不相扰，有时根据主家需求，还同台展艺。但西波比经先生经历久、根基深，经先生敬着西波，说："西波念大哥，我们念二哥"，将西波推崇为老大。有时经先生与西波也会一比高下，不过擂台设在神话传说里，我曾多次听老人们声情并茂地说这些故事。撒梅人在重大宗教活动中以大章马敬神，章马用竹篾扎成马形，外糊彩纸，在颂经祈祷完毕后要焚化驮着经文的章马，以示虔诚。经先生与西波同时参与仪式。经先生一时兴起，对众人说："我不用火柴，念咒就会令章马着火。"西波回应道："我拿花篮背一篮水做敬神的净水碗。"花篮用竹篾扎成，盛不住水。结果西波与先生都兑现了诺言，寓意两者在神力法术上旗鼓相当。

不仅西波与经先生会斗法，西波之间也会较劲。一则传说是大麻苴的张西波与青龙村的毕西波之间的过招。毕西波到张西波家，张西波不在，张西波妻在煮饭，毕西波坐在灶间帮忙添柴，张西波妻看到他把自己的双脚放在灶窝当柴烧，骇然。不一会，饭煮熟，毕西波没事似的将脚抽出，吃完饭走了。张西波回来，妻子心有余悸地讲起此事，张西波说："你上去看看佛堂，佛桌的桌子脚还在不在。"妻子一看，烧成炭灰了。张西波又去毕西波家，毕西波在前门晒场上忙活着，场上停着的石

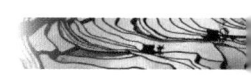

碾重二百多公斤，张西波就手掏出一小股细细的红线拴住石碾砣，挂在毕西波家门头上，转身走了。此后没有人敢进毕西波家门。毕西波知道张西波的法术比自己高明，便上门去道歉。此则说的是大麻苴张西波的手段甚是了得。

经奶能协助先生念经，但不一定识字，旧时的经奶靠记性与悟性熟记经文，念口头经，辅助先生进行法事，自己也可操作规模较小的祭祀。撒梅师娘即俗称的巫婆，她们用羊皮鼓或其他道具施行法术，看香占卦。师娘为人机敏，能掐会算，在女性中影响颇大，其历史渊源可与西波相较。

在撒梅村寨，有许多数百年历史的寺庙，其中庵堂不少，问及村老，说过去寡居老妇没有去处，庵堂就是她们安身立命之所，称清洁堂。平日这些佛寺多半由女人操持。我曾就西波、经先生与佛寺在撒梅人生活中的功用求教村老，热水河村的智者李发兴讲起撒梅习俗。他说："一般佛教徒，大多是老妈妈、女人，有佛事时男人为她们煮煮饭，操办一下。男人大部分祭天，过五谷会。大政策、大杠杠男的出面，小打小闹女人出面。"看来，天性自在的撒梅人始终生活在本民族对人与自然关系的理念中，祭天、祭五谷才是他们盛大的宗教节日，中国本土宗教道教是他们承载民族崇拜的天然载体，一般的佛事不过是"小打小闹"时的需求。

民族传统祭祀——西波法事。撒梅最隆重的自然崇拜为十月"祭天"与九月"祭五谷"，人们认为这些祭祀关乎所有家庭的吃饭穿衣，是民生的根本，西波是必然要到场念经祈祷的。

青龙村的祭天于农历十月初二进行，所祭的天神称作"大白天地"，祭祀场面热闹而生动。据毕明讲述，宰牛祭天时，有一项仪式称"掼牛皮"。牛宰杀后，人们在剥制牛皮时，将头、脚、尾保留在皮上，然后在牛鼻中穿入一根圆木棒。当时村社管理采取"六老人"制。村人每年在三四十岁的男人中轮选出同岁的两个人进入六老人中。初入者称小老人，是在原"六老人"中的两个大老人退出后，逐年更换的，每年依次轮上的两个大老人为村长。上半年由月份大的那个当值，下半年为月份小的当值。村子就由村长与其他十个老人共同管理。祭天时，老人们分工合作，两个大老人抬着牛头，一人抬一边，两个二老人拉着前脚，两个三老人拉后脚，小老人拉尾巴，剩余几个老人去分肉，打杂。西波用撒梅语一声声念"掼牛皮"，人们打着节拍，用力将牛皮高高扬起，掼在地上，越响越好。有时还来点恶作剧，力量大的一侧老人将牛皮高高抛起裹到弱的一侧身上。这时，西波的铃铛摇响了，青龙村的西波铃声"哐哐哐"，夹杂高低音，大麻苴西波铃声"嘭嘭嘭"，平平的。

旱马罩村的长者陶荣生讲述的祭天也绘声绘色。该村在农历十月十一祭祀，自筹备至结束，前后持续三四天。祭天山不很高，约40米，山上没有庙，只有一个高约1米的石香炉，放置在山头平缓处。祭祀的牛由村管事提前两三天买来，买牛钱由各户凑。黄牛拴在石香炉附近的树上，牛会淌眼泪，据说年年如此。宰牛时，旁观之人个个将双手背在后面，此有说法，是说阴间神会对牛说："为何人不救你？"牛说："人都绑着，不能救我。"这样，牛的亡灵不会记恨人。宰牛的血洒在石香炉前的地上。香炉内点燃的两支大香与大蜡烛可以燃三天三夜，这里的仪式叫"簸牛皮"。也有说法，是古人传下的，意思是这个村丰收了，有粮食簸，有庆丰收的寓意。只见十多个壮汉团团拉着剥下的牛皮，毛皮朝上，一个男人坐在上面，一般是从十多岁至三十多岁的村人中挑选结实又灵活的。大家一起用力往上簸，牛皮上的人被高高抛起可至两三丈。老古话说，簸得好，收成就好。青龙村、大麻苴的西波都到了，他们是走路来的，带着经书，翻山越岭，有的要走八九公里远。祭祀结束后，要给点香钱，每人五六元，约合现在的数百元。

青龙村的祭五谷称"转五谷"，在农历九月初九。先用牛利生（宗教术语，指在活牲身上作的祭礼）。西波念着利生经，会长用茶壶浇牛，从头至尾，冷水一激凌，牛身就抖一下，一共抖三下，就说："好了，五谷神喜欢了。"然后在村中慈悯庵杀这头牛，牛心供神，牛肉煮熟全村人聚餐。那一日，和尚也有，西波也有。

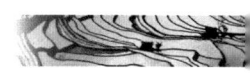

每年农历六月十三的老爷山庙会是撒梅人群祀的日子，祭祀在海拔2700多米的乌纳山顶进行，这次是英雄与祖先崇拜——祭祀撒梅王。传说撒梅王名粗糠宝，他是人与神的儿子，在老爷山获得神力，带领撒梅人屡屡打败强敌。老爷山又称乌纳山，是昆明官渡区与宜良县的界山，也是滇池与阳宗海的分水岭。它东坡陡峭，西坡平缓，旧时每年由西坡的数个撒梅村联合办会，山周围的彝族与其他民族万余人前来朝山。其间，山上搭起数十个布篷，一些虔诚之人头晚便来到山上，以便凌晨能烧特别灵验的头炷香。他们用撒梅人免费提供的柴火（名"赐柴"）烧起堆堆篝火，围火而坐。这时，万籁俱寂，江湖隐约。天上，十三的月亮似圆非圆，星宿寥落，没有杂色、杂音、杂念，这是人与天地对话的最佳时刻。有人心有感念，唱起敬神的撒花调，声音没入苍穹，越显天地之博大、夜色之深沉、人类之渺小。人们滤去了日常的浮躁、自大、琐碎，心中升腾起对天的敬畏、对地的感恩。

第二日，是正会之日。办会者请来以西波为主的祭祀者，同时也兼及佛道之人，众人翻开各自的经典，操起不同的法器，朗朗诵经声在铃铛、鼓钹的伴奏下声传数里，一批批敬奉者来到撒梅王的神像前，供奉祭品，敬香烧纸，三拜九叩，用撒梅话或汉话念叨着各自的祈愿。这是云南省距昆明最近的彝族朝山圣典。

事涉民生的祭祀——压土。撒梅人信奉"压土"，认为人居处动了土，或建房，或打围墙，惊动了一方神灵，便要举行压土祭祀，是向神灵告罪抚慰之意，否则，神灵怪罪，便会生出事端，有时降火星（火灾），有时出事故——人病或家道不顺。祭祀从工程动工便开始，主家请来西波，又是烧香又是上供，还要吟诵西波经典。周全之人还会供奉一撮土。张明讲起父辈在动土时会挖点泥巴，装入口袋或罐罐内，只要一小捧，以后每年年三十晚十二时左右，就将那一小点泥巴包好供着，甚是恭敬。中华民国时期，青龙村村子打围墙，动了土，全村举行压土仪式，西波将各当家人的名字写在红纸上，用汉话念：×年×月×日，全村×××、×××……做压土，请神仙来受理。

高桥村七十多岁的张宝回忆当年建房压土，请西波念经的往事。红纸上写着西波经文，宰了羊，将羊的四脚割下钉在新屋顶的四个角落，羊头连着双角的一小片头盖骨钉在大门头上，下面挂着绘有八卦及经文的红布。至今，绝大部分撒梅居所门上都有这种饰物。

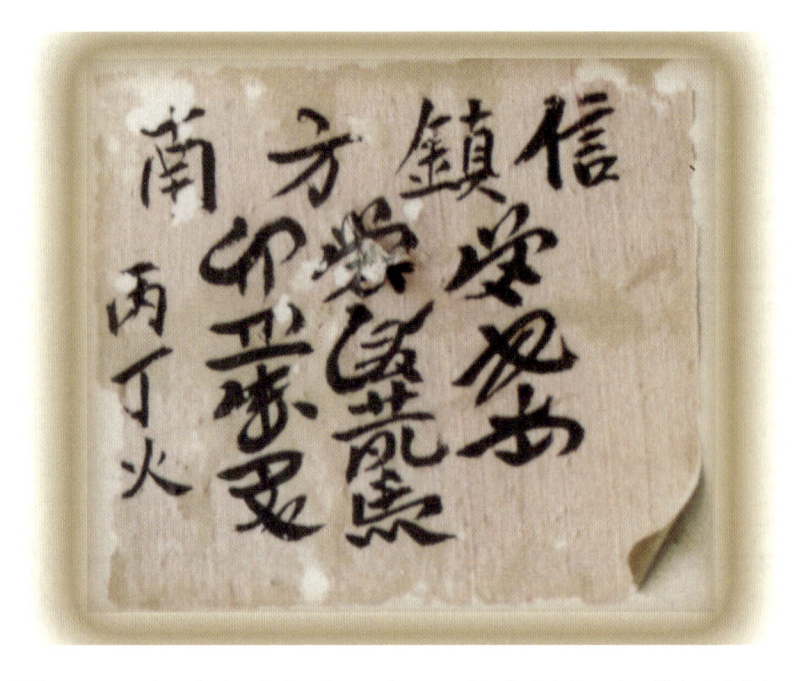

"南方镇信""丙丁火"旁的经文为西波"灭火经"，此经文为张福兴的二弟张福德手书

听说张福德的孙子张春友保存着爷爷当年做压土的经文，我请张坤陪同前往拜访，有幸见到这些经文符章，征得同意抄录下来。其一为奠土的经符，是画在生鸭蛋外壳之上，压于屋基四角的土洞内，取其鸭（压、押）之谐音。还有五方土神之名：东方土神请吴神，南方土神请张子学，西方土神请财开宝，北方土神请龙兴子，中央土神请土兴开。其二为奠土的供牌，有太上老君、雷神、山神、水天上帝、火德神。有一种牌位从右至左竖写：天地牌位、灶君牌位、观音牌位。是开经吃素时使用的。其三为八卦，悬挂于大门头上，作奠土或顺财门之用。下面

还有两排西波文，阅读顺序自左至右。左上：除刹瘟，毕摩消灾，年年清洁。右下：四季平安、四方财喜、五谷丰登。最后是泰山石敢当。这些经文，除了生鸭蛋上的画符是西波文图，其他都配以汉文，否则，可能连张西波的后代都解读不出来。

撒梅建新屋要举行"黄土"仪式，作为重要道具的鸭蛋上面画着西波经文

事涉民生的祭祀二——压火。西波为人解困的另一形式是压火，即将火星压住，使事主免受火灾。农村有此禁忌：狗爬房。认为好端端的狗不走平路却爬到房上，此房必出事，大者起火，小者房了有响动，晚上睡觉不踏实。这时，老人不放心，找来张西波。他在房屋正堂设置经堂经桌，桌上放三只斗，斗内盛五谷，桌子正中供太上老君牌位，两旁供水果及香烛。诵《开场经》，再将皂角、柏枝投入火中，待烟雾飘散出来后，遍熏经堂，随后用青柏枝洒水并诵《洒静经》《醋炭经》，念毕，以酒肉献诸神并诵《请神经》：

三清圣号广宣扬，一举能消万劫殃；

七宝林中朝上帝，五明宫内礼义皇；

常乘白鹤游上界，每驾青牛遍十方；

诚等至心皈命礼，鸾歌凤舞降瑶堂。

念毕经文，西波将一只公鸡用黄纸钱熏绕，以清水淋鸡头，喂米，若鸡吃米则表示神能答应人们的请求；反之，则不答应。便要再作功课。

毕明见过西波的压火术。西波来到那幢有异兆的宅屋前，在事主事先备好的鸽子脚上拴一小串小炮仗，口念：东边来的东边去，南边来的南边去，北边来的北边去，西边来的西边去。念毕，将纸火烧了，用香头点燃鸽子脚上炮仗引线往空中一扔，炮仗炸响，只听一阵惊飞的"啪啦啪啦"声，西波说，火星被鸽子带走了。主人悬着的心才放下来。

张桂珍见过一次救火现场：大麻苴一间房起火，烧得厉害，人们拎去的水都压不住。父亲拿着一只白公鸡，念念经，扔进去，鸡飞出来，他说，不消泼水了，鸡飞出来了。后来，火灭了。

事涉民生的祭祀三——驱逐吸血鬼。凡人畜发生瘟疫，撒梅人便称是吸血鬼作祟。历史上发生的瘟疫曾使许多撒梅村损失惨重，人口锐减，有的甚至举村搬迁。在疾病流行时，人们除了用中草药治病，还会请各方宗教人士轮流出面念经消灾。张福兴的后代讲述西波是这样作法的：有人牵着羊，西波口念咒语，一手摇着大铃铛，一手挥动赶山鞭，将全村各户大门走了个遍。当然，这只是西波繁杂的设坛念经驱鬼中的一道程序。

事涉民生的祭祀四——救雷打之人。在西波诸多法术中，最神秘和耸人听闻的是"救雷打之人"。不过，考究西波日常供奉的神灵，这可能是题中应有之义：西波奉太上老君为最高神，太上辖通天教主，通天主持天庭的日常事务，其下又有两个部门，一是雷都总管，二是元始天尊。正是雷都总管统率的雷部诸神，掌管着自然变化如打雷、下雨、冷暖并兼有惩罚人的职责。雷神既然是西波日常供奉的神灵之一，人们便认为这是西波法力够得着的地方。西波救治被雷击之人，诵念的是《五雷经》与《酬恩息火经》。

张桂珍告诉我，一个被雷打死的人跪着，他扑着身子，人们为其料理后事，但抬不起来。此人背上有半个字，西波来念经，念到那个字，就抬起来了。张桂珍称其父的此术为"用西波的半个字来批"。这里的"批"字可解释为"合"。

阿拉村李存说，本村一个女人，被雷击倒在河边，跪在地上昏死，背上有花纹，西波念经批字，就活过来了。

昔日，农民完全不了解有关气象的自然知识，在万物有灵论的理念下，人们对雷电恐惧万分，西波敢于在大难临头之时与天对话，拯救垂危之人，协助遇难者家属打发亡者，不管结果怎样，其德其道已立于人心矣。

事涉民生的祭祀五——医治精神病。西波治病，先询问病人的生辰八字，得病时辰，再设置经堂经桌，根据不同的病情念不同的经文，以祈求神灵保佑。然后扎一草人，以鸡血涂抹后焚烧，象征病魔已被烧毁。有的病人病势沉重，还需进行"上小马"仪式。西波将人们的请求写在纸上，放入一竹篾编的小马腹内焚烧，以示人的请求由飞驰的马通达了神灵，称"上小马"。

大约在各种疾病中，以精神病为最难治，西波的法力高超使他们敢于承揽这项活计。张桂珍回忆父亲医过的一些案例。她说："一个疯子疯得不得了，父亲叫他

西波念经发送的"小章马"，如图，是手工制品，用竹篾编扎，外糊以彩纸。这套小章马由马、驭者及元宝构成

跪，他不跪，父亲便用铁链枷（法器）插在地上，这时疯子跪下，父亲念经，病就好了。"有时治病是口念咒语，用赶山鞭（法器）打病人身上，会说"哎呀，我疼了"就会好。被打还"哈哈"笑的病人就难医。张明讲述自己的见闻，那次他随父前往医治病人，那个病人见人就打，父怕他受伤，叫他不要靠拢。只见父亲用千斤（法器）拴着病人，一念经病人就不敢乱动，然后叫病人跪着，用一小根铁链子，在屁股上轻打，病人一下就好了。张春友讲其爷爷治好一个病人的过程。此人是从青龙村上门来本村的，现在还活着，约四十岁。那家人带着病人过来，诉说病情，问："咯可以医？"（咯，昆明方言"是否"之意）爷爷说："可以。"便用青刺、桃枝、柳枝、秧草、尖刀草五种植物捆成一扎，人称"打鬼枝"，念念经，用其打扫病者身上，再用小的绿毛鸡来送走疯病瘟疫。

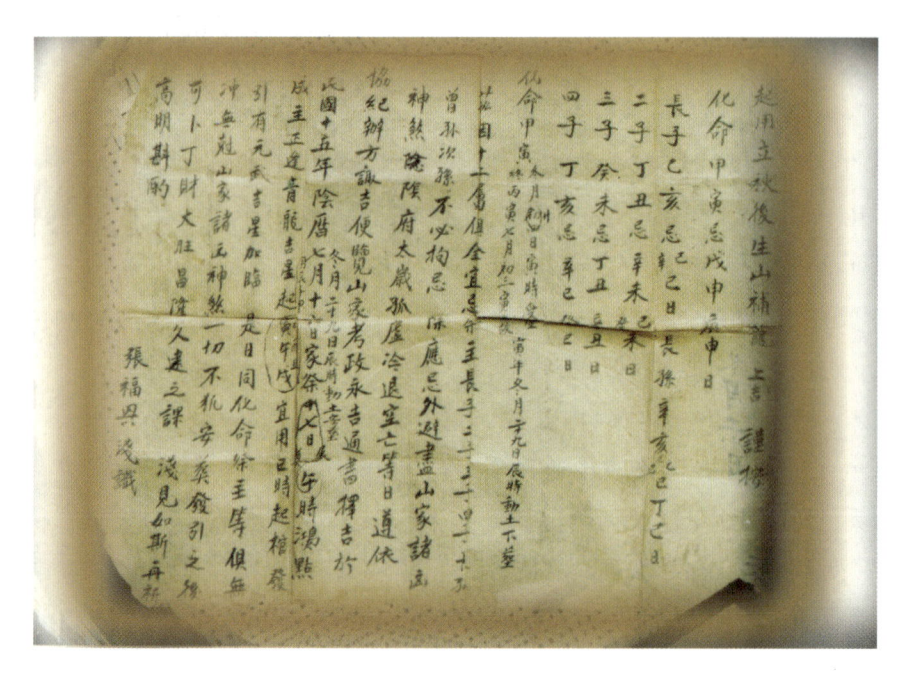

张福兴为族中亡故的长者"撵山"择坟地的文章（汉文），文后有"张福兴浅识"字样。大西波的毛笔字流畅、潇洒（张普珍 供稿）

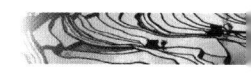

我在撒梅地区采访，一些老人都说张西波治精神病有名，经西波后代回忆，似乎治此病一蹴而就，实际过程肯定要艰难的多，念经、开导、用法器作法是多次反复的过程，也有最终无效的，这应是情理之中的事（张明的结发妻子即死于此病，是"文化大革命"期间的事）。不过，精神错乱之人在他与家人都信奉的神鬼信仰下，经西波引导是有可能起以毒攻毒之效的。西波敢承揽此活，说明他有自信与胆气。

此外，撒梅人普遍信奉的看坟地（撵山脉）、测生辰八字（说媳妇）、看门向（建房）等是西波日常更多进行的事务。

（4）名贯昆明

1945年，张福兴的二女儿张桂珍已许配给青龙村周家，尚未过门，男方叫周学宽。撒梅人将儿时玩伴年龄相仿的称作小伴，张福兴家要挖田种大春，给周家打招呼为其请工，毕明与七八个小伙都是周学宽的小伴，便相约来到大麻苴打工。当时他看到的张福兴是这样的：留着西装头，打着大领带，与城里有钱人一样打扮。尤其这个大领带给毕明印象极深，他说：当时城里有钱人都打领带。他评论道："张福兴与农民说话大口大句，羊方凹一带怕着他们，他们够得着官，吃得开，挺跩。"

中华民国中期，张西波已名贯昆明，省府在五华山的光复楼起火，便请张西波念经压火。官渡小街子村是汉族村寨，村民与张西波来往热络，哪里不好、不顺，不管是个人还是村上，都请张西波念经。张西波的盛名已传至昆明乃至滇池周边的呈贡、晋宁、宜良。

那时，昆明有打亲家习俗，一般都是困窘之人拜有能力、有权势者作干儿子、干姑娘，意在借对方之强势，护自己的儿女平安成长。撒梅人打亲家，多数拜汉族中的有福之人为老干爹、老干妈，其原因是孩子病多难养。反过来由汉族拜撒梅人为亲家的极少，张福兴却有许多汉族干亲家，而且大多为有钱人。据张福兴的孙子张普珍回忆母亲讲过的事，他说："老爹的干儿子、干姑娘，一般是有钱人，皮箱厂老板、木行老板、丝绸店老板……老爹去给那些人家看门向，后来发财了，就拜老爹、奶为干爹、干妈。如昆明北郊厂，美国人搬走后，就是木行老板所有，

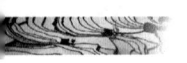

是老爹看的门向。"可见，民国中期，盛名之下的西波已经有点脱离自己的族群了。

（5）神话西波

传说中的西波几乎无所不能，他们能医治精神病，能救活被雷击濒死的人。一些人认为，只要有病，找西波念念经就会好，这样的神力当然会演绎出各种神话。我听说的西波神话不多，只有三个，即：缩地法、让两个土基打架、令神显形。

普照村82岁的李永顺当过教师，是有文化之人，他的父亲李端是经先生。李永顺笃信西波神力，说大麻苴西波，老大、老二都会缩地法，有人来请西波办事，西波叫来人带着他的衣褥先行，哪怕别人已走出几十里去，他都可以赶上。张春友说，到呈贡，一小会就到。两地相距几十里，当时都是步行，说的也是缩地法。有人打比方，如果有30里，西波可以缩成3里，听下来，缩地法与汉族神话中的遁地潜行有所不同，这个法术，在撒梅人中说得最多。

大麻苴的杨昆、杨忠华等人说，张福兴死后，张福彩瞧得最准、最好，又不浪费（为主家省钱之意）。张福彩只要一念经，贼偷不走，走不出去，他可以让两个土基打架（土基，即土坯，旧时造房的土坯，比砖大、重），令贼摸不着门道。

青龙村毕明说，传说以前有人不信西波那套，说有本事请个神下来给人瞧瞧，西波还真叫神的脚站在升斗上（升斗，盛米的升子与斗，西波作法时用以盛五谷）。

2. 西波的终结

（1）张西波家事

建房起事端（第一场官司）。大约在清咸同年间，张西波家起了一幢大房子，是昆明传统"一颗印"制式，称三间四耳带串楼，串楼四面贯通，又称走马串楼。大房子在麻苴算得上数一数二，是在张福兴的老爹张正明手上盖的，传至张荣及其兄张正，两人二一添作五，兄分得楼东向阳屋，张荣与父居住楼西光照不足的房。岁月荏苒，当张荣老迈时，

张西波家的"一颗印"老屋

张福兴建的"新房子",大门设在房右,被土墼遮蔽的是当年的"铺面",内中的堂屋为西波接待求助者的地方,门前为宽敞的街巷

21世纪初，已有近百年历史的张西波家族"大房子"依然傲然挺立。因居住不便，西波后代已先后迁出

三个儿子长大成人，老屋拥挤不下，这时，已是中华民国时期，西波家事由张荣的长子张福兴主持。张福兴生于1902年，属虎，当年他年富力强，雄心勃勃，一心想把西波事业做大做强，决定在大房子外面套盖一幢三间两耳的新房子，民间称作"倒插座"。新房子将大房子门面的前墙作了自己的后墙，紧靠后墙是天井与走道，房屋正面的三间两耳临大街，大门开于右侧，左侧内有楼梯通往楼上的三间正室，楼梯侧不太规则的空间做两个耳房。如此，楼下的正堂至少有一般房屋正堂的两倍大，其临街铺面一长溜。房屋设计的主旨很清楚，主人要利用最大限度的空间做生意。

新房开建，西波家矛盾顿起。反对一方是张正（即张福兴的大爹），反对的意见有二，其一是新房破坏了大房子的风水。按撒梅建房规则，大门向址要直截，不能阻挡。原房是坐南朝北，直向磨盘山，新房把大

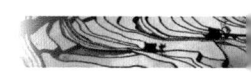

房子的大门罩住，这样，住在大房子内的人将会家道不顺。其二，大房子之内已有两家居住，外面新屋又是一家，过道拐弯抹角，造成住在里面的人生活不便。张荣面对兄长诘难，自己也笃信西波建房向址的理念，便对长子极力劝阻，无奈儿子主意已定，儿大不由父，只好顺从。对于风水，张福兴自有一套理由，他也认为新屋大门向北，对着白虎，五年后要挪那道门，至少侧着点，否则就有麻烦事。这里张福兴认为真正风水不好的是新房子。眼看侄儿固执己见，张正便将张荣与张福兴告了官。看来当时的官员在公务上并不认同玄妙的风水，加之张福兴到处有朋友熟人，奔走一番，大爹败诉。为平衡关系，张福兴做了某些补偿。

新房建成，张福兴便将大房子父亲名下的房屋分给二弟张福彩，又将新房子街对面祖传的一间一耳的房子给小弟张福德，那座引起争议与不安的新房子归自己。在弟兄之情上，张福兴有长兄之态，如果后来没有发生不幸，建房之事不会再有人提起，它无非有点不雅及不便，又发生在亲情之间，但街坊中持有新房风水堪虞意见的不在少数。

张福兴讨小。精明强干的大西波张福兴有一个贤惠的妻子，她是小麻苴赵家的姑娘，嫁与西波随夫姓，便叫张赵氏。张赵氏善良、勤劳，她服侍丈夫，孝敬公婆，家里事、地里活忙个不停。张赵氏几乎样样都好，就是不会养儿子，生过，但总是夭折。2007年3月23日我访问张桂珍，她说："我妈前后生了九个孩子，其中三个儿子，大着张汝坤的有一个；大我一岁的有一个，都不在了。"过去生孩子都是自己接生，条件简陋，卫生差，存活率很低。对存活的三个女孩，夫妻俩宝贝异常。大女张桂芝，属牛，1925年出生，小名喜腊凤；二女张桂珍，属蛇，1929年生，小名许二；三女张桂芬，属鸡，1933年生，小名改焕。虽然疼爱女儿，还是切盼儿子，在二女、三女的小名上也花了心思。像江南有许多叫根娣、招娣的女孩，都是家中男孩稀缺。许二与改焕的小名，表达了西波之家更为直截了当的希冀，第三个还是女儿，下一个一定要改换了。也许是命中注定，三女已经七八岁了，张赵氏还是养不了儿子。这在农村是大忌，更何况西波之家。因为西波有规定，传男不传女，说

张福兴的原配
妻子张赵氏

17岁的西波长女喜腊凤出阁时的芳容。她头带撒梅姑娘的标识物——公鸡帽，脚穿绣花鞋，着民族女性的标准服饰，只有左手腕戴的手表特别，1942年昆明城里的女孩也少有此饰物，想必是毕业于云南陆军讲武堂的夫婿李国梁送的定情物（张普珍供稿）

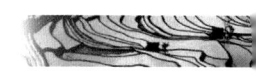

是佛堂不喜欢。老实的张赵氏如何担待得起这份责任。如果张赵氏从开始就没有生儿子，西波之家肯定早就为张福兴张罗讨小了，因为当时有钱、有地位的男子纳妾是平常事。就是这儿子一个又一个地生，一个又一个地走，使张家延缓了为张福兴讨小以生育西波接班人的决心和行动。岁月蹉跎，这时，张福兴已年近40岁了。

张福兴夫妇心中难受之事让母亲给捅破了。这一天是端午节，撒梅人也时兴像过年一样做许多好吃的东西，但节日盛宴的材料要到距大麻苴六七公里外的关上采买。这天轮到张福兴家放水，大麻苴严重缺水，大春栽秧耙田的水是一家家从堰塘按序排放的，轮到不放视作放弃，再一次的轮放会推后许多时日，由此便耽误最佳栽插时间。因此，张福兴一家无人顾及过节，两口子带着女儿，有的在坝口，有的在沟边分兵把守，不敢马虎。轮到吃饭时间，回家生火做饭，准备像平时一样随便打发。这时张荣夫妇已与大儿子家分灶吃饭，母亲端着几个热馒头进来又心痛又埋怨地说："拿着，连儿子都没有一个，娘儿几个还那么苦、那么省。"当晚，不知张福兴夫妇如何商议，几天后，一个下雨天，张赵氏披着蓑衣步行三四公里路来到三家村为丈夫说亲。事情进展顺利，不久毕琴芝便进了张西波家门，她比张福兴小11岁。两年后，张福兴如愿以偿，毕琴芝为他生了一个儿子，张福兴高兴异常，为儿子起小名洋锁。这年张福兴41岁。

腊凤招亲。张福兴为了延续香火，在讨毕琴芝后不久，又张罗起大女儿的婚事，这次是招女婿上门，张福兴当然不会忘记，历史上张家的两次招赘婚姻曾使家族中兴。这年，是1942年，腊凤17岁，正是撒梅女孩婚嫁的最佳年龄，腊凤长得匀称，漂亮干练，据其子张普珍讲，听老人说，当年大麻苴人形容她长得好，像一朵花，年轻人像抢馒头一样抢她。上门女婿也人才出众，他叫李国梁，汉族，大理南华县人，1939年云南陆军讲武堂毕业，为人忠厚谦让，有儒者之风。在张普珍保存的资料中我看到一份李国梁当年给上司的报告，说因赴大理奔丧（父亡故）而误了军务，他所在的部队开拔了，请上司安排其工作。还有一份由龙云于1940年10月28日签署的"滇黔绥靖公署"任命状：任命李国梁为特务大队第三营第九连中尉排长。当时他工作的单位在大麻苴附近的军政部加油站，平日借居于张福兴家。后来在日常生活接触中，张家对这个有身份、有涵养的年轻人很中意，两个年轻人之间也互有好感，经人撮合，这桩婚姻水到渠成。成婚时，李国梁27岁。

婚礼在新房子楼上举行，女方的小伴、男方的同事都来贺喜，大家说说唱唱，讲讲吉利，很是热闹。讲吉利是撒梅婚俗，在婚礼上年轻人互相讲绕口令，是一种文明闹房，既烘托喜庆气氛，也展示新人口才，婚礼也是未婚青年交朋结友的场所。后来，张福兴为女婿取了新的名字：张汝乾，为自己的儿子洋锁起名张汝坤，意为你们是我的乾坤，透露出张福兴对女婿与儿子寄托了很大期望。张汝坤后来更名为张坤。

按当时习俗，撒梅人基本不与汉族通婚，而且招赘上门的姑爷，男方要自贬身价，写一份类似卖身契的文书，并改为妻姓。但李国梁堂堂正正进入西波家，在大麻苴名张汝乾，与外界交往和在单位的名字仍是李国梁，他与腊凤的婚姻是一桩门当户对的现代婚姻。张福兴此举，说明了他是一位接受了新思想、新观念的西波大先生。

张福兴之死。1944年，张福兴与大女儿一家，还有三女儿、儿子一起照了一张相，照片上儿子坐在童车内，有一岁多，相貌酷似父亲，活泼聪明。女婿怀中抱着数月大的孩子，是张福兴长孙——大女儿与女婿的长子，小名长生。张福兴脸上平静、满足，眼中透着坚毅、自信的目光。这时的张福兴，意遂心满，夫复何求。然而，天道不测，造化弄人，翻过一年，张福兴遭遇不幸。

却说官宦人家徐培厚在昆明五华山梅园巷的老宅被日本飞机炸毁，大约是听说大麻苴有西波、风水好、风景好，便辗转托人买下该村富户王家的一座大房子连同一个烤酒坊。酒坊正好坐落在张福兴新房街对面。大麻苴民风淳厚，徐家擅长经营，彝族汉子又好酒，酒坊生意如日中天，谁知却引来了贪婪的土匪。似乎土匪先下达过抢人的帖子"鸡毛火炭"（在一封勒索钱财的书函上烫炭火、贴鸡毛，表示十万火急，不可懈

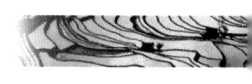

急）。徐家仗着官场有人，置之不理，土匪便下手了。他们先在石坝坡设伏，意在将徐家大小姐掠为人质。石坝坡位于大石坝村附近，过去属荒僻之地，路的一边是山，另一边是田地，因徐家有防备，未得手。后来，土匪摸黑进村，意在偷袭，当时张福兴正在大房子侧边一座老屋内抽大烟，听到声响，抬着烟灯出来察看，他斜着身子向徐家酒坊张望，不料被街子南头射出的黑枪打个正着，他挣扎着躲进小屋。张家人得到消息，速速来救，只见伤口血流如注，子弹自左后背射入，从前胸穿出，胸被炸开。当时家人一团忙乱，又是拭血，又是堵伤口，怎奈如此创伤已不是一般土法可奏效。许二抚着父亲痛哭不已，张福兴还是清醒的，他安慰女儿，说不要哭，我不会死的。张赵氏劝走女儿，大西波自知难逃此劫，对两个兄弟托孤，说自己走后要他们好好供洋锁读书。第二天一早，众人七手八脚地护送张福兴至昆明城内金碧路法国人开办的甘美医院。医院不收，要他们找担保人。据许二回忆，情急之中，家人说到与李阿姐家好，医院就收了。许二说："他们是当官的人，最瞧得起我们。"医院赶紧进行急救，还截去一条胳膊，终因伤及要害，失血过多，当天张福兴便死在医院，年仅43岁，好端端的一个撒梅盛年大西波，就这样死于非命，悲呼！

张福兴死后，按撒梅习俗，非正常亡故之人，必须停厝三个月以上，而且农历五月不能入葬。悲恸欲绝的西波一家在新房子侧面空地搭起蓬子，将张福兴停歇着，亲人们上香磕头守灵，城里城外的亲朋好友前来悼念。期间雨季来临，大雨接着小雨，就像老天也在痛悼一样，将雨蓬淋塌。临葬之前，天仍在下雨，张福兴已骨肉分离，好不凄惨，女婿汝乾与亲人一起用丝棉包裹岳父遗体装入小棺，外面再罩以木椁。葬礼在新房子西北的旷场进行。据许二回忆，送父亲上山的宗教人士，是本民族专做丧葬开路的4个念经先生，抬棺材的是本村人。送葬队伍中有2条龙（祭品）、10个缎子（仪仗），是哥哥（姐夫）的朋友们送的，本族人并不兴。金童玉女（篾扎祭品）用以开路，应由大孙子抬，这时的长生只有一岁多，便由其父母抱着代为擎着。送葬人士中有官家、士兵、僧道，还有村人。

张福兴出殡图，棺材为大小棺，即一棺一椁，为撒梅坊间少有。图片摄者朱光溥自称"侄"，应是张福兴的追随晚辈。现场除了张福兴的妻儿老小、族人，四个念经先生，还有八九位军方人士，是李国梁的同事战友

张福兴去了。他的汉族崇拜者为他留下最后一幕：出殡图。图后撰：隆仙老伯出殡摄影纪念　返璞完真　侄朱光溥撰题　民国三十四年七月十二日（古历六月四日）。隆仙应是张福兴的字，这张珍贵的照片为我们定格了1945年在大麻苴村发生的一件对后世产生影响较大的事件。

许二出嫁。张福兴在世时，将二女儿许配给青龙村周家巷的周学宽。周家也是殷实之家，周学宽大许二一岁，是独子，读过8年书，性情忠厚，但为人过于直道，少了应变。张福兴不喜欢他，本来要退婚，但张福兴一死，一个寡妇娘领着三个女儿，只好作罢。

1946年，张福兴下葬一年后，17岁的许二出嫁。按撒梅习俗，新郎带着伴郎与二十多个小伴步行至大麻苴接亲，新娘家备好一匹枣红马，堂伯父家的姑爷背着许二出门，按规矩许二应该哭嫁，以表示难别亲情。

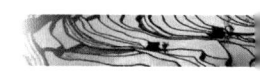

但眼泪已在父亲亡故时哭干，许二不会造作，面无表情地被亲人们扶上马背，伴娘与十多个女方小伴步行相随。几个娘家男性亲戚抬起许二的嫁妆：一对红色木柜，内装1升米、1套撒梅衣裳及许二自己熬更守夜缝制的鞋。2007年我访问78岁的许二时，她说："我爹是西波，我家居然没给的（指陪嫁），多可怜。"确实，陪嫁的东西与西波家的身份相距甚远。家中顶梁柱折断，家道中落，连面子也保不住了。

一切准备妥当，从大麻苴嫁到青龙村的那位媒婆抹着黑脸在队列前开道。一行人翻山越岭走了一个多小时来到青龙村，这是位于麻苴北边的另一个撒梅大村。到了夫家，见过婆婆，按正规情况就应该有三天别开生面的闹房仪式——讲接令，或者来点搞笑闹房——在牛圈做游戏。许二结婚结在堂屋内，周学宽的父亲早亡，许二大约为自己的婚礼当了半个家。自父亲死后，许二沉浸在丧父的巨痛中难以自拔，尽管事情已过去一年多，许二还是高兴不起来，小伴们十分体贴她，而青龙村的男方小伴却希望在这场西波女儿出嫁的婚礼上得到更多的欢愉，兴致很高，一冷一热，立见分晓：大麻苴女儿们集体抗议——吵了起来，说大麻苴闹房斯文，这里闹得过分。于是，闹房进行一晚便打住了。青龙村的年轻人就此知道新娘子的泼辣与决断。

撒梅人结婚三日的仪式中新人不圆房，三日后许二与小伴一起回了娘家，然后每月的初一、十五，周学宽来大麻苴接她，连接三次，许二每次只与丈夫团聚一晚，第二天一早天不亮就独自回娘家，三次以后就是自己来去，直到有了孩子，才正式落脚夫家，操持家务，参与劳动。这是撒梅人的传统习俗。在她来来去去的过程中，有一次，回到大麻苴天还未亮，走前就与小伴约好，第二天一早等着她去扎柴（打柴），这时，姑娘们一人赶着一张牛车在东栅子等她，她立马回去赶着牛车加入其中，大家吆喝着牛说笑着往后山赶去……这种山乡生活，又艰难又有趣。

许二的劳动能力极好，2007年3月22日我第一次去青龙村找她，未遇，她的邻居张大嬷告诉我："许二年轻时做活计有力气又有本事，

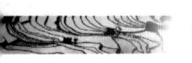

手脚麻利，背背箩一背起码八九十公斤，厉害着呢。"第二天我又去，见到了许二，知道我是她娘家经她兄弟与侄子介绍过来的，很是热情。她说："村里那些有势的人就叫我老倌（丈夫）去当兵，他是独子，照例不用去，还是叫他抽（抽壮丁），抽上了，只好用5工田卖了赎他。"大约因这一次的破财，加上许二娘家好景不再和许二的自主泼辣等，老婆婆有点另眼瞧她。许二说："他妈瞧不起我，说我不持家，就分了点房子，远处的田地也分了8工给我们，近处的不给。"但老倌对她好，周学宽平日少言寡语，干活十分出力。我见到他时，近80岁的人还在修连枷，拉动胶条的手还有一把力气，至今劳动不辍。许二对老倌的评论是：他人好、耿直，但样样吃亏。

许二共生养5个孩子，老大是女孩，按当地习俗，老大的名字照例由舅家起，许二不管这套，自己为女儿起乳名小严凤，大名周英。她说，未满月，妈与大姐背着两个土陶罐送过来，内装9斤米。只有头娃才送。原先在毕明处，我已经知道了这两个罐子称"喊名的罐罐"，是庆祝头娃出生的礼物，由娘家送给。

许二最爱说山上淘生活的事，她说："割喂牛的青草，卖给奶场，是队上包的，我能背150斤。"杨有才（本村人）劝她说："你背得今年，你明年还背不背了？"许二对我说，她多数背100斤。青龙村于1958年划归昆明市三农场，成为农场的联社。许二说的是1958年以后的事。好强、泼辣的许二，说起往事豪情不减，她说，中华人民共和国成立了，才男女平等，男人说两句话，女人也可以说两句话。西波女儿当年肯定从父亲从业的管道窥见中华民国时期民主、自由的潮起潮落，骨子里有着女权的憧憬与渴望。但是，真正让她们自由呼吸的是新中国。

财产争执（第二场官司）。张福兴死后，留给家庭最棘手的事是财产分割。与汉族一样，当时撒梅人奉行这样的家庭财产继承法：凡有男嗣之家，女儿不能分得家产，只有在没有男嗣的情况下，招有赘婿的女儿可以独得父母遗产。但是张福兴既为腊凤招了女婿，又讨了毕琴芝，随后有了儿子。这样，大女儿张桂芝便与儿子张坤同为张福兴的财产继

21世纪初，作者在青龙村周家巷访问周学宽、张桂珍（许二）夫妇

承人。不过，按习俗，女儿与儿子不会享有同等家产继承权，儿子分得的会多一些、好一些。张福兴在儿子出生后，在村里买下一幢三间两耳的房子，约七成新。并曾对妻儿及自己的两个兄弟说，新房子归儿子，买的一幢归女儿。但是张福兴当时年富力强，并未考虑立下文字凭证。在自己遭难生命垂危，一家重担遽然压于腊凤夫妇之时，也未来得及提及分家之事。

张福兴一死，一场争夺西波遗产的人间烟火在新房子内酝酿，只两三年便燃成大火，将腊凤与张坤的姐弟之情化为灰烬。现年67岁的张坤回忆童年的苦难，不忍再提往事。他告诉我："旧社会有钱人、大官一夫多妻，很正常，不奇怪。父亲死后，我妈受那么多苦，是那种制度的牺牲品。大姐、二姐看不起我母亲，某种程度上，她们也是受害者。"他嘱咐我不要再详述那段痛苦岁月，我尊重他的意愿，撤去了那段苦涩的文字。

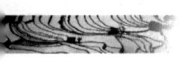

中华民国后期，张坤之母毕琴芝曾为家庭财产纠纷之事上诉于政府有关机构，待要判决时，昆明解放，中华人民共和国成立，此事便不了了之。

（2）月有阴晴圆缺

至亲成陌路。土改那年，大麻苴村干部根据张福兴的儿女情况，腊凤与李国梁占有其父的大部分财产，主要为田地二三十亩，是张福兴生前将念经所得借与村民，后者还不了便以土地抵债，逐渐积攒而成。将腊凤一家划为地主，没收其财产重新分配。张坤与其母几乎一无所有，被归为贫农。村委会还应毕琴芝对房产的诉求，将那幢三间两耳的新房重新做了分配，张坤与其母分得两间一耳，腊凤一家五口（包括张赵氏）分得一间一耳另带原张福兴为其置办的一幢三间两耳的旧屋（此屋不久便被原佃出人要回）。两头牛，大的一头分给腊凤，小的一头给张坤。张福兴的两个兄弟张福彩、张福德两家也划为地主。三个月后，按照复查的政策，三家成分由地主更改为迷信职业。村委会为亡故的张福兴理清了腊凤与张坤的财产纠葛。在此后的十余年中腊凤改善了与兄弟的关系，见面时打招呼，互相有往来。1964年"大四清"，西波三兄弟家又套上"漏划地主"成分，腊凤不服，说"帽子"我家戴，享受是他家（指张坤）。因此经常吵架，甚至断绝往来，对兄弟怨恨的心结至死未解。张坤叙述往事，脸有潸然。

李国梁上门西波家，自然有福同享，有难同当。他头顶"地主"帽子，旧时由龙云下达的任命状中有"特务大队……中尉排长"字样；干的是国民党军政部加油站的活，家中又保存着收音机部件。种种说不清的事令他在"清匪反霸"运动中百口莫辩。后来，他表弟杨云从南华来信说明"收音机"是他请表哥代为保管，杨云是云南十四军起义人员，才算有了交代。

腊凤仍然好强，她生养了七个孩子，存活四个。丈夫种田不成，犁田使不住牛，挖地挖不好，大多只能在家做饭带孩子。她农忙种田地，农闲上山找出路，母亲健在时帮衬她，儿女大了点也搭上把嫩手，但拉

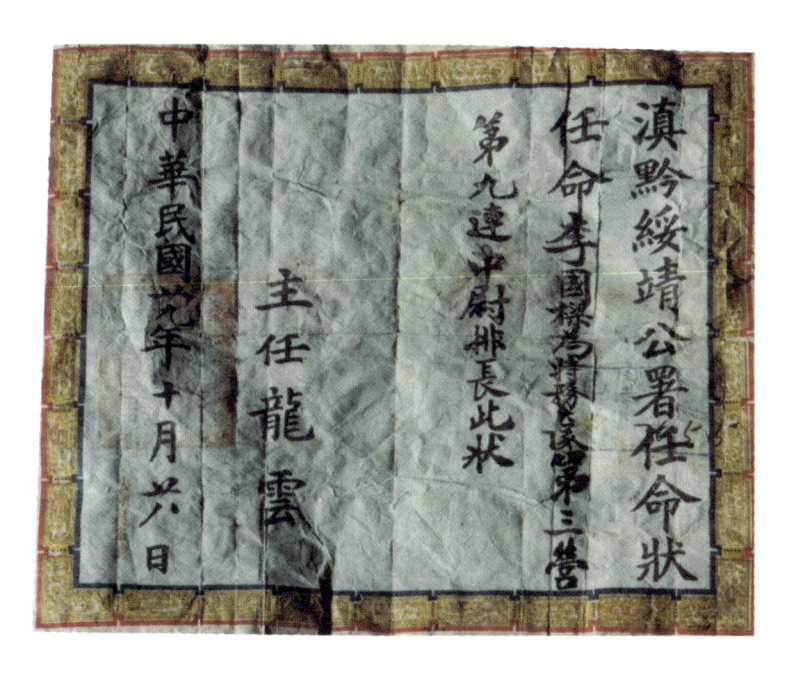

中华民国二十九年（1940年）十月二十八，滇黔绥靖公署主任龙云签署的李国梁任命状
（张普珍　供稿）

车的主辕是她。作为西波的大女儿养成的强势与霸气让她没少吃苦头。族中一长者评论道，喜腊凤如果是个男人，不得了。

还是许二就近观察大姐。她说："大姐划为地主后，早上与我妈去山上割茅草，晚上卖了茅草买米吃，卖完就早早回来，用围腰兜着米回来，淘都来不及淘，家中有5人吃饭。"儿子长牛（就是张福兴出殡时为老爹抬金童玉女"开路"的大孙子，后来死于疾病）说："妈妈，水都涨干两回，你们不回来，无米可煮。"吃了上顿没下顿。许二说："我姐是了不得的人。去山上搂松球，十冬腊月，背一背茅草，茅草上又堆一袋松球，背回来，六七十公斤，去卖给人家，割茅草度日子。"

最令许二佩服的还是大姐的灵性，大姐没有文化，但懂得一些西波事。村干部说，你们有钱有势的子女怎么一个字都不识。当时张福兴的三个女儿都已成家，个个是文盲。张坤七八岁，在家庭变故与纷争中没

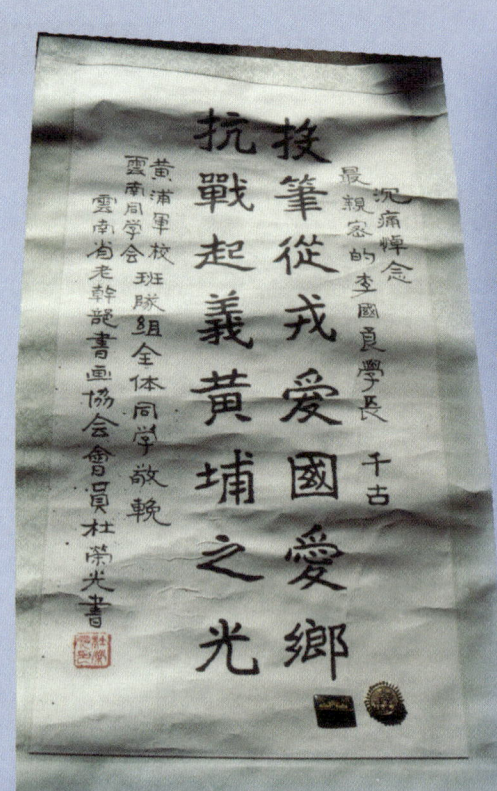

1993年，81岁的李国良（即李国梁）病故，黄埔军校云南同学会为其送的悼词

作者采访张福兴独子张坤，在其居所合影（钱均 摄）

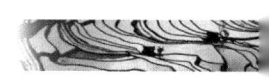

有上学，同样一字不识。张坤也曾对我说，以父亲当时的经济条件和能力完全可以供姐姐们读书，但是没有。闻听此言，我不由为故去的张福兴叹息，大西波，你当年在撒梅人中的学识地位犹如今日之专家学者，你与昆明的富贵有识之士走得很近，你的西波行业也破传统地走出了民族圈子，你如果学学当年的城市新潮，让女性受教育，哪能令你聪慧的腊凤受此埋汰！

腊凤的彻悟大约就是在这个阶段萌生。中华人民共和国成立后，她抚育的一男三女，只有大男张普珍未读过书（后来自学认了些字），三个女儿，个个有初中文化。许二说，她们苦死苦活，供三个姑娘读书，妈老了，还去村旁火车站捡煤核。

为张福兴顶了门户也顶了罪过，赎罪十余年的腊凤夫妇现在均已作古：李国梁病殁于1993年，终年81岁。云南陆军讲武堂同学会为他送了挽联，致了哀。腊凤亡故于1998年，终年74岁。腊凤的两个妹妹健在，她们分别嫁入青龙村与本村后来被划为中农的家庭，现在家境平顺，儿孙满堂。

土改后，村干部为孤苦的张坤母亲找了归宿，根据她的意愿，招赘本村雇农毕绍祥上门。张坤说，有了继父，有了家，慢慢走出孤苦伶仃，才有了家的感觉，我应该感谢继父。张坤母亲厚道、平和，张福兴死后，她个弱女子独自挑起抚育西波独子的重任，在六七年中勉其全力，吃了不少苦，受了不少罪，很是不易。最后，她安享晚年，九十余岁的高龄去世，为其送葬"跪棺"的族中儿孙上百人，亦是哀荣备至。

张坤这个大西波老来添得的贵子，童年大部分时间在牛背上度过。母亲有了稳定的基础后供他读书，饱受亲情陌路辛酸的张坤只读了小学三年级，便自主选择离开家乡，到二十公里外的马街冶炼厂谋生。新环境、新天地令他眼界开阔，他对中国共产党感恩至深，工作勤奋，厂党组织有意发展他为党员，终因父亲与大姐夫的事而中止。现为该厂的退休职工。

再续亲情。大姐死后，张坤与侄儿辈的亲情仍然处于冰冻状态。

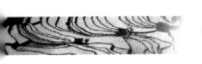

2004年，父亲在锅底塘山（撒梅语称羊小哥波罗山）的墓需要搬迁。张坤毕竟是国家退休职工，他迈出重要一步，登门与侄子张普珍商量，说："我们两个要和和气气来办这事，大妈是原配夫妻，两个老人家（墓）要迁在一起。"承认了大姐后代顶门户的地位，迁坟之事让两家走到一起。打开棺椁，张福兴残缺的遗骨让西波后代震撼、心痛，大家虔诚地做完迁葬事，血浓于水的亲情又牵住了西波的后代。

由父亲迁葬事，张坤讲述了撒梅人的墓葬。很久以前，撒梅人时兴火葬。童年时，张坤放牛，雨季，水下透后，在山上吃草的牛经常会"咔嗒"一声踩塌火葬穴，洞中露出装着骨灰的土罐。后来葬俗改为土葬，仍信守简朴。前两年，张坤与族人为几个前辈西波做迁葬事，打开棺材，都没有陪葬之物。

葫芦山的祖坟地是一次性买断的，家家都有。坟冢用正规的草筏子（带着草根草芽的土坯）垒起，一般坐北朝南，或坐东朝西，每个坟前正中都有用草筏子做的祭祀台，以便上坟时置放香火、供品。传统墓葬没有碑，不管亡者是平民还是显贵。祖宗的祭祀靠前人代代相传，每年于清明、冬至两季扫墓时由老人教给后代。新媳妇进家，上门女婿登门，在三天的新婚仪式中，必有长辈领至墓地"认祖坟"，一一指认哪座坟是××老爹、××奶、××大爹、××舅爷、××爷爷……每次扫墓，都是与亡者重温亲情之时，烧纸钱、进香、上供品，还会做点粑粑、泡盅茶、上盅白酒，总之，亡者生前爱吃什么就敬点什么，会吸烟的还会点上两支烟。然后，磕三个头，对亡灵说上几句，请老祖宗保佑儿孙后代平平安安之类的话。老祖坟有破损，只有在清明、冬至才能动祖坟修补。

我要亲见张福兴墓葬，便请张普珍陪同前往。坟山距村不很远，走过村后的滇越铁路，再往北三四公里，便来到葫芦山，此山用撒梅语称"撒帕波罗山"，坟地很大，村人三分之二的祖坟埋于此，其间半大的松树稀稀疏疏，一条祭祀与送葬的土路由山脚直上山顶。张福兴的坟在半山腰，坟前有块碑，显然是迁坟后所立，上书：西僰教教主张福兴之墓。

……后的张福兴墓，在葫芦山祖坟地

撒梅葬地的老坟，前面都有一个小土墩，用土墼码成，称祭祀台，每年清明上坟时，在土墩之上铺一点青松毛，就成为祭祀的小供桌

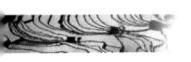

事前张坤对我讲述过他的意见，他认为此称谓不妥，应书：大麻苴西波教第×代掌门人张福兴之墓。我认为张坤的意见平实而且准确，因为"僰"是云南省另一族群白族的古称。

张坤推算，大麻苴张西波传至父亲这一代约为第六代。撒梅人鲜有家谱，他们纪念祖宗之法是制作"灵牌"。在亡者灵柩发送的当日夜晚由"开路"先生（主持葬礼的念经先生）在家中念经并主持制作"灵牌"仪式。家堂供桌仅供三代祖宗牌位，故后代追述老祖（曾祖）以上先辈往往语焉不详。

在张福兴夫妇坟旁是其父母张荣夫妇墓葬，同样竖着墓碑，都是补叙之作。周围更多的老祖坟无标无识，每个墓前都有一个土墩——祭祀台。数年前在距此不远的羊甫头发现大规模古滇国墓葬，山的老名就叫祭祀台，联想到撒梅人世代相传他们是最老的昆明人，专家学者也考证撒梅祖先可能是古滇国诸多族群之一。"祭祀台"或许为我们披露了重要信息。

（3）西波余韵

西波传授，大多为家传，其识文断字，包括汉、西波文两种语言文字，尤其是西波教教义、经典和运作都是由上一代西波手把手地教授。由于张荣根据的是"西波传长子"行规，于是家传授业向长子倾斜，所有重要经典也由张福兴执掌。张福彩经常以陪读及协助身份参与西波事；张福德在当时"两丁抽一"的军队服役制度中顶门户当了兵，因西波是当地有影响的士绅，加之张福兴的人际关系，被照顾安排在昆明梨树头公干，两地相距仅六七公里，他可以经常回村，对西波之事也有一定见识。在西波传承中还有一项规则，凡握有经书，会念经办事受民族欢迎的都有资格从事西波。于是，张福兴决定为兄弟抄书。这是抗日战争以前的事，当时张福兴三十六七岁，独挡一面地操作西波工作还不是太久。他白天做西波事，晚上以大烟提神，秉烛达旦，用毛笔在绵纸上工工整整、分门别类地誊写经典，连续3年，一式三份抄写了三本经书。经书抄完不久，抗日战争爆发，日本飞机轰炸昆明，为保护经书，将其藏在

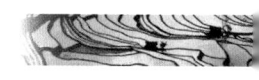

墙洞内。待战事平稳后，张福兴郑重其事向兄弟授书，并且在家族总佛堂上向祖宗尤其是父亲告白此事。张福兴自家也保留了一本。1945年张福兴死于横祸，临终前将张西波掌教权交与二弟张福彩。

二西波张福彩与儿子张明。大西波撒手而去，张福彩肩上担子遽然加重。好在当时他年岁三十七，精力旺盛，西波事历练已有时日，做来还算顺当。据其子张明讲述：大爹死后，我父每天早上起床，天天有十多人在等他，有上门看病的，有看婚姻八字的，还有看盖房门向的。其中有些人来自州县。父亲有的要亲自处理；有的开方子、单子，交代来人如何治病，如果不奏效，还要亲自前往。

张福彩操持西波事七年，于1952年被划为地主成分，三个月后更改为"迷信职业"，西波事逐渐减少，1964年中止西波事。十余年后的1980年，随着国家政策的改变，张西波的"地主"成分不复存在，他们都是中国公民，且享有宗教信仰自由。此年夏，香港大学教授谢坚由中国著名人类学家费孝通先生介绍并获国家民委批准，允许访问中国西南地区彝、白、苗、壮、瑶诸民族，以作人类学之研究。谢坚访问了昆明东郊彝族撒梅族群，访谈了当时西波仅剩的张家两兄弟，作书《昆明东郊撒梅族》。书中描述了张家西波经历"文化大革命"之后的精神状态："他们经常在作者面前倾诉内心对子女的歉疚。因为他们生于觋爸之家，无所选择，衣钵相传，从小就学习父业。可是解放之后噩运来了。由于他们的觋爸行业，直接影响了子女的前程。一方面，他们对觋爸这一行业，内心还是牢固地执着，对于生活在觋爸之家毫无悔恨之意，可是在另一方面，他们自述常常以泪洗面，对子女，希望获得谅解，不要责怪他们。"距谢坚访问一年后，1981年，二西波张福彩去世，享年75岁。

在西波后代因父辈成分蹉跎岁月时，张福彩的三子张明独自闯出了一条路。张明生于1939年，八九岁时，他跟随父亲学习西波，因不谙世事学了点皮毛。中华人民共和国成立后，眼见西波已难行其道，决定顺势而为。20世纪50年代乡里组织青年突击队，他积极参与，对村中孤

1980年,"文化大革命"结束不久后的张福彩(左)、张福德(右)两兄弟(张明 供图)

张福彩之子张明于1958年加入中国共产主义青年团后的留影(张明 供图)

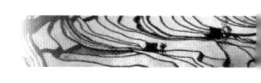

苦困难户也尽力相助，用他的话讲是"很尽了些义务"。17岁那年，因时势所需，他被选去建筑工地当一名农民合同工，半月后返回乡村，19岁参加共青团。不久，又被选去建设昆钢黑林铺分厂。1962年在分厂申请加入中国共产党，政审时村长盖了同意的章，因而被批准。他是西波后代中唯一的共产党员。

三西波张福德与孙子张春友。张福德在"两丁抽一"的兵役制度中顶门户当了兵，为张家做出贡献，父兄为此对他优厚有加，可能当时家境富裕，国民党部队风气又太坏，他染上赌博之瘾。梨树头距大麻苴虽不远，但部队杂务缠身，他的西波家传学得不多。后来父亲与大哥相继过世，他跟着二哥操持过一段时间西波事。1949年后，在政策禁止西波从业（定为封建迷信）时，他将一两本经书藏于菜地，并私下为一些人做西波，被公安发现后被判了四五年刑。张福德殁于2000年，享年82岁。

张福德有孙张春友，生于1975年，曾跟老爹做过西波事，至今家中仍保存着一些经文，他虽然在从事西波，但不识西波文，至多会念几句西波经文。张福兴的大爹张正有子张福康、张福林都是西波，早已过世，现在儿孙中也只有一人在搞西波之事，但搞不全。

"医不自医"。以撒梅人传统习俗，许多人笃信"风水"，认为建房时选好大门的向址（朝向、地点）十分重要。一位风水师讲："一道门，可以安得一家天天吵架，住不成。有一家房址及门向不合，代代出瞎子，有人长得像猴子。"张福兴在建新房时自己也是没底气的，认为大门在右侧，对着白虎，五年后要挪门，否则就麻烦。但是在他住此房的前几年运气极好，西波生意顺利；讨毕琴芝没过多久，以张福兴41岁、毕琴芝30岁的年龄顺顺当当生下聪明健康的洋锁；大女儿腊凤与女婿婚后也为他生下长孙，可谓诸事顺利。

张福兴意外死亡后，那个关于"风水"与门向的老问题又自然而然地被提出，张赵氏说，丈夫不听劝告，如果新房建在老屋右侧空地就好了。张明多次讲："大爹为做生意不听老爹招呼建了新房子，那几年这家不病，那家就出事。"而且女儿腊凤为争家产与小妈及弟弟张坤吵得新房子内愁云惨雾，此事又加深了人们对新房子"不吉利"的看法。在家事纷争中，腊凤是始作俑者，但同样受伤，加之1949年后被划为地主，自己生养的孩子又多，其精神负担与经济压力之重可想而知。在西波身边长大的腊凤对"风水"之说也深信不疑。我问张坤，大姐为何不搬出此房，他说，早年有人向大姐作此建议，大姐说："我把一大家子的生活维持下来已是在拼命了。"这是实话，当时她没有能力做她想做的事。

数年来，我行走麻苴，与一些老人聊西波事。有一次，一位在当地颇懂撒梅风水的老先生说，张西波为别人看住宅向址，自家起的房，住在里面的人却连遭不幸，从何说起，颇有怀疑张福兴能力的味道。几天后，我与风水先生李存通电话讲起此事，他正色道："不然，有'医不自医'之说。"我一下就明白了先生之意。"医不自医"是民间的普识，也是客观存在，好医生不会医治自己（重大）的疾病，因此张福兴出意外并不能证明张西波的水平不行。再说人间祸福，本来难测。纵看撒梅西波，没有一家是善始善终的。大小普连曾是西波文化的中心地，但是现在，对祖宗之业，许多人都不知其所以。当年麻苴张西波于冬至前去感恩扫墓的"西爨教教主"坟在1957年修宝象河水库时已被淹没。热水河村曾有西波，现今空余毕摩山、毕摩坟。云山村的祭天山、西波坟地名，显示此地原住民是撒梅，我访该村村老何志忠，他也是个爱搜索历史遗存的人。据他考究，明末清初平西王吴三桂攻入昆明，金殿附近是战场，发生过恶战。立足不住的撒梅人迁往他处，现在的村中老姓何、武、杨等汉族是后来移居此地的。作为主管撒梅民族宗教的西波，他们同样受到"月有阴晴圆缺，人有旦夕祸福"自然节律之制约。

那幢神秘的西波大房子自20世纪80年代后，随着人们经济条件的改善，住在里面的人一家家搬走，至2004年我接触西波后代，在他们陪同下参观考察时，大房子几成空屋，只有张福彩的儿子张明住在父亲传给他的左侧老宅，还有一家农民工租住于楼下两个耳房，其他房间都是空巢。老屋空落、冷清，有点凄凉，却因做工精细，材质讲究仍然坚挺。

张西波大房子，楼梯顶端右转，即为西波家堂，其间供奉财神及先祖灵位，是西波祭祀的重要场所

中华民国三十一年（1942年）张福兴为长女结婚定制的木柜，上有其亲笔书写："宝藏兴焉 书香世第"

2008年，住在里面的最后一位西波子孙张明也走完了他69年的人生历程，死于肺炎哮喘。

（4）天书

毕老造字。《官渡区·故事卷》中有文"毕老造字"，是1980年阿拉乡文化干部李光荣记载的一个传说。据其时已有74岁的张福彩讲述：西波文是毕老创造。很早以前，撒梅无文字，计算日期用羊头代表年，麻线疙瘩代表月，小石头代表日，生活不便、常致混乱。宝象河上游野乃出（村名）一个姓毕的放牛娃决定为民众造字。他一人赶着牛羊来到高山，先用鞭子在泥地上比画，创出一字便用木炭记在树叶上，待树叶装满羊皮口袋，他赶着羊群返回家，打开口袋一看，树叶破碎，心血白费。他又去高山，用鞭子在地上比画，再用紫土记在羊皮上，记了满满两驮子，当他高兴地返回家乡时，遇上大雨，又致失败。后来，他用羊肝石（一种颜色类似煮熟羊肝的石头，质地坚硬）将字刻在砂石片上，每头牛驮一驮子，他赶着一群牛将西波文带回家乡，将字一个个教给乡亲后，便去世了。

传说记载了这位毕姓撒梅祖先造字的不易。实际上，作为与撒梅语言相对应的西波文的创造过程不知会比这艰难多少倍，它是一个民族族群持续数个世纪的集体创作。前人记载，西波文史称"爨文""韪书""倮文""罗罗文""蝌蚪文"，现统称为撒梅彝文或老彝文。撒梅彝文是一种表示撒梅语言的音节符号，一个音节代表一个字，书写方式一般从左至右直书，也有从左至右横书。撒梅老人因西波文的形态圈圈洞洞而戏称为"牛脚印"。八十余岁的老毕明讲："西波文，喔罗圈。"至今我不知其意。

记述《毕老造字》的李光荣现为官渡区政协副主席，他对本民族的历史文化十分留意，据他考究，西波文与四川凉山，云南楚雄、永仁、大姚、元谋、禄劝、路南等地的老彝文在字形、读音、意义方面都有很多相同之处，证明最早的彝文是统一的，后来，因彝族居住分散，古代交通不便，相互往来少，加上汉文化的影响，各地使用时不断增添创造

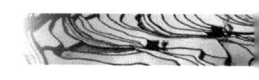

新的文字，所以形成了越古老的词语相同的越多，越往后相同的就越少。这是今人对浸透着西波宗教神秘色彩的西波文的大致了解。

烧书。土改那年，西波教同其他宗教一样被作为"封建迷信"而遭至荡涤。人们告诉我，在撒梅聚居区的中心地带小石坝村烧了好多本西波的书，是用毛笔写于绵纸上的，其中有张福兴为弟弟抄写的书。同时毁去的还有念经的木鱼、磬、铃。当时"打土豪、分田地、翻身做主人"的农民兴高采烈，缺少信众的少数宗教圈内人士也无可奈何。张福兴为自家保留的一本经书随着人亡业息、后继无人早就束之高阁。土改前夕，感到西波没有了指望的张赵氏将书一页页撕下塞入灶窝煨了豆子。许二说："烧了一晚。"张赵氏是看着丈夫熬了无数不眠之夜抄写经书的，她煨豆时的心情一定既沉重不舍又无可奈何。

1980年，当李光荣访问大麻苴张福彩时，本族老人中能熟读西波文的有六位。25年后，当我走进撒梅人的生活，遍访村老，能识西波文的已经绝迹，我听到的只是叹息。阿拉村当过校长的李存说："因为文字（西波文）太深，失传了。文字有，不懂了，与天书一样。"瓦脚村，人称赵校长的赵自兴说：西波文，神秘化，一般人看都不给看，只是少数西波宗教人士掌握，为传西波而传子孙，以迷信保存文字。该村85岁高龄的李成功老师于1942年毕业于象眼街昆明县师范学校，之后在撒梅与汉族地区十多个学校

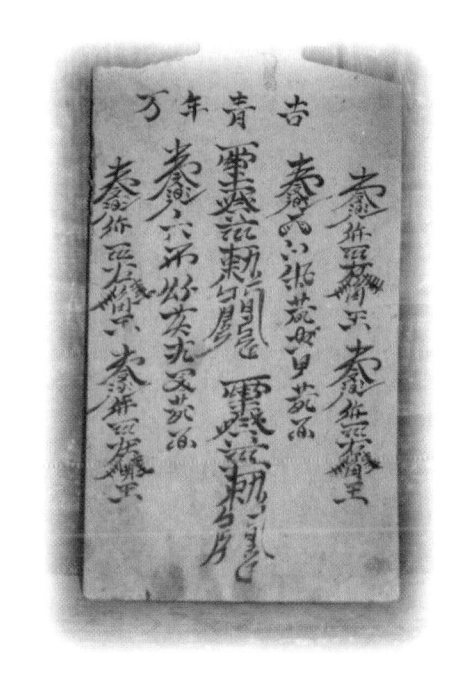

张西波家堂供奉的"万年青吉"经文，从中可以一睹西波文字的神韵

教过书。他平静地说：撒梅人居住在昆明东郊，自清末民初以来，昆明城乡开始创办新学，许多撒梅娃娃学习汉字汉语，95%以上的撒梅人会讲汉话，现在中年以下很多人认识汉字。西波文因为只为西波所用，慢慢失传了。

西波文失传，是因为它脱离了大众，人们也远离了它，它命之所系的西波先生是一个太小的群体，当这个群体发生危机乃至湮灭，它就消失了。许多只为宗教而存在的文字，大体都是这个结局。用进废退，这是生活本身的规律。

在西波文化失传的过程中，1945年张福兴之死是一个重要事件。其实，张福兴是西波文化最后的集大成者，他的西波文造诣最深，西波教影响最大。他的突然离去，是撒梅传统文化的一大损失。

（5）大麻苴坐在一堆白沙上

大麻苴村老说："大麻苴坐在一朵莲花上，大麻苴坐在一堆白沙上。"这很像一句偈语。大麻苴人凭借招女婿这种婚姻形式，招赘一个通常要承认自己无能、祖上无德，并且要放弃祖宗姓氏的弱势男子上门，却得到一个西波并且传了若干代，令麻苴声名远播。这似乎应了前半句。后半句也不是空穴来风，我听了许多，什么王家与张家、徐家与王家……一个老村总有的家长里短、蜚短流长，毋庸赘言。六麻苴果然一盘散沙否？是。村民告诉，近年因建筑之需，开挖地基，到处挖出白沙，包括西波老宅。

21世纪初，因建设新农村，麻苴人重新规划山河，人居老村将整体北移（已有规划及部分实施）。我想，不久，一个建在青山绿水间、墩在坚实泥土上的麻苴新村就将展露新颜。因扩建昆明火车东站之需，有数百年历史的大麻苴古老村寨或将荡然无存，其中包括尝尽人间酸甜苦辣的张西波老屋。

西波宗教、西波先生与西波文是撒梅历史文化的重要构成部分，张福兴与他的妻儿老小：张赵氏、毕琴芝、张桂芝、张汝乾以及健在的张桂珍、张桂芳、张坤等悲欢离合的生活是西波之家展露给人们最后的仪容。

## 风水先生、师娘及其他

　　风水之于中国，当可追溯至华夏人文之初，源起于古人对天人关系的初始质朴猜测与联想。昆明之彝族撒梅人，其风水文化至深至远，惜民族文字典籍佚失，已荒不可考。然其源不详，其流布却隽永。风水之于撒梅，是天人合一的理念，是人与万物和谐的生存之道，亦是困厄时的求助与逃遁。承载风水文化的撒梅风水先生，应时人之需，识经书、断阴阳、操六音，糅佛、道、儒为一体。上承家族衣钵，下续民众生计，族民尊其"经先生""地理师"，谑其"吆鬼的人""叮当先生"。撒梅风水先生，以宗教为谋生手段，昔日民众视之与教师、保甲长同为有见识、有学问、有才干之群体。先生与神鬼打交道，出入迷幻世界，其言语举止亦庄亦幻，不屑者斥之为"迷信"。然其业列于三百六十行，其行远溯神农、伏羲氏，个中文化，于文、史、哲皆有浸淫。以人文价值观之，当为珍贵民俗文化遗产。

　　撒梅风水先生之行状，由当今执事先生追述乃父乃祖，上溯三至四代近百年。因是其人亲历亲闻，音容笑貌，亲切生动，其情事可书可吟，是记之。

　　1. 男人做的事

　　那时，女人不上台面，族里事、村里事、堡里事全是男人说了算，连学堂板凳上坐的也是清一色的小爷儿们。那时的撒梅男人们，顶出息的是从学堂学个初中、高中出来，当老师、做铺堡村的头头脑脑。还有，就是从业先生，做个为人祛灾避难、招财进宝的念经西波或地理师。西波单传血亲嫡长子，并且要习得深奥如天书般的西波文，是老天为少之又少的幸运儿钦定的职业。风水先生却只要有一定家族渊源，本人有悟性天赋，勤奋好学，自我奋斗外加一点提携，便可登堂入室。那时，地理师是个受尊敬、有地位、收入不错的职业。

　　当时，几乎村村有风水先生，大村有三四个，少数风水文化发达的村庄，甚至可以拉出两班念大经的人马（计十四五人），男人不会念经的找不出几个。据阿拉村李存、鲁忠美夫妇讲述，以前有风水先生的村子有大石坝、小石坝、海子村、白土村、瓦脚村、高桥村、普照村、七家村、阿拉村。但这是个不完全统计，仅指一股水（宝象河）十八村寨，还有热水河上数村，青龙村——裕丰村坝子以及双龙等地的撒梅村未计入内。李存、鲁忠美是业内人士，他们细数了先生中的有名望者，即今日称之为"名角"的人士。他们是瓦脚村的杨铨，阿拉村的王芝，高桥村的二张（即张万能、张勤），小石坝的邵长寿，白土村的李惠、杨德，大石坝的李启贵，等等，都是长辈。其中杨德、李启贵已是八九十岁高龄，其他名角均已作古。那些故去的先生还能识见于今人吗？可以，因为他们有血脉承继者。

邵长寿，号宝栋，亡故于1939年，我访问小石坝邵宝栋的儿媳陆忠海及村老那铣、那秀英，得知邵家梗概。陆忠海拿出一张发黄的老照片，是70年前公公与城里一个有身份的人的合影，两人身着长衫，气定神闲，端坐于茶几两侧，全然是有地位的先生模样。邵宝栋的上辈就是有名的风水先生了，并且聚财有方，手上盖起的大房子雕梁画栋，精美无比，规模可比村中大寺，人称"最好的房子"。后来被"棒老二"（"土匪"俗称）抢劫，付之一炬。全村只有一座公山，名凤凰山，村人珍惜，做足文章，山侧建凤凰桥、凤仪庵，并且还有衍生神话。邵家自有一山名厄

小石坝风水先生邵长寿，号宝栋（左）。此图摄于20世纪30年代，图右之人是昆明绅士，因慕宝栋技艺与之结好

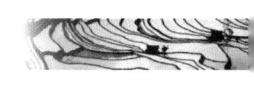

得坡（撒梅话，意为鸭子山），有山地近千亩，邵宝栋从父辈继承丰厚遗产，于先生行当亦甚精通，城里仰慕人士于年节坐轿、骑马或坐滑竿来看望。无奈邵宝栋子嗣凋零，儿子邵培英虽有文化，是私塾老师，但人才平庸，人说他不懂人情，不会交往。而且于20世纪50年代就去世，先生之业遂绝传。邵家于1949年时仍有田地百多亩，陆忠海还自称为破落地主，大约是以人脉式微而论。以风水先生之手艺创偌大家业，不知邵家是如何运作的。

高桥村张桂仙居然还保存着爷爷张万能的灵牌，从这份特别的家族谱系中我读到，先生生于光绪丁丑年（1877年）冬月十八巳时，亡于1953年十月初八午时，享年76岁，是张仪的次子。张仪的兄弟张贵有子张勤，张勤于20世纪60年代初去世，享年80余岁。其时，人称张万能为大张先生，张勤为二张先生，两张为堂兄弟。虽然绝尘多年，儿孙后代仍可为其画出有点体温的画像。当时，他们很有名气，锣鼓家什样样齐全，会下罗盘，会瞧地基。头戴五府官帽（唐僧帽），这是先生中的品阶，表示两人都是大先生。张勤会养鹰，养"栀子花酒"（一种叫声好听的鸟），还会织网逮野兔，但脾气古怪，小孩一个都不敢惹他。张万能却是个面慈心软的好好先生。

海子村风水先生之事曾经兴旺，人说"不会念经的男人找不出几个"就是指该村。先生带着徒弟搭班念经的有两帮人，一帮六七人，共十多人，该村之健旺还有一景：唱板凳戏（滇戏），高兴时唱两板玩玩。哪家有红白喜事，请来四五人，大唢呐吹吹，"呜里哇啦"，很有气氛。念经人多，但称作先生领衔主角的没几个，其中李华，又会念经又会唱戏，家当也好，一直被业内人士称慕。毕耀与毕有两兄弟的老岳父毕永明也是大先生；还有末代先生毕寿昌。

先生之事，传承不易。有儿孙不喜这鬼鬼神神之事，便绝传。有晚辈性实诚"无天赋"，虽苦学而不成，亦绝传，还有其他种种原因而至失传。如小石坝邵长寿和高桥村两张先生的念经事在家中均无传承。连海子村以全村念经之盛亦无有传人。可见先生之事，难。

风水先生择坟地用的"罗盘"

2. 风水先生的技艺与做派

（1）基本技艺

先生执业，没有执照，但得民间认可。虽为兼职之业（主业仍是务农），但业内标准毫不含糊。那些只会念经的，即使烂熟，也只是没毕业的徒弟，只能搭班凑数。称先生者，需懂风水，明阴阳，会诵读，善书法绘画，并能司鼓乐，还需能说会道、能言善辩，并且有好人缘。称大先生者，能不动而动，号令一方，自己不一定亲自出面，在家中挥毫泼墨，坐镇指挥，便能办出令主家满意之事。

撒梅风水先生，为人称道者，主要黯熟六项技艺。

①对各种佛教典籍如《金刚经》《金光明经》《地藏经》《大王经》还有《水陆科》《报恩科》《大悲忏》《观音忏》等熟稔。对道教的阴阳八卦、风水地理娴熟。一般人从二十多岁当徒弟，研习经书，操练手艺，总要十多年，至三十余岁近四十岁才能依稀有先生模样。

②熟悉本土地理山水，对山脉走向、河流源泉了然于胸，对本地墓

葬历史、民俗变迁甚至风水佳话博闻广记。

③天然有个好嗓子，声音宏亮，音质好听，一到设坛办会，登上高座，拉开嗓门，抑扬顿挫，如歌似吟，人说像"唱花灯"。这种有韵味的念经，主家喜欢，旁人听着也觉赏心悦目。

④书法要好。每次接着事务，先生事先要在家中挥毫泼墨，书写对联及牌位。这时的书法便是金字招牌，别人一看你的笔墨便知你的斤两。业内人士告知，当先生，写不得一手好字，人家很看不起，书法是个门面招牌。名先生都有一手好字。白土村先生杨德，一次展艺，没有毛笔，信手取来一撮蓑衣毛（棕片纤维，甚粗劣），照样写出好字，至今传为美谈。中国书法博大精深，习者众，成者寡，何况农村。因此，仅书法一事，便将不少先生挡在名先生的门槛之外。

⑤能司鼓乐。念大经，吟哦声中，八音铺垫，渲染人神相通之宗教

风水先生杨德使用的唢呐、笛子

境界。念经用的乐器称法器，有大鼓、小鼓、大钹、小钹、铛、大磬、

木鱼、八音器、摇铃。一人敲击两至三种，甚至四种。金石叮当，琴瑟和谐，像一首协奏曲，令悲者忘情，喜者增色。使庄严的法事更具感染力。

⑥善绘画。大奠土时用手指在米上画太岁、弥勒佛、鹿马，左右手相对比画，一挥而就。为主家老人准备寿材，以金粉绘材头。在土漆漆得锃亮的材身上绘上精美的金童玉女及四朵莲花，令孝子遂了自己的孝道，办灵超度也陡增声色，这也是名先生一展手艺的重要场合。

六种技艺，样样会，样样精，这种先生找不出几人，由中华民国至今，唯杨铨再加个王芝而已。

（2）地理师的主要工作

撑坟地、看风水。国人笃信风水，古今亦然。中华民国时云南省民政厅做过一次调查，谓全省城乡信风水者十之八九。彝族世居山区，人与山水联系密切，风水文化更为深厚。

撒梅谓之好风水往往与宝藏有关，我听说的宝藏故事若干，试举其一二。小麻苴月苴山原有一棵长了数百年的柏子树，粗四人合抱余。树上有个节疤，终日滴水，水质甘洌。传说有人在西山看到一对金鱼在此上上下下。"纸老虎"将宝取走（纸老虎，指美国人，抗日战争时期有美国兵驻守干海子。毛泽东曾以"纸老虎"形容帝国主义，幽默的撒梅人从此以"纸老虎"专指这一历史阶段的美国人），此树在龙云主滇时凋零，后遭砍伐。

裕丰村旧称三家，藏于群山之中。村北有山名标杆，得名于山上树着的一对石质坟标，是一些汉族有地位之人坟墓标志。此山原称灯挂山，因山形看似有盏灯挂着。曾经有一富户将自家坟墓砌于灯前，心贪，又占两座坟，将灯盏打破，油漏。自此村中屡出哑巴、大脖子，愤恨的村民将坟挪走，后代才又聪明起来。村人还叙述"活人坟"故事，是说邻村青龙，有九连山，是个风水极好之地。一个当官的为抢占穴地，竟将活着的老母拖去埋了。此说有如昆明长虫山"交王坟"之翻版，只是更离奇，令人难以置信。

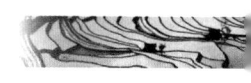

此间葬老人第一讲究的是选风水好的坟地，认为此法关乎子孙后代福祉，称"撵坟地"（1949年后，昆明近郊一些农村实行"火葬"，政府为尊重少数民族习俗，彝族撒梅人在一段时间内仍沿用土葬习俗）。小板桥的风水先生周培仁是从一朵云村上门来的，他说："选坟地，用罗盘（指南针），前朱雀，后玄武，左青龙，右白虎，根据地脉、土质、向址、脉象、地层。别人发达的地方是要好点。风水向，最好为东北向，西北向，正北向。"我想这个风水向是因地制宜的，昆明坝子的山脉大多为东北向，选坟地大约也有顺势而为之意。一位老先生说："风水有点根据。风水好的，看起来顺眼，地脉好。"

李存经常为族人撵地。我曾与之相约，跟随他行走山脉，以便观摩，但一直未能如愿。他索性为我详解过程：①撵坟地要先选日子，定下来，通知东家，东家通知人做好准备。②上山选坟地，有家族坟地的选家族坟地；没有的，东家领着去准许葬的山上选。根据死者的属相，看山形风水，来龙去脉，最好后面背山硬，两边都突出的地方，去脉视野开阔，有如一把太师椅；反之，地形复杂，坑坑洼洼，后面无山，前面无水，不能葬。来龙，山形象龙，有连绵的山。过去有的大人物撵坟地，先生得带着罗盘选上个把月。李存性笃厚，实话实说。他说："以前撵地要保佑后代出大官，现在好地点没有，就求清洁平安、家中不出问题。有的葬了，不出三年，家中年轻人就死，或意外，或病死，与风水是有点相关的。我们本着葬了，家中不会出问题、不带来后患，不要求出官、出多大的官。过去高明的先生，可以保证三五年出多大的官。"

丧葬办灵。在一位风水先生的简易办公室。我见到一副对联，上书：人生百年古来稀　帝王此关也难免。说的是人的死是定律，潜台词为从容应对。在风水先生的诸多工作中，大宗的是丧葬办灵，尤其是为寿终正寝的有福老人办灵，民间传统人士甚至以此评判后辈的"孝道"。办灵同样蕴含宗教最基本理念：趋利避害。人向来惧怕死亡，许多人将死亡与阴间、鬼怪等险恶阴冷之意境相连。这种怕死惧祸的本能伴随人类始终，并由此演绎出形形色色的丧葬文化。

撒梅为故去老人守灵场景：亲朋至灵前叩拜诀别，逝者是女性，其儿媳跪于棺侧代亡者还礼

  毕明的回忆带着古旧印痕，是旧时青龙村之事。他说："此地办灵，第一天吃素，和尚念经。第二天开荤，宰猪，有定规，八碗菜。当晚，老和尚跑五方。在一个场上，东南西北中，画上几个圈圈。一个圈圈内画一只碗，念念经，用唐僧的那根禅杖转转，然后将一只碗摔成四瓣。"颇有调侃味道。

  李存、鲁忠美讲述，办灵超度，念瑜伽焰口，要五六个小时，有几种调门。主讲的穿戴特别，他们头戴唐僧帽身披袈裟，念至不同地方做不同手势。念经的有七八人，主讲一人，其他是配的，也有的一人念一段。

  精通办灵的先生还为我讲述了办灵的全过程。人亡，当天装殓，第二日，便要请先生推定念经及出棺下葬时间。家里人出去报丧，到一个个亲朋好友家口头通知，说：我们老的，何时去世了，哪天安葬，到时来送送。民间习惯，来奔丧之人要带纸火及礼品，过去送米与猪肉，现在多数送钱。先生选择出殡时间有讲究,不能与孝子(儿子)属相相冲,因此停灵时间三至五日不等,旧时停八日、十日的都有。守灵时,不准猫狗进来,香不能熄,油盏灯也不能熄,要不断添油。念经根据各户经济能力,能力强的请的多,至少七八个先生。丧宴规模,经济能力强的多请些,有二三十桌,也有七八十桌。旧时,人一死,饭甑就开,卖田卖地都要大操大办,有的甚至倾家荡产,实是陋习。盖棺时,亡故的女性要由后家"升钉",即由娘家后辈子嗣最后审视遗容,其中有鉴别亡者是否正常死亡之意,用以表达"后家"对嫁出之女最后的监护责任。然后在先生主持下将棺材盖严。钉棺忌用铁器。

起棺时,讲究的人家兴"过棺",说是老人辛苦一辈子,要为他解解罪。然后儿孙辈跪在出殡之路上,让抬棺之人将棺材从众人头上越过,每人轮跪三回。过棺之俗,闻之沉重,然国人将婚丧之事办成"红白喜事",却是古今通例。五十年前我在贵州安龙县农村体验生活,见村民(汉族)葬老人之"过棺"更像是"演剧"。坟地距村寨不远,送葬队伍却七绕八弯。"跪棺"之人还在一些窄小的沟坎匍伏,让抬棺者将棺材从众人头上越过,寓意亲人们驮着亡灵跨越坎坷,逢山开路,遇水搭桥。一时间,原来依序而行的送葬队列杂沓起来,推搡者有之,说笑者有之,局外旁观者也忍俊不禁。如此这般,亡灵似乎真的

江川温泉村八十岁老妇的葬礼,晚辈为之"过棺"送葬,俗称为逝去的老人解解罪过。撒梅葬老人的"过棺"与之相仿

进入另一个世界"过活"去了。这种葬俗应是古人为解脱生离死别伤痛而施行的谋略。

当棺材抬至村外宽敞处，一般是十字路口，按撒梅习俗要"转棺"：即将棺材停歇于两条长凳之上，主持先生摇着铃子念"开路经"，最后对亡灵说："回头望望你的孝子，往前看看你今后要走的路，到阴间要保护自己活着的亲人，使后代顺顺利利。"念叨之间，孝子、孝女及亲戚跟着先生绕棺，正转两转、倒转两转。至此，大部分送葬人员告退，剩下的少数至亲送葬至墓地。

七月半中元节又称"鬼节"，信奉者在庙宇为先祖挂"灵牌"（纸牌位），由宗教人士设坛祈祷

山上的坟塘是当天早上挖的，向址（即坟墓之朝向）由先生根据亡者属相确定。棺材抬至旷野，先停歇在一侧，先生在塘中间用米画八卦，将装有荞子、高粱、松子、菜籽、谷子的五谷风水罐埋入塘底泥土。家人将一只活公鸡递入，先生掐破鸡冠，用鸡血点八卦及塘内东西南北中

五方后，将鸡扔出，此鸡称"跳塘鸡"，据说如没人打搅没人捉，一个月都在坟周围转悠。

棺材下塘，属相相冲之人要回避，念经先生将篾扎纸糊的陪葬品金童玉女、摇钱树、金库银库点燃丢入塘中，长子掬一抔泥土撒向棺材，然后由做坟活的填土埋棺。理坟，过去用草筏饼圈坟，现在用砖石砌坟。

之后，家中亲人每七日往山上坟茔送一次饭，烧烧纸火，亡故的男人如生前会酒的，就带点酒祭奠，前后送三次饭。至35天做"五七"，又请先生来家中念经超度，先生还会用大白话念道："到那边宽马大路，广交朋友，好好在那边生活愉快。"古人视死如生的理念越过数千年时空，至今仍被一些人信奉着。

亡故的头三年，每年农历六月二十四火把节，直系亲属及与亡故者生前交好的会带着鸡来家中看望，同时带纸火去坟上烧化。以后，便是每年清明节扫墓，最后，这些亡者便进入"祖宗"行列，人们通过每年农历七月半的"鬼节"与之进行精神沟通。

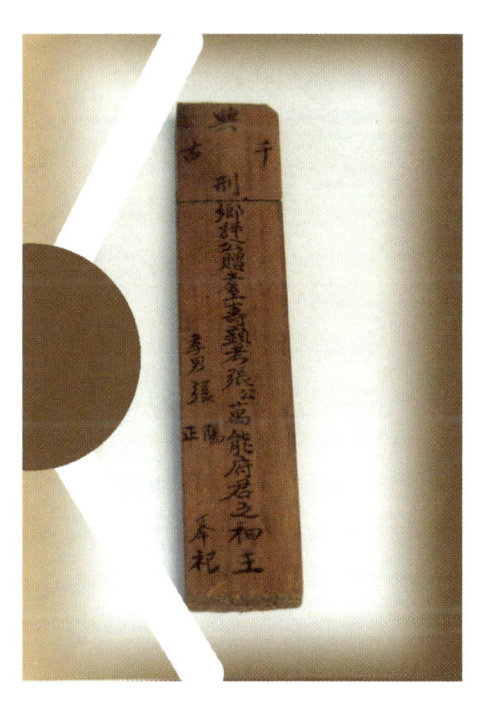

高桥村风水先生张万能的灵牌，先生亡故于1953年十月初八。光阴荏苒，灵牌底座已不存，这些灵牌曾被族人视作"神圣"之物，在"文化大革命"中多半被废弃

说到祭祀"祖宗"，便要涉及"灵牌"。灵牌又称"神主牌"，撒梅人制作灵牌是在灵柩抬上山的当晚，由操办"开路"仪式的风水先生主持。据李存讲述，孝子们排成一排跪于家堂，个个将右手背在身后，从长子开始，由族长用红线扎住中指，用针戳之，先生将其指血点于神主牌。神主的"主"字先书写成"王"字，亲子之血点于"王"字头上，

便成"主"字。自长子以后,其他孝子取其食指之血,点于相同部位。

点主,有血亲继承之意。点了主的孝子才有财产继承权。整个过程,女性不得参与。

灵牌由风水先生事先制作,其格式有统一标准:

```
           (一)
     深        寿
     恩
           显         终  生
     孝     妣  考     于
     女 男  ×(姓)×     年
     × ×   母   公      月
     × ×   ×   ×       日
           孙  老       时
     女 男  太  君
     × ×   君
     × ×   神   之
           王   灵
```

在灵牌的"寿"字之上,以亡者不同年龄冠之不同寿称,计有强寿、艾寿、耆寿、稀寿、耋寿、耄寿、翁寿七种,分别代表着从40至100岁不同的年龄段。

点主后的灵牌,置于家堂的供桌之上,成为某位祖宗的象征,以后的祭祀,便是对着灵牌施行仪式。

与撒梅比邻而居的省坝汉族农民,老人过世之丧葬办灵与撒梅相仿,其中最大不同,在于是否制作"家谱"。据云山村何志忠讲述,该村因靠近金殿,与山上道观关系较好,丧葬做道场都以道教礼仪行事。周围其他汉族村寨,做派有儒有佛,差别在于所念经文不同,道教念《玉皇

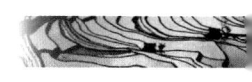

经》，儒、佛教念《地藏经》。云山村做丧葬以家庭经济条件而论，一般的做"办灵"，在出殡的前一晚举行。富裕之家做大"五七""小阁宴"，时间以道士选的日子为准。不管做何种仪式，都有一项内容——制作"意旨簿"，即家谱。由道士将亡故者的重要信息记载到原来的家谱之中。"意旨簿"由长子传承。

"意旨簿"的制作与否，令撒梅与汉族在保存族谱印记上有了差别：撒梅的祖宗灵牌只保存三代，汉族可以依家谱上溯数百年。不过，汉族的家谱能传承下来的也不多，以云山村为例，20世纪七八十年代该村大兴土木，随着许多老房子的拆毁，人们觉得"意旨簿"没用了，都丢了。

奠土。这应该还是古时理念，人动了土，惊动了土地，打扰了神灵，便要举行奠土祭祀以向神灵告罪抚慰。

奠土，民间又称压土，以操办规模大小而分为大奠与小奠，大奠操办三日，念经者七八人，伴经法器有鼓、大钹、小钹、唢呐、小铛子，据鲁忠美讲述，21世纪初时价为1260元；小奠仪式当日便完，念经者两人，伴经法器为木鱼，铛子，铃子，时价为360元。

"居"是人生大事，历朝历代使然，忧国忧民的唐朝诗人杜甫住的茅屋为秋风所破，他作诗曰："安得广厦千万间，大庇天下寒士俱开颜。"为时人的"安居"而祈祷。人以一辈子的积蓄，不一定能建得起新居，古今中外大约都是这样。因此，新屋建成，以各种方式庆祝人生之大功告成是通例。撒梅人的奠土也有此意。

奠土仪式在新屋内举行，时间由风水先生择日而定，我观摩了河岸村张有家的奠土，时间为2006年9月30日，农历八月初九，即丙戌岁、壬戌日。老皇历载，此日为"吉神凤凰，母仓四相，吉期续世，明堂守日。宜：祭祀出行、上官赴任、临政亲民、移徙解除、沐浴剃头、整甲裁衣、修造动土、竖桩上梁、扫舍栽种"。

新屋是一栋宽敞楼宇，大门前的联书为"八将还方降吉祥　五龙归位保安康　奠土府祝祷平安　安龙神祈求清洁"，横批为"永葆清洁"。

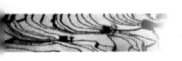

房屋内由人及物，上下左右，里里外外，沐浴在喜气洋洋氛围中，仿佛先生事先书写的吉联起了作用。张有请的念经师是有好人缘的李存、鲁忠美夫妇。鲁忠美告诉我，在念经开始前，先在各房间用扁柏、皂角、化香，从楼上熏下来，每间洒洒净水。压土有的用鸭压，有的用羊压，都是活物，从上至下，各房间走一转。念经从早上十一时开始，至下午六七时结束。由《大悲咒》开经，念《奠土科》《土地经》《太阴太阳经》《心经》《救苦经》《观音经》《观音接福消灾灭罪宝忏》《弥陀经》《财神经》《出门经》《保子经》《灶王经》等十余种。

经堂设在东厢向阳屋，供桌上供着观世音菩萨像，前面摆放着供果、糕点、鲜花、香、烛，还有纸火、小章马等，都是人们设想的福禄寿喜之表征。一缕阳光从窗棂斜射而入，只见香火缭绕，烛光摇曳。李存摇铃子，鲁忠美敲木鱼，两人翻书诵读经书，嗓音圆润，抑扬顿挫，煞是好听。我不由联想起人们说念经像"唱花灯"，果然，在念经告一段落时，男女主人在供桌前的蒲团上双手合十，叩首祈祷。

奠土还有一道仪式，即将经文、鸭血、鸭毛、鸭蛋装入一土锅，放入新房东、西、南、北、中五方事先预留的小窟中，鸭蛋上有西波先生绘制的西波教经文，然后填土封好洞窟。

有关建新房的祭祀仪式从上梁立柱便开始了，同样很有传统仪式感。2006年8月7日，在小石坝鲁忠美的弟弟鲁忠才家，我看到了这一场景。

盖房动土前，在房屋东、西、南、北、中五方都要起土，此时抓一小把泥土保存起来。在五方各插三炷香，放鞭炮，而后才开挖基础，进行施工。

在水泥浇顶前（过去为木头上梁时），先生将事先写好的门对贴在门窗及房梁上，李存为舅子精心书写的对联是：愁眉茅屋成往昔　幸福日子看今朝／三星高照临新宅　五福咸臻满画堂／吉祥草发新居宅　富贵花开乐善家。还有一副门对点明主旨：上梁大吉，浇顶大吉，紫微高照，千秋永固。

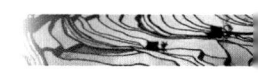

当提升机将第一桶灰浆启动时，系在升斗上的一挂鞭炮炸响了。在喜庆气氛中，工人们有条不紊地做着手中的活计。浇顶完毕，围着屋顶外墙的一挂数千头的鞭炮被点燃，这次，"噼里啪啦"的报喜声响了很长一段时间。

过去建土木结构的房屋时，仪式讲究得多，有的还会请花灯队来唱《盖房歌》。《昆明歌谣》（王定明主编）载，有《选梁歌》，词曰："紫金梁，紫金梁，你在山中做树王，今日黄道日子好，鲁班师傅请你做大梁。"唱罢，用大红公鸡点梁，再唱《点梁歌》："这只鸡头高尾低，身穿一身红毛衣。不是我要你，是鲁班师傅要你做点梁鸡。左点青龙龙抬头，辈辈儿孙要封侯；右点青龙龙摆尾，辈辈儿孙有出息；中点龙腰龙翻身，龙头龙尾一齐起。"

浇顶完毕，一大包热乎乎的包子与糖果送上屋顶，由工头主持扔包子，包子是自家制作的，内裹一角的硬币，村中孩子欢呼雀跃争抢。其中两个大包子内裹一元硬币，由男女主人用围腰接住。这时，工头问："你家的金银财宝格进来了，格接着了，格丰衣足食了（格，昆明方言，"是否"之意）。"主人笑逐颜开地说："进来了，接着了，丰衣足食了。"

与传统礼俗相比，现在的"扔包子"仪式同样作了精简。昔日上梁还要唱《上梁撒五歌》，歌词把易经八卦都编了进去，词曰："一撒东方甲乙木，富贵荣华添福禄；二撒南方丙丁火，主人的麦面正在起；三撒西方庚辛金，辈辈儿孙福禄兴；四撒北方壬癸水，后辈儿孙万年春；五撒中央戊己土，金银财宝堆满屋。金银财宝堆在家，全家老小笑哈哈。"

在新屋的奠土仪式中最后进行的是"转鹿马"。先生将一大碗重约一公斤的白米倒在桌上，用双手手指在米上画太岁，太岁是一个古神，男神。还要画释迦牟尼、鹿马与星宿，并依次在释迦牟尼佛的眼、耳、肩、肚、手、脚各部位点上二三十支蜡烛。或东家哪里痛就点哪里。李存说："为人解病、为人消灾。"在释迦牟尼佛像头上点蜡烛，由先生按

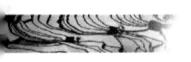

烛，东家点燃，再念念经，子女后代就聪明。

人们想得到的，做得到的，便在这有点像寓言剧的念经形式中进行祈祷，然后出钱的东家便觉得物有所值，心安理得，诸事都会顺利了。

（3）从业的艰辛与风险

俗话说，姜还是老的辣，风水行当便是这样，老先生技艺娴熟，经验老到，并且已带出徒子徒孙，人脉圆通，所以60岁以上的先生更受欢迎。但是70岁以后，请的人多了，先生便觉劳累，请到了，又不能不去。上大山撵坟地，实在喘，爬不动，主家便请自家壮实后生背先生行走山脉。在我采访中没有遇到此景，否则，我一定会摄像留影，取名为"背着先生撵风水"。

撒梅先生高寿的多。因为先生职业，脑体结合，不甚劳累。有一定收入，生活也相对宽裕。先生办灵的对象，大多为福寿老人，寿终正寝，于旁人健康没有大碍。可有时，也有凶险。2006年6月我访问大石坝97岁老先生保正安，孙辈介绍，他还能劳动，喜游玩，且健谈。老人跟我说起念经经历。他于三十多岁学念经，做办丧事、盖房压土等法事。过去死人超度，一年两年学不会，起码学十多年。导课书，一日念得完一本，敲着，打打乐器，哼哼声气，像唱歌，很是深奥，要三四十岁才会做。说到师父，老人回忆，中华民国时有霍乱，师父为一个病死的乡绅做超度，染上疾病，死了。四个徒弟是表兄弟，大家凑钱买棺材，在小板桥饺子馆吃饭，棺材搁在马料河边草草办了灵。有一年过冬（指冬至），几个人又下去给他烧钱纸。如此结局的先生，我仅听说一例，大约与中华民国时期人们普通缺乏医学卫生常识有关。

3. 几个人物——一个家族

中华民国以来，撒梅先生中出过一些人物，他们学识全面，有的以组织号召力见长，有的以念经、绘材头取胜。他们的才艺，至今为业内人士所称道。

（1）念经头头杨铨

杨铨，字子恒，瓦脚村人。19世纪90年代出生，20世纪70年代去世，享年70余岁。先生道行，得自家传，其父被后辈称为古老爹，是有名的风水先生。据现年70余岁的族中后辈赵自兴讲，小时见过古老爹，他给人看地、使罗盘、看坟址。杨铨后来居上，学历至于大学。曾任中华民国板桥城外堡佛教协会会长，其管辖的宗教事务自大板桥至牛街庄、十里铺、羊方凹，涵盖了宝象河流域的撒梅村寨。先生于地理风水样样精通，一手漂亮的毛笔字极受时人推崇，人称是这一片十八乡村的念经头头、总召集人，其他先生都以他为号令。

瓦脚村学有所成的姑表三兄弟，自左至右：杨铨、赵润、杨亮。照片摄于1938年2月20日瓦脚村民生桥落成典礼之时（赵自兴 供稿）

要办纸火的（纸火：当地对宗教事务之俗称，有时指宗教行当，有时指具体宗教事务）都来找他，他召集同行先生及徒弟作谋划安排，书写纸火，但本人很少出面念经。

杨铨为业内称慕，还有其家道渊源。杨铨家境好，他精心培养后代，其子杨永寿有造诣，官至中华民国昭通县长。另一子出国留洋，在当时的撒梅村落，没听说有第二例。杨家的成功得力于村庄的强势，该村的四大姓氏有李、赵、杨、吴。其中李姓（小李家）自清咸同年间出过武官李旺，被清廷钦定为武功将军。云贵总督岑毓英向瓦脚村大寺"涌泉宫"送过一块"泽润生民"的匾额，上书：但使桑麻敷紫甸　常将霖雨慰苍生。近现代族中出过数个武人。赵姓出人才，教师多。杨姓出先生与文官。中华民国时期赵、杨联姻有佳话。赵润是赵自兴的父亲，他毕业于昆明师范学校，1919年便任瓦脚村小学老师，在这片很有名。杨铨、杨亮娶妻赵润之妹与姐，杨亮是昆明县教育局督学。世代撒梅人推崇的男儿自强标准是做官、任老师、当先生，瓦脚村赵、杨三位姑表兄弟样样占全。当三兄弟衣着长衫、头戴毡帽，神气十足地行走于宝象河畔时，村老一定会说：生子当如赵润、杨铨、杨亮。

因此，在瓦脚村人文泽润的沃土中成长出一位风水先生总头领倒是顺理成章之事。

（2）"李鼎铭先生"——李存

李存，阿拉村人氏，风水先生，诨名"李鼎铭先生"。李鼎铭是当年延安时期与毛泽东主席熟稔的民主人士，因向中国共产党提出"精兵简政"建议被采纳而出名。我观李存，他戴着副眼镜，沉稳中透着机敏、老到，还有点不怒而威的韵味。李存生于1937年，与老伴鲁忠美同岁，属牛，现年72岁，老高中文化。

李存一生历练丰富，18岁考入位于席子营的昆明航空工业学校，在读一年半，因病返乡。几年后，在云南省公安厅武警总队当警察，料理嵩明杨林四营煤矿安全警务，从业三年，又返乡。"文化大革命"时，知识分子被视作靠不住的"另类"，各级"革委会"选择工农兵中的优秀者就近驻校任领导，李存入选阿拉小学任教师代表，相当于校长。当时李存年仅30岁，精力旺盛，他又当"官"又当"兵"，缺教师时，从语文、数学、体育、音乐直上至美术课，所有课程一样不落。以党外人士受此重用，自身又这样能干，这大约就是人们呼之"李鼎铭先生"的缘由。有人至今称呼李存为李老师、李校长。1982年，因家中田地多，五个子女年龄小，老伴忙不过来，李存便辞去民办教师之职，回家务农，兼任生产队会计。

1978年改革开放，有关政策拨乱反正，国家重点转向经济建设，对禁绝了二十六年的民间宗教事务放开。"宗教信仰自由"在昆明撒梅人聚居区立即落到实处，按鲁忠美的说法：那时（宗教）允许，没人干

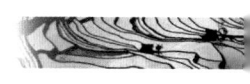

预，没人指责。李存告诉我：有些先生原来已经加入中国共产党，但政府要求"搞纸火，就退党"。一些撒梅人又按世代习俗约请风水先生办灵、撰坟地、奠土。无奈不多的几个手艺熟练的人年龄已经偏大，后继无人，先生们终日疲于奔命。李存的舅舅王芝是著名的风水先生，已七十多岁，其独子王忠义入了基督教。王芝对李存说："儿子不学，没接班的了，你来接着学。"大石坝的李启贵先生也托人带信来说："我们老了，没有接班人了，你有条件，有文化，来学习，接接班，要不然失传了。"前后劝说十余次，李存终于应允。

李存在50岁以前与风水先生行业不沾边，但是先生之事于他并不生疏，他有家族渊源。李存的老爹李华是中华民国时的高中生，择业风水，一手毛笔字很好，鲁忠美的舅舅、外公全是名先生，鲁忠美也好念经之事。李存讲起人生最后一次改行的心路，他说："开始，不好意思，当老师又来当先生，不适应。后来因需要的多，来请的人多，老先生忙不过来，我就自己买了书，钻研，跟着看老先生的操作，将运作程序与念经调门用磁带录下，有的抄下来，背、学。像我这样的只有我一个，开始有好几年都不习惯。"

现在，七十多岁的李存也是名先生了。昆明金宝山公墓、黑龙潭龙凤公墓、筇竹寺后山公墓都请他去选墓址。一些昆明人住房买房还信先生的，请他去谋划操作。搬家择日，家中摆设，结婚选日子，为人合八字，还有办灵超度，事务不少。与鲁忠美两人，一个是先生念大经，一个是经奶念小经，常常夫唱妇随，搭班念经，在宝象河的撒梅人中独此一家。

（3）"叮当先生"与老王芝

王国宝（1873—1952年），阿拉村人，风水先生，绰号"叮当先生"。王国宝性随和，人说：从不骂人，老好人一个。人缘好，生意好，念经娴熟，还会吹唢呐、敲木鱼、击钹，是中华民国时期一位受欢迎的先生。

王国宝于子嗣有憾，生养三个女儿，无传承的儿子，便为大女儿王

阿拉村风水先生李存正在做"奠土"仪式

存招上门女婿。女婿是旧村人，名李彬，七八岁便来王家做小姑爷，人勤快又老实，深得上下喜爱，谁知十六七岁婚后不久便病故。姑爷之弟十五六岁，有心计，会盘算，经姐姐撮合，也入赘王家，做了王存的第二任丈夫。弟过来，随妻姓，名王芝，其时16岁。这次的婚配叫"叔嫂配"，在当时农村有此习俗。

如果以王国宝找女婿传承先生手艺而论，王芝肯定比哥强，他心灵手巧，文化高（初中），口才好，嗓音也好。早期，王芝念经常跟在老岳父身后，家人说："一去就是两个。"只十几年，王芝念经便超过老岳父。那时，王芝已经会对女儿说："你老爹的字写得像苍蝇脚。"

王芝喜欢先生行当，因此悉心钻研，他对佛教、念经认识深，对风水手艺精通。他与瓦脚村的大先生杨子恒曾经同过学，又是教友，念经常在一处。王芝的材头（棺材头）手艺好，画得细致、精美，也舍得下

阿拉村风水先生王国宝,图片摄于中华民国时期。先生的装扮是旧时撒梅福寿老人的经典:头戴瓜皮小帽,身穿长衫,脚着布鞋,手持一柄玉嘴长竿烟锅

阿拉村风水先生工芝(1904—1983年),是王国宝的上门女婿,念经技艺娴熟,为人精明,中华民国时长期沉迷"大烟",令家人饱受煎熬,眉眼中透着沧桑感(鲁忠美 供稿)

王芝绘的最后一口棺材，他一生绘了几十口彩棺

功夫。一般人一天画一至两个材头，他一周画一个，在黑亮的土漆棺上用金粉画金童玉女、四朵莲花，栩栩如生。他一生大约画了几十口棺材。

我见过他的作品，是本村王信的母亲王凤仙的寿材，王凤仙其时高寿九十余岁，棺材放在老屋的堂屋，是鲁忠美陪同我去观看的，确实精致，用我江南老家的话来说，像"卖家"的，"卖家"的意思是专业制作，即置于城里棺材铺可以出售的。李存说，这是王芝画的最后一口可以观赏的材子了。

王芝于四十岁已名贯宝象河，人称"王先生"或"老王芝"，从大麻苴到乌撒庄、浑水塘，方园数十平方公里的乡村都来请他办灵。1952年土改时，不信迷信的人将王芝的念经家什抬到本村大队部焚烧，仅经书便有一挑，约四五十公斤，都是用白绵纸书写的线装书，令观者大开眼界：原来念经的书有这么多。他收藏的经典之多，无人可及。

4. 掉进泥淖中的先生

（1）像"济公"的王芝

王芝跟着老岳父学经长进飞快，三十多岁便有先生模样。不幸的是，他学会了抽大烟，而且瘾越来越重。俗话说"烟馆进烟馆出，家里婆娘娃娃哭"。王家自此鸡犬不宁。

最受苦的是老婆王存，作为王国宝的长女，她好强能干，但随着妹妹们出嫁少了帮手，父亲逐渐衰老，自己又有4个儿女，生活担子日趋沉重。在相当长的时间里，一大家人的生活重担主要压在她一人身上。我看到她老年时的照片：双目下垂、眉头紧锁，怎一个"愁"字了得。王存已经去世，她的苦难历程由她现年已七十余岁的女儿王忠秀讲述：

"家里有六亩地，四五亩水田，牛卖了抵烟资，从小石坝母亲的妹子家（王莲秀，鲁忠美的母亲）借两头牛耕地。我爹睡着不动，喊不起来，到中午，牛被晒得汗淌。一次，妈气不得，跪在牛面前哭，一两点都不出动，牛被晒得走过来走过去。我十多岁时就牵牛，妈在后面扶犁尾巴，一天犁亩把（中午12点出去），壮劳力犁三四亩。我小时又怕牛，硬着头皮，手拿小棍子。水田请人犁，地自己犁。"

王国宝长女王存，因丈夫吸食大烟，一生吃尽苦头，至老年，性格仍然坚毅（王忠秀 供稿）

"谷子收了，农闲时，妈到大山找柴，扭点松毛结，扯点松球卖卖。弟弟（王忠义）说，我妈背柴卖草来供我读书。一次，妈太阳出就走，

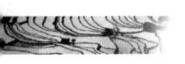

太阳落才回,背着一大麻袋松球,很重,进门碰得门响。当时家中牛还未卖掉。我小名叫小姑娘,父亲说:'小姑娘,牛拉车回来了,抖把草给她吃。'妈没回过神来,问,'牛借给谁家了?'。我说:'没有,他是说你。'她骂父亲'死老杂种''老砍头',气得哭了一晚上。"

"过年,舂20斤饵块,四个人,爸妈、老爹与我吃三天就没了,其他的被他包出去卖了。妈苦,连咸菜都不能放在家里,石碾碾出的米放在别家,吃时到别家撮。有时,他会去别家找,妈就挪个地方。"

"老爹王国宝也苦,与我爹打架,粮晒在晒场,父去用升子撮黄豆卖,他不给,夺升子,都掰烂了,老爹就骂。妈说,都是你惯的。我妈整天背东西,把背都背驼了。"

对这样一个嘴奸、皮厚、心狠的男人,王存恨他,巴望他死的念头都有。王忠秀说:"妈对我讲:'原想是一个妈养的,差不多,谁想那么可恶,早知道,在我脚面前磕头也不要。'妈气不得,去看大石坝的师娘,看他什么时候死,希望他早死。这是20世纪40年代的事。"

王忠秀自己也苦水涟涟。她生于1932年,十多岁便跟着妈战战兢兢吆牛犁地。十七八岁时,将母亲从山上背来的松球装在麻袋里去昆明卖,一袋五六十公斤,顺小铁路(滇越铁路)走,背一小截路休息一会。早上七八点走,到昆明十二点,吃自己带的冷饭与咸菜。两角钱一碗的米线都舍不得吃,状元楼一家玉溪米线很好,舍不得吃。卖稻草,五公斤一小捆,背十二捆,一头六捆倒着扎,五六十公斤,体积大,难背,风大时背不走。背到旧门溪、小街子(距阿拉村十多公里)、凉亭一带,卖给人家喂牛、盖草房。

父母去世已二十余年,从王忠秀话中仍听得到阵阵悲凉。她说:"过去的事像做梦一样。我没有撒梅衣裳,有了被父亲卖掉,过去抽大烟的都是这样,有的把婆娘都卖了。撒梅人结婚兴牛圈闹房,热闹,图吉利。没有钱,就闹不起。"王忠秀19岁才结婚,就属于闹房闹不起之列。

王芝念经名声在外,人们来请,他还是身着衫子有模有样地去。但身陷大烟泥淖中的王先生在老婆儿女眼中已是行乞的"济公"模样。王

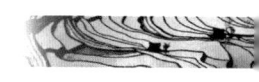

忠秀说:"我们不管他,他穿着撒鞋(踩塌后跟的半截鞋),像济公一样,穿着大裆裤,虱子都长了,我妈气不得,说生那么多'爬楼'。人家来叫他去念经,家人给他洗洗长衫、被子、枕头、毡条等先生行装,给他出去。妈说:'小姑娘,你爹要出去,你给他洗洗被子、衣裳,否则人家说他没有婆娘。'"

王芝沉迷大烟,让他痛失自己先生手艺的传承人。抗战时期,阿拉村后的干海子老营盘驻着美国兵,一个牧师在阿拉村一间小茅屋向村民传经讲教。一定是父亲的不堪与母亲的苦难,令王芝的独子王忠义无以释解,自读小学二三年级起就去听经,十二三岁便信了基督教。小学毕业后,王忠义在昆明小团山公路局开办的学校读书,是昆明第一批路政职业学校的学生,之后又读大学,毕业后王忠义远离家乡,到思茅、镇远一带,在公路局下属的公务段任段长,工作热心负责。

王芝五十多岁才得知独子信了基督教,气极,无奈儿子已经长大成人,儿大不由父,他用粉笔在灶房窗棂书写:不敬三宝(佛教),不孝父母。对女儿说:"你哥不想要这个家了。"王芝的先生手艺在嫡系后代绝传。阿拉村由王忠义等开始的基督教信徒发展至今已有二十余户,并零星传至相邻的小石坝、大麻苴等村。

李存、鲁忠美夫妇说起舅舅1949年后的新生。1950年至1951年,全阿拉公社的吸烟者集中在小石坝戒烟,有上百号人,整训二十余天。那阵势像现在的戒毒所,有人带操、劳动,连上厕所都有人盯着。王芝戒掉了烟,参与互助组,春季管小秋水,扛着把锄头去营水。又为驻守白虎山的军队养猪,他一人养五六十头猪,队上给他分红拿工分。王存的生活也好了许多,但长年疾苦落下病,一急就会耳聋,即便如此,她仍闲不住,七十余岁还在劳作。王存亡故于1982年,隔年,王芝亦随老伴西去,两人寿限同为79岁。

(2)更有甚者

白土村杨德,1923年生,我访他时他已有85岁,是个沉稳老到的先生。杨德1949年后加入了中国共产党,对新旧社会百姓生活两重天有

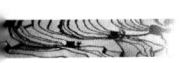

切身体会。他说:"命苦,不解放活不到现在。老父学经念佛,又会用草药医杂病。有几个伙伴学经。他教过我两年,后来吹起大烟,越来越烂,连门户都当不了。早晚饭无处找,我从十多岁就挑柴卖草过日子。"

杨德没有从父亲那里学得风水先生技艺,他的师父是李惠。杨德之父名杨存喜。杨德说,父辈们学经的五人,其他四人是杨培、李惠、李春和、李湘。后来,其中一人赌钱,四人吸大烟。四个吸大烟人中,杨培、李惠没怎么垮,父亲与李湘就垮掉了。

杨存喜于1946年发狠戒烟,找龙胆草、草白兰花,含在嘴里嚼,非常苦,戒了烟。但是,他给老婆孩子带来的苦难远甚于草药之苦,老婆丢了命,儿子也几乎被他毁掉。

杨德很小时,父亲将母亲养的老母鸡与五斤蚕豆偷出来,晚上十二点,叫他去大板桥换烟。杨德没有鞋,光着脚走三四公里路,敲开一家门,老头说不换,买烟要钱。又去街上,都睡了,一家家敲门,从一甲敲到五甲,无人应门。又转到一甲,敲开了一家的门,问:"咯要鸡、蚕豆?"对方问:"几文钱?"杨德说:"你给多少算多少,不整点回去,我一晚过不去。"对方就随便给两文。

杨德大点时,父亲叫他将家里四块有六尺五寸长的冬瓜板扛去换两钱大烟,杨德一天扛两块。那时去换烟的人很多,拿各种各样的东西去换,还有换衣裤的,新旧不管。杨德与母亲怕饿死要过一次饭,到外村,只要了一天。父亲整得家里揭不开锅,有上顿无下顿,母亲忍无可忍,将他的吸大烟家什砸了,父亲大怒,打了母亲一顿。母亲过不下去,便与姐将一口大锅抬走,回老家煮吃,父亲用一口缺了角的小锅自己煮吃。

杨德十四五岁时,妈熬不过,死了。

杨存喜戒烟后,努力开荒地,开了两三亩,叫儿子帮他。其时杨德在读小学三年级,成绩很好。杨德不肯,说:"不请假要处罚。"父说:"我去开假条,向老师请三天假。"三天后。杨德去学校,才知父亲未来请假,他被不知就里的老师用棕皮打了十个手心,手肿得连书都拿不起。杨德气恼,不再去上学。后来又考上高小,父亲不供,叫他自己想法交学费，他无法，就没再读书。

　　还有一次，是在吃饭时。父亲的衣服破了无人补，露出的破绽筋筋拉拉，他抖抖败絮，自嘲说："你们看我这衣，破了，线线耷下来多好看。"杨德已经成家，有了点底气，便顶撞他说："你不消给我看了，你的缎子、好衣裳都被你吹到烟枪管去了。"父亲恼羞成怒，将饭匙往汤碗一扔，连汤带碗砸在天井中，跑进去，拿起菜刀，一刀砍下，未砍着。杨德媳妇正好进来，将公爹推开，杨德跑了，父亲拿着粗粗的顶门棍在门后躲着，狠狠地说："等他回来我一棒棒无论如何要打到他腿断。"媳妇给杨德通风报信，到下午三点多父亲烟瘾犯了，出去吸大烟，杨德才回家。

　　白土村还有一个先生杨万春，他的儿子杨润是一个吸大烟吸丢命的角色。数年前，我采访青龙村毕明时就听说此事。毕明十多岁时，冬天，母亲带着他走过田地，一个衣着单薄之人在挖地，一边挖一边抹眼泪。

白土村风水先生杨德，童年时因父亲吸食大烟而饱受苦难

中元节（七月半），风水先生杨德在家中堂屋设置了简易祭祖台

母亲告诉他，这个人父母为他置下田地，讨了媳妇，他吸大烟把这些都败掉了，不要学他。毕明没有告诉我此人姓甚名谁。在白土村老杨德那里，我知道了此人原委，他名杨润，父亲杨万春也是有名的风水先生，一手毛笔字写得比杨子恒还好。杨润没进过学堂，在父亲的传授下，读书、识字，样样都会。杨万春去世很早，大约在中华民国二十几年。杨润后来吸上大烟，堕落之深，竟然用自己写的文书将房屋、田地、老婆全卖掉，流落至青龙村打工，最后生病回到白土村，死在别人的茅屋里。

旧时，人们称吸食大烟者为"鸦片鬼"。此"鬼"上身容易，人的好奇心加上大烟的诱惑便跌入深渊。上了瘾，魔鬼便附身了。被"鸦片鬼"附身之人，失魂落魄，无自尊，甚至卖儿女、卖老婆，天良泯灭。

1932年，云南省民政厅发文进行"云南省风俗调查"。宜良县报告了"鸦片"问题，文载：至于其他不良嗜好，则以鸦片为最，即最小之村落亦有烟馆数家，普通交际应酬亦以鸦片为利器，恶习之深可见一斑。

我在裕丰村采访，见到88岁的李发富和80岁的毕成，他们是亲兄弟，原名雷先、雷明。其父雷震发，原是昆明水晶村人，汉族。据李发富回忆，父亲在中华民国十二三年正月打春（立春）送过春花（即旧时东庄五谷庙迎春）。当时昆明城划分为五方：东门、西门、北门、南门以及城中，由五个人包送春花，春花由包干者制作。母亲在一根香棍上裹上红纸，顶端系一朵小红花，准备几十份。父亲挨家挨户送春花。他肩挑的竹篾筐里一头放小春牛，一头放春花。一只手擎着两支春花，插在人家门上，唱道："春花一对，荣华富贵；春花一双，陈谷老米装满仓。""春牛到你家，牛马一扒拉，养马马成双，养牛牛成对，养猪猪成对"。当时水晶村一带的东门是农村，耕种着大量田地，故有此等涉农祝词。送春花，主家会给点粮米，用升子撮了来，一小碗、两小碗都可以。有的给点糍粑或饵块，有的还在小碗里搁点肉。送春花之人伶俐，有点文化。如果勤俭持家，这种人家的日子是过得去的。雷先于八九岁时还在水晶村附近的五轩公庙读过一年半的书。但雷震发这个为昆明东门外居民送春祝福的人后来因抽大烟败家，与两个儿子流落至青龙村、裕丰村一带。雷先、雷明两兄弟先在裕丰村、青龙村毕家、周家放排牛，后来上门在裕丰村李家、毕家，落户三四年后，雷震发病故，葬于裕丰村山地。当时昆明城内外受烟毒之害的家庭不知有多少。旧时代的烟毒，是中国的一大毒瘤。

风水先生圈内的王芝、杨存喜、杨润，这一个个曾经挣扎于大烟泥淖中的灵魂令人可气、可怜。人，这个唯我独尊的物种，如果自身出了问题，连神仙都没有办法，况风水先生乎。

5. 经奶与师娘

数年前，在羊甫头一座民间称"祭祀台"的山上，考古挖掘出古滇国墓葬。编号为"M113"的大墓中出土了一件随葬品，是彩绘木雕。端详之，只见一个沉思默想的女人跪坐于铜鼓之上，头上顶着一个形制小些的铜鼓，女人衣饰华丽。跪坐铜鼓的后侧还雕琢着一只长长的马脚。昆明市官渡区博物馆编的《羊甫头文物精粹》（云南人民出版社2003年

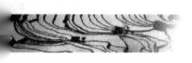

版）为之命名"跪坐女巫"。铜鼓为古滇国族群祭祀之器,牛马常作祭神之物品,其中牛为饷神祭品,马以其奔跑之性能作了人神沟通的媒介。至今,生活在羊甫头以东的撒梅族群操办斋醮之事均用竹篾编扎大小章马焚而化之,意为飞驰的马把人们祈祷之愿心(驮于马身或置于马腹的经文符章)送达神灵。凡此种种,可指跪坐于铜鼓者为女巫。此墓据碳14测定,时间约为西汉初期。

昆明羊甫头古滇国皇族墓葬出土的"女巫"俑,女巫端坐的铜鼓背后饰一只长长的木雕马足(载自昆明市官渡区博物馆编《昆明羊甫头文物精粹》)

在古代西南夷族群中,活跃着一些男巫与女巫。两千余年,此风不绝。

(1)经奶鲁忠美

2006年7月8日,农历六月十三,是撒梅人信奉的老爷山庙会,在阿底村外的朝圣泥路上，我遇见了一位匆匆行走的老妇，她年近七旬，白发已多，背也驼了，还背着一个分量不轻的背箩，两手拎着敬神的物品，前面有七八公里的山路等着她。因是同路，攀谈起来，知道她是阿拉村人，名鲁忠美，专去老爷山赶庙会，背负之物是她与村中四个老妇精心准备的"求清洁"（求平安）的供品。

她说：二月十九官渡土主庙会，风是风、雨是雨，是老爷山老大下来看兄弟，因为闻不得海边螺蛳腥气，当天就上去了。六月十三老爷山庙会，如下雨，也说是官渡土主回来了。她一生数次上老爷山，有时为了烧头柱香，在山上过夜，烧堆火，坐着，听人唱歌。她还说，上山的半道有棵大树，称铁甲龙王，树下有股水，是宝象河头，喝了对人好，敬香要由此敬起。

身背祭祀用品的鲁忠美行进在老爷山山道上

我的随行同伴接过鲁忠美手中之物为其减负。走到半道，鲁忠美忽感身体不适，乏力心慌，卸下背箩，躺倒在冰凉的山路上，我与雇请的司机及高桥村的李长林搀扶她，她说不妨事，在凉地上躺躺舒服，一会就好，叫我们先走。等了片刻，看她无大碍，因有民俗文化考察事务在身，便与之告别。后来在老爷山巅土主庙前果然遇见她，在折叠元宝，有说有笑。我与之约定，不日访她。

正在念经的鲁忠美

鲁忠美好客、健谈。她告诉我，那天她背负的敬神之物是自己念了两三天"清洁经"制作的，计有小马（章马）一匹，章人一个，80厘米高的金丝绒灯笼一对，大元宝十二对。因路途遥远（二十余公里），为避免元宝挤压变形，还带着面糊准备在山上重新支撑加固。为其他人带的是香、水果、糕点、黄钱及三对花瓶。携带之物有十多公斤之重。她当时69岁，其他几个老人比她大不了多少，年龄分别为74、73、72、70岁，但身体都不及她，因平日常在一起念经，处得好，便代朝（代为朝山进香）。说起她在山上的不适，她笑笑，说是因为没有吃早饭。我笑了，我们俩都痴迷于老爷山，她是朝拜土主老爷，我是访问朝拜者和观摩庙会场景。那天一早我从昆明冒着瓢泼大雨，脚穿拖鞋蹚水出来寻车，经昆明东郊八公里辗转至经济开发区坐上几天前就约定的面包车。此番征途五十余公里，其中十余公里必须是步行登山。得以成行还有普照村的朋友龚从仁的帮助。我珍惜与鲁忠美相遇老爷山的缘分，后来几次访问鲁忠美，她女儿笑着对母亲说"小伴来了"，我很开心能被她们接纳。

交谈中，我知道鲁忠美与老爷山的缘深，她母亲原来生过三个儿子，一个都没留住，便到老爷山求子，随后有了鲁忠美，后面又跟来三弟一妹，顺顺当当，母亲便称鲁忠美为"假老大"。鲁忠美生长于宗教世家，外公、舅舅、母亲都事鬼神。当时，我便立定主意，要跟随她走进迷幻的撒梅宗教。

鲁忠美生于1937年，是小石坝人，她性随和、聪慧。1946年国民

笔者与鲁忠美在一朵云祭天山

政府办"民众班"扫盲，她读了两年书。平日，做师娘的母亲教她念"救苦经"，在学经中自学文化。后来村中传染瘟疫，母亲将她送至阿拉村外公、舅妈家避居数年，受族中两位风水先生（王国宝、王芝）的熏陶。20世纪80年代又有了从业宗教的空间后，她便潜心于念经事。她自称是经奶，念小经，做的事与风水先生相仿，不过先生念的大经更正式、正规，小经要容易些，旧时的经奶一字不识，学念经凭口耳相传。鲁忠美可朗诵经书，会写不少字，也识些经文繁体字，可谓技高一筹。家中供着佛堂，念素马，即吃素、念经。

鲁忠美十分勤勉，平日操劳农活，闲暇时做纸火，家中摊着纸张、竹篾、糨糊，像个小小的手工作坊，压土需用很多元宝，小经五六十个，大经不少于五十对，多至一百对，还有那些张着嘴做嘶鸣状的小章马也需用黄纸裱糊，当一个个手工制品展立于小饭桌，顽皮的孙子润润来抓玩时，鲁忠美会急叫闲坐一旁的老倌："李存，管好孙子！"我观摩过她与李存奠土念经的情状：两人齐声念诵经文，先生摇铃，经奶敲木鱼，颇有点夫唱妇随的味道。

（2）巫女师娘

彝族撒梅人从事宗教的角色有四五种，其中传承更多远古之风的是西波与师娘，西波承接男巫衣钵，师娘延揽女巫营生，师娘与西波的宗教理念都是道教，但西波供奉太上老君，师娘供奉驷马老君。她们会跳神，看香占卜。撒梅师娘传统的祭祀作法是"跳扁鼓"，"扁鼓"在民族语中称作"啥么替儿"，是击鼓唱歌之意，属宗教跳神。扁鼓直径约45厘米，用铁圈作绷子，蒙一张羊皮。有重要祭祀活动时，师娘便是跳神的领头召集人，其时规定家里有结了婚的要出一妇女参与其事。师娘领着约一二十个妇女跳扁鼓，大师娘跳得和谐，且能念（祝词）会跳，一般师娘只会跳不会念。

据说寡妇才能做师娘，她们的信众多半是女性，有人干脆告诉我，男人不信。师娘性机敏，善言谈，厉害的师娘往往身怀绝技，有点现代魔术师的做派。一朵云村八十多岁的师娘周富珍，谈吐得当，思维清晰，

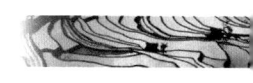

跟我说起过去土匪爬龙背，人们为躲匪而藏树棵、钻刺笼，活计都做不成，现在的生活跟过去比像皇帝。因初次见面，不便深谈，事后听一位信奉者说，她会下佛（神佛附体），样样说得着（能掐会算），是天上下凡的人，救了许多人。她说什么地方在打仗，说得像放电视连续剧一样。进入状态后，可以将一大把香点着，红通通地戳入嘴中，说真金不怕火来炼，令站立一旁的信奉者惊怵、叹服。

中华民国后期，海子村有个师娘姓李，是个极有影响的女巫。她供奉澄江梁王山的梁王老爷，一年操持几个会，可以将周围的先生与师娘召集起来，场面做得很大，人们形容其"级别"为起码烧大章马（大章马有真马般大）。她有一把金扇，是上了金粉的折扇，"做会"时手一抖，"啪"一声打开，便用汉话滔滔不绝地讲，说×年×月要有战事，或灾害，召集大家办会，烧章马，是为了避灾，帮助撒梅人打胜仗，等等。那秀英五六岁时（20世纪30年代），奶奶领着她去"做会"，只见师娘仰躺在堂屋楼上，说神仙找着她了，将她定在那里，气都出不得。后来，人聚集多了，她状若苏醒，爬将起来，手摇金扇，说办会意义，要发大章马。李师娘结局不好，土改时划为富农，自缢身亡。

鲁忠美的母亲也是师娘，她名王莲秀，是风水先生王国宝的小女儿，上过民众班，自小聪明泼辣。嫁给小石坝鲁有，鲁有的奶奶鲁门吴氏，是从阿依村嫁过来的，是师娘，但王莲秀并未与奶奶打过照面，老师娘在孙媳妇进门前已亡故。王莲秀会看病，接生，尤擅儿科。她的师娘营生是以瞧病铺路的，后来传神了，说是娃娃病了由她摸着就会好。有家的小孩，说起风了（肺炎），在昆明市儿童医院住了几个月，孩子母亲医巫兼信，叫她去打风，王莲秀说路远不去（因在医院），对方说不怕，用车送她到医院，在医院的花园中，王莲秀拿根红线，为孩子"断风"。人称王莲秀为鲁大嫂，她殁于1989年，寿限79岁。有意思的是，王家自王国宝起，父女翁婿四人均死于79岁，计有王国宝、大女儿王存、女婿王芝、小女儿王莲秀。李存与鲁忠美说，这叫大相冲，与阴阳八卦生肖属相有关。

"两担石"庙会,人们在山神庙前烧香祭祀

"两担石"名称由来于山间的数块巨石,有传说故事。人们因此建庙塑神,做成庙会。两位老人借庙会机缘,结伴聊天,就坐在一块巨石之上

汉族村寨也有师娘，技艺不让撒梅，数年前在昆明西山龙门村我访过一个，她供奉财神麒麟，香火很旺。汉族师娘与撒梅相比，差别大约在于不会跳扁鼓舞，不过现在撒梅扁鼓似已失传，所以两者区别不大。

我就近观察过师娘的作法。2006年8月1日是农历七月初八，两担石的庙会。两担石位于哨上，因三尖山南坡有五个神奇大石而名。哨上地处东川大道古驿道，地形险阻，元代即设哨卡。庙会由彝村"哨上"主办，经年累月，在此地很有名气。彝汉人民都来赶会，有为人事：做买卖游玩采风；亦有为神事：烧香拜佛求清洁。

时近正午，一个怀抱红公鸡的男孩从熙攘的人群中走出，大约六七岁，很醒目。身边一个男人肩扛一大桶矿泉水，手拿一口锅，女人抱一捆干柴及什物，三人互相照应着向土地庙走来，显然，这是一家三口。接下来的分工是，父亲与儿子在山石间支锅烧水，母亲拿着鸡与半小碗米找师娘。我知道，这是祭祀，俗称"使鸡"，有"利生"与"回熟"

山神庙前"使鸡"的师娘

两个过程。我找好摄影角度,拍摄下祭祀过程:女人跪于土地庙前的石阶下,将怀中抱的鸡也握出屈膝下跪状,鸡前放着半碗米。师娘念念有词,手撮几颗米自鸡头撒下,开始,鸡并不吃,再次撒下,鸡啄米。师娘说:献给观音、献给龙王、献给山神。这是土地庙中供奉的三位神仙。我凑近前去听师娘念叨,只听她熟练地说:"牛成双、马成双,大牛带着小牛回家。大难化小,小难化无。拿糕供供,子孙万代;拿糕供供,子孙平安。高升高拱,清洁平安。"说完两人站了起来,前半段的"利生"结束。

之后,师娘在庙前宰鸡,鸡血淋洒于土地,师娘拔下鸡翅、鸡尾三根硬毛,醮醮鸡血,交与主人,女人祷告着将羽插于香炉。据经书说,祭祀时,活物的气血是神圣们的最爱。这时,架设于山石之间的大锅水开了,一家人将红公鸡褪毛拾掇干净,鸡头掖于翅下煮熟,再去庙内的神像前供奉,此称"回熟"。

我与女人攀谈,得知他们是撒马坪人,汉族。她说,每年于过年及七月间"使鸡"。师娘从邵甸、乌龙、双龙、三十亩来,她们带着神的意旨。正说着话,头上有飞机的轰鸣声,两担石地处昆明巫家坝机场空降通道,只见一架飞机自北而南缓缓下降。山上人头攒动,庙中香火缭绕。真是现代文明在天上飞,神佛在人心中住,此情此景,令人难以言表。

6. 一次嬗变的葬礼

2006年9月30日,在河岸村张有家观李存、鲁忠美奠土祭祀,闲暇间,听鲁忠美说,王凤仙因病痛折磨,请鲁忠美为她念"还债"的经,意思是祈祷神佛让她"早走"以解脱苦难。因是同村沾亲带故的人,鲁忠美说:"我不意(不忍心做)。"鲁忠美曾经做过三个高寿老人,都因年老病痛难忍,央求于她,据说,做了法事当晚就走了。竟是用佛教解决"安乐死"的意思。我第一次听说还有这种功效的念经,立刻与鲁忠美约定,届时通知以便前往采风。后来,我多次询问,却没了音讯。不过,因为关注,我陆续知道了王凤仙长子王信的情况。王信是当地成功的农民企业家，20世纪80年代便创办冶炼厂，经二十余年积淀，收入颇丰，他是个热心公益的人，阿拉村丰泰庵大修时，他捐功德4800元用于购置大香炉与匾额，当时他信佛教，后来却不知何故改信基督教。一次在海子村采访，巧遇王信，他知我对撒梅文化兴趣浓厚并且有意写些民俗文化的东西，很配合我，还领我前去高坡村参观他的企业。归途中，听他说起因富裕而滋生亲情阻隔，心中郁闷难以排解而改信基督教的心路。

  半年后，从鲁忠美处得知，王凤仙也改信了基督教。王凤仙因老病而丧失生活自理能力后，儿女们对她都有照料，但王信身为长子，经济能力亦强，自然于赡养料理负担更多。王信的基督教友还为王凤仙做过一次减轻病痛的祷告，请一个有威望的牧师在床前念经，几个基督教徒跪于老人卧榻周围为之祈祷，不知有无配合医药，当晚老人睡了个难得的安稳觉，病痛消停了数日，后来又故态复萌。

阿拉村九十余岁的王凤仙的基督教葬礼

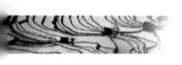

当然，鲁忠美为王凤仙做"还债"事没做成。2008年2月10日是大年初四，我去阿拉村看望鲁忠美，闻王凤仙已于头日去世，终年97岁。鲁忠美说，老人撒手人寰，儿女就为其葬式陷入纷争。老人的其他三个孩子信奉的是王凤仙几近信了一辈子的佛教，如果追溯上去，那是撒梅世代相守的信仰。王信以母已改教，力主以基督教送之，弟妹不服，说大哥是乘母老昏病痛让她改教，不足为凭。争执激烈时温度升高，几达动手。但是于情于理于力，弟妹们到底争不过老大，王信承诺负担母亲葬礼的全部费用。

我去看望王信，并瞻仰他母亲的遗容，王凤仙安祥地躺在土漆棺木中，当年王芝精心绘制的材头图案已被斧凿铲去，王信说是他亲手清除的。发送日子是经撒梅风水先生测算确定，先生临别时交代，不要让属马、属鼠之人送葬。

征得王信同意，我观摩了两天后举行的王凤仙葬礼。上午，王家祖宅聚满了基督教徒，一位牧师在宣讲着什么。接着，人人手持一枝"勿忘我"花，在手风琴伴奏下唱着《再相会》，环棺与老人告别，通常在佛教办灵时的诡秘恐惧氛围少了一些，但毕竟生死相隔，人们脸上仍透着凝重、萧瑟之态。礼毕，老人的舅家侄子行"升钉"（钉棺）之仪，棺椁覆以白布及红十字，棺头书：基督徒王凤仙　主内安息　以马内利　哈利亚路　耶稣基督　与我们同在。送行队伍有百多人，墓地称"查打白"，又名"房背后"，是村后小山。途中，队列拉得过于松散，有人敦促"快跟上"，抬棺之人居然抬着棺材奔跑起来，这在本族传统葬礼上是绝对不允许的。其间，观者甚众。

王凤仙葬于原配丈夫墓穴，他死于抗日战争时期，据说有烈士衔，是衣冠冢。棺椁下塘时，全体教徒列队面棺送行，又有人宣讲着什么，在杠子头理坟之际，教徒们东一簇、西一堆围着手风琴引吭高歌，久久不散。王凤仙的其他三个子女王槐、王琼英、王美英伫立一旁，心绪不宁，欲哭无泪，脸有不平之态，我于心不忍，劝说王信与弟妹合影一张，王信同意，脱下法衣，兄妹四人在父母坟前合了影。纵观王凤仙葬礼，程序、氛围都是基督教模式，但先生择日、属相回避以及娘家侄子李长贵"升钉"仍是撒梅旧俗。自 20 世纪 40 年代美国人在阿拉村布下"耶稣"种子以来，这样嬗变的葬礼一定发生过许多次，不过，在撒梅强势的民俗文化支撑下，基督教影响式微，其信徒仅占撒梅人口总数的百分之一二。

## 狂欢祭天山

撒梅人亲近自然、崇拜自然。他们对自然界的万物，大至天地、小至木石，都会设置特定节日进行祭祀。这种祭祀，由于祭祀对象的明朗、确定，祭祀高潮往往成为民众之狂欢。人们在祭祀中亲近天地山水，自己也得到欢娱享受。每一次祭祀都可以成为族人游山玩水、踏青宴饮的舞台。人们从中健全体魄、交流感情并且增进族群的文化认同与亲情纽带。智慧的撒梅人让宗教为自己在天地间打开一个硕大窗口，在这里，他们为万物注入人性人格，进而与之精神交流，将人的祈愿感恩表白于阳光下，希翼艰难的人生之路因此平顺些，弱小的群体因此强壮些。虽然祈愿实现的概率不可统计，但祈愿本身像一支火炬，它给人以希望和动力，过往的一代代撒梅人为我们踏出一道清晰的民俗文化印痕。

1. 祭祀大白天地

撒梅把天地之神称为"大白天地"。老人说，大白天地，天大地大，人生活在天地间，有风、有雨、有五谷，农民才有饭吃、有衣穿。对天地的感恩敬畏令撒梅将祭天与祭五谷定为本族最高级别的祭祀：世俗祭祀供奉的祭品是鸡鸭或猪羊，祭祀天地的供品是牛；世俗祭祀的场地是家堂宗庙，祭祀天地的场所是旷野高岗；世俗祭祀的参与者是有关的家庭成员、族人或乡保长，祭祀天地的参与者是整个村寨的人。

祭天在山上，因为这里离天近。各个村寨都有自己的祭天山。撒梅语称祭天山为"造思布"，祭天为"若思"。祭天山距村不远，山体平缓、丰润，草色青青。其上有苍郁山林的，人们必选择一棵入眼的大树

阿拉村的"神石崇拜"。这块长得像笋一样的石头因其特殊的形状得到村民的祭祀

干海子坝子之北的三座与祭祀有关的山,自左至右民族语称召苏坡、以西木度、维西木落,分别是大普连村、海子村的祭天山和杀猪山。杀猪山是旧时海子村镇海庵庙会杀猪祭神之所

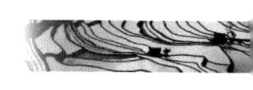

为神树，一般是麻栎树。祭祀场地较为平整、宽阔，便于集体活动。其间不设庙宇，只有一个石香炉。

祭天需不少花费，要选购祭祀活物——美丽健壮的黄牛，要准备足够村人食用数日的粮油副食，必须举全村之力，大部分物资与费用由各户凑。会务由保长（又称村管事、大老人，即村长）、小甲及"三老"组织。至于祭祀的仪式与过程，包括宗教的喧泄与精神崇拜的造势，则由西波、风水先生及全体村民合力完成。

（1）天人合一　人神共乐

撒梅祭天，多数已成为过去时，确切地说，是1949年之前的事。我采访村老，知道最后成规模的祭天在1948年，而且是在双龙乡，青龙村、洪桥村片区和一朵云村等距离贵昆公路较远的撒梅聚居村落。贵昆公路通车于1937年，公路两旁的撒梅老村如阿拉、白土等村，他们最后的祭天在20世纪30年代。

正是在上述片区，我采撷到一个个生动鲜活的祭天个案。为我讲述的老人，大多已八十余岁。

青龙村"掼牛皮"祭天。十月初二，在青龙村的祭天山，人们在山头祭大白青天。此山大名九连山，有不少圣迹。据毕明讲述，山上有根金的管头针（发簪），有金书，还有一条石头鱼（化石），后来都失传了。在一处名公鸡叫的地方，西波念着经，他用宝剑（法器）砍断一根左搓的草绳，将牛拉过来，先做利生的祭祀。接着，人们在焚着香、点着大蜡烛的石香炉前宰牛。按宗教说法，牛血与牛呼出的最后一口气是大神最喜欢的祭品。剥制牛皮时，头、脚、尾保留在牛皮上，以便做"掼牛皮"仪式。牛心供神。牛肉一部分煮熟用于祭祀的餐饮，另一部分均分至各户，晚上由孩子上山去取。祭祀完毕，众人吃饭喝酒，之后开始"掼牛皮"。

十二个管事老人年龄都不大，二十至三十岁，可说正当人生盛年，其中大老人是村长，他们将完成这件娱天乐人的游戏。一根木棒贯穿于牛鼻，两个大老人一人抬一边，两个二老人牢牢抓住牛前脚，两个三老

## 识记撒梅

热水河村的热泉。土坡下由偏厦围护的水源是人们的饮用水，引至外围的水做洗菜之用，再引出的水才做他用

人拉住后脚，一个小老人拉尾巴。在西波的摇铃念经声中，众人合力将牛皮高高掀起，重重掼于地，据说声音越响效果越好。有时还来点开玩笑的创意，力量大的一侧将高扬的牛皮裹到弱势的一侧身上，于是，笑声闹声不绝于耳。

位于青龙村之北的另一个撒梅大村乌龙村也取"掼牛皮"祭天。

旱马罩村"簸牛皮"祭天。旱马罩村祭天在农历十月十一。村子分大村与新村两部分，祭天山在两村中间，地势不高，仅四十多米。祭天由以村管事为首的六个人共同承办，他们提前两三日买来牛，钱由全村各户凑。不念经，点点香，一米多高的香炉内插着两支大香与大蜡烛，可以点三天三夜。村子通往祭天山的路两旁插着许多红、黄、水红的小旗，是纸做的，旗帜呈三角形，上书"天地"二字。

在石香炉前杀牛，分生牛肉，按人头分到户，都是净肉，称好后放

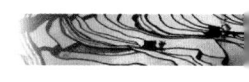

在长桌上。桌长约七米，是由两张长三米多的桌子拼接的，肉分三行摆放。当时全村四十多户，各户来人领走。其他的牛肉与牛筋煮熟，每家又分一大碗。

祭天山上开着中午饭，每户出一个当家人，不分男女，上去吃饭。饭熟了，有人会喊："吃饭了！"三天之中，六个办会的人必须驻守山头。本村当头的，每年轮，轮到了，就要办这场事。当管事的要出10公斤黄豆，做两个大豆腐，够众人吃三天。

剥出的牛皮，皮毛朝上，十多个男人拉着四边，上面坐一个男人，老小均可，一般选十多岁至三十多岁的青壮年。大家用力朝上簸，将此人簸至两三丈高，意思是这个村丰收了，有粮食簸，簸得好，收成就好。

热水河村小娃敲大鼓"抢牛皮"祭天。宝象河上游，瓦窑以上称热水河，热水河片区有一朵云、老鸦洞、老虎箐等村落，热水河是其中一村，得名于该村一个热泉。热水河村坐落在祭天山半坡，中华民国时有30户，120人左右。村后高坡有神树，是一棵两抱多粗的麻栎树。大约在十月初十前后，选属马的一日祭天。买个黄牛，在大神树下宰杀。毕摩、先生来念经。让一些壮实的男孩敲大鼓，大人也敲，在击鼓声中剥牛皮。牛皮剥下后，大人站在神树下高声叫喊："来抢牛皮啰！"早就守候在下面的男人不分大小奋勇攀登，坡较陡，登上山的抓着牛皮，拿出事先备好的刀，用力切割，有的力小刀钝，宰牛人就帮着割。割的皮张有大有小，大的可蒙一个直径30厘米左右的鼓，小的仅可蒙于小竹筒。祭天结束后，人们将牛皮绷鼓，敲击把玩，在娱乐中祈求好运。

牛肉煮熟后，给每个孩子发三片肉、三小块红糖，用马樱花叶子垫着食用。山上热闹异常，人们采制松毛用以铺地，做"松毛席"。一碗碗牛肉、豆腐等菜和酒放置其上，大家在青松毛上就座，全村的男女老少都到此吃饭。

与祭天一样热烈隆重的是"祭五谷"，时间在九至十月，有的村干脆与祭天同时进行。

棠梨坡"捂耳朵"祭五谷。九月初九重阳节，是棠梨坡村祭五谷的日子，祭祀极为隆重，奉献给五谷神的是一头黄牛、一头绵羊、一只鸭子。小甲在数日前就敲锣通知村民凑钱凑米。两个小甲每年轮换，每年从村人中选两个属相相同的年轻人，当地称属相相同为"一命的"，他们互称对方为"伙计"。初八晚，小甲要拿出自家的粮食请工做荞粑、米面粑、麦面粑、糯米粑、苞谷粑共五种，用饭甑子蒸熟以备第二日使用。

初九早上，从村中选出的18个汉子来到大寺，他们要轮班抬轿子，是五谷财神的坐轿。轿有一人多高，一米见方，镶金饰龙凤图。接轿很有讲究，小甲拿出一块红布，一个人扯着布边，另一个从红布上将财神接上轿，有点像现在摆设红地毯迎贵宾的意思。八抬大轿起轿后，有两人专在轿边作护卫，其余轮班的八人跟在轿后。对于村民来说，今天是过节，许多人参与祭祀。人们列队而行，有两人各抬着一柱碗口粗的大香，还有许多孩子，其中十岁左右的个个手中拿着龙蛇十二属相的小旗，更小的孩子就空着手跟大人行走。

目的地是村后一座山，名一撮云，是祭天山。路较远，途中两班轿夫轮换着抬轿。来到山顶，上有三位石雕的五谷神。轿子围着石神转三圈，便停歇下来，西波开始念经，摇小巴铃。游戏便开始了，先是小甲作喊工状，说："嗯，你们，大姐们，给我们割割荞，收收粮。"边说边比划着割荞动作，又挥着小棒棒作打荞姿态，用大锣比作筛子扬荞。小甲刚刚做完收获动作，抬轿之人便冲上去捂两个小甲的耳朵，小甲为了自我保护，先捂住自己的耳朵。这时，山上的人一个接一个捂对方耳朵，捂耳者排成长阵，不一会儿个个耳朵被捂得红红的。游戏做完，肚子饿了，小甲打开背箩，将五谷粑粑递与众人。

从一撮云祭天回来，到祭天坡，轿子又转三圈。这次转得较猛，弱的会摔倒，两个扶轿的早就做好准备，支撑着弱的一方以防轿子失衡。

晚上，全村老少在大寺内吃牛肉、羊肉、鸭肉。饭毕，西波念经。这时，一些白日未参与山上游戏的年轻人又去捂小甲耳朵。规定小甲不能躲，否则罚米两升。

由棠梨坡嫁至乌龙村的李长翠告诉我，棠梨坡田地很多，但都是雷响田，下雨才栽得下秧，一旦栽下，收成会很好，因为后山是磷矿，田泥适合稻谷生长。周围村子为此打趣：棠梨坡三年栽得下秧去（即连续三年风调雨顺），老母猪要戴金耳环。祭五谷"捂耳朵"游戏是否借趣于此，极有可能。

洪桥村"举老马"祭五谷。洪桥村八月初八迎五谷，全村做会。由两个小甲张罗事务，当小甲的要出钱出力。每人要买一支碗口粗的大蜡烛用于祭祀敬香。还要各凑一升荞面、一升糯米面，做成酒盅般大小的窝窝头，蒸熟后，用竹签穿起数个，顶部再穿一块牛肉、一块猪肉，外加一朵小红花，照门户一家发一串。有如当今的"开会通知"或"请柬"。

祭祀地点在村里的天神庙，庙旁有一根天灯杆，高近十米，像当时城里的电线杆。平日村民在此敬香祈祷，初一、十五夜晚点天灯，将一个内燃红烛的红灯笼用滑轮拉至顶端，为防下雨，顶部罩一顶洋毡帽。过去许多撒梅村有这种天灯杆。

三瓦村天灯杆

初八一早，村民到寺庙请出老佛爷，就是五谷财神。四人用大轿抬着，后面跟着许多人，有的拿着旗，有的扛着木制道具小犁、小耙，大家在村里游走一圈再到天灯杆。然后，西波念经，众人叩拜。这天又杀牛又杀猪，男人们在寺庙内吃饭。

晚上，在西波念经声中，众人到天灯杆旁"举老马"。一大群年轻小伙子簇拥着一个四五十岁的男人，大家把他举起朝上丢，在空中，"老马"要学三声马叫："依哈哈、依哈哈、依哈哈。"众人把他接住，再放下，有人夹两片牛肉喂他，还喝点酒。接着又朝上丢，如此三番。此游戏又称"筑老马""着马叫"。热闹有趣，观者不少，其中有汉族农民。洪桥村是个彝汉杂居的村落，旧时，彝族占80%，汉族占20%，相处和谐。祭五谷活动，一些汉族农民也凑钱，参与各项宗教活动，但在"举老马"的游戏中，他们只充任热情的观众。

（2）生存之道

撒梅在祭天山、天神庙举行隆重的宗教庆典，以表达族群对天地的感恩，对风调雨顺的期盼，并且为五谷丰登做出演绎。热烈欢快的祭祀活动增强了族群的血亲维系与文化认同，满足了人们的精神需求：那种有别于日出而作、日落而息的物质生活以外的精神律动与张扬。是啊，人非草木，孰能无情。

纵观撒梅祭天事，其实神事少、人事多。在祭天的狂欢中，你始终可以感受到人们冷静而睿智的生存谋略。

"拍卖"。在中国，商品与货币的交流互换，久远以来流行的是买卖与典当。在我印象中，"拍卖"这种形式是舶来品，"拍卖"传入中国，大约是近现代的事，而且即使在城市也不多见。

令人想不到的是，撒梅老人忆民国祭天事，竟不止一人提到"拍卖"。陶荣生是旱马罩村老年协会掌事者，2006年我采访他时，他75岁，睿智而健谈，在讲述十月十一本村祭天时，他说：下山那晚，剩余的菜饭卖掉，卖给村人，出一个底价拍卖。哪个出得上价，喊三声，就归谁。牛头、牛脚、饭、菜、牛皮，一起卖，便宜。热水河村风水先生李发兴出生于1945年，上过初中。2008年3月20日我访他，他说小时候祭天杀牛，小娃敲大鼓，抢牛皮，言语精练而生动。他也说到"拍卖"：剩余的牛肉、酒拍卖，谁买得多，价出得高，明年他就是祭天的头、主持，与村长共同做。

在陶荣生的讲述中，我听到了现代"拍卖"的要件：经办方村管事

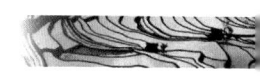

与小甲先定一个底价。牛头、脚、皮以及没有动着的饭菜一起卖，便宜，标的物便有吸引力；哪个出得上价（竞价），喊三声，就归谁（一锤定音）。在李发兴的讲述中，我还知道该村曾经的祭天，是将拍卖与遴选来年的祭天主持同时进行。

撒梅祭天剩余物资的拍卖处理只在本村范围进行，这是从族群祭天的实际出发，因为祭天活动本来就只限于本村寨。

我不知道，"拍卖"这种简约有效的经营之道是怎样进入撒梅聚居区的。或许，是来自昆明城里某次"拍卖会"的启示；或许，是族群内如瓦脚村学子出省出国求学留洋时的见闻；或许，是白虎山驻军内识见者的传授……不管"拍卖"这种洋技艺来自何处，它表达了撒梅人的敏感与好学，坚守传统的彝人并不保守。

龙花灯、子孙灯。旱马罩祭天完毕，下山当晚便开始了另一次祈愿活动：筹备排练龙花灯。龙花灯不同于一般花灯，唱灯之人一定是属龙的男人，开唱时间必须在正月新年的第一个属龙日。一般花灯没有这些规则。龙花灯是为村民祈求人丁兴旺、儿孙发达的，故又称子孙灯。

筹备与排练龙花灯在村子公房。公房很宽敞，是当时昆明流行的三间四耳倒座的形制。旱马罩由大村与新村组成。大村历史更为久远，但只有十几户，仅毕、李两姓；新村是后来形成，二十七八户，有李、缪、崔、陶等姓氏，其中有他处移民。各户派出一名男当家人到公房为龙花灯制作道具。他们需要做三件事：一是用祭天的牛油浇制蜡烛，以便制作道具与排练时照明之用；二是采摘青松毛铺地，以备花灯组在其上活动，撒梅有习俗，凡喜庆之事必以青松毛铺地以求清洁平安；三是用刀子片篾，扎制灯笼。这场灯事所需灯笼不少，有四个大鼓灯，每个直径近一米，圆形，中间插以蜡烛，为男装演员踩场所用。另有二三十个小灯笼，由女装演员手提着走场舞蹈。

旱马罩的花灯据说已传了好几代人，有170多场，拉开唱，半个月都唱不完。

排灯自十月中旬起，经冬腊两月不断切磋磨练，日臻完善。公房内夜夜传出悠扬的丝弦与婉转的唱曲声，令全村寨自祭天以来一直沉浸在喜庆与期待中，群山环绕的村寨因此显得文静而多情。

腊月二十以后，家家进入备办年货的忙碌中，一些热心肠的老妇便身背背箩，手挽提篮，挨家挨户接受村民的馈赠，当地称"逗凑"，是摊派的一种简约形式。有米、饵块、肉等，是给唱灯的演员们吃的，各户论能力给予，富的多点，贫的少点，也有随心功德之意。

正月第一个属龙日，有时是初三、初五或其他日子，龙花灯正式拉开帷幕。开场锣鼓有大鼓四个、小鼓一个、大钹一个、小钹三个、长号（过山号，六七尺长）一个。起灯时，锣鼓一响，村长便来点炮。所谓炮，是地铳，铁制的，有三排、九个，三排炮循序响过，锣鼓出场，灯出场。数十个花灯演员男红女绿，男装的走钉子步，女装的走碎步，行进中还来点过花、打飞腿。

撒梅人的"香提箩"，得名于旧时族群用此提篮盛装香烛，参与佛事

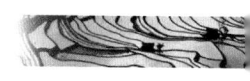

开场的当晚，花灯要绕村，从新村的香炉、大村的香炉到祭天山的香炉，再绕到青龙庙、马王庙、土主庙、五谷庙，寓意这是一台献给神佛的乐舞。

之后，花灯便成为民众年节的重要娱乐，一个个折子戏、打叉（快板），一场场本子戏令村民喜气洋洋、乐不可支。

很快，便到了"送灯"的日子，一般是正月十六。当晚，花灯也要转转村、踩踩场。然后，从村里唱出去，来到公房下面的小河边，灯头带着全班人马跪在河边唱唱念念，是送"灯神"，向灯神表示感谢之意。演员们将头上戴的花，手中拿的大小灯笼一一焚化，灰烬撒入河中任流水冲了去。至此，龙花灯祈求"人丁兴旺"的愿心了了。大家回到公房，将服装、官帽、小生帽等行头洗净晾干折叠交与村管事保管以待来年再用。

撒梅寺庙。撒梅进行重大祭祀活动，全村人多在本村寺庙聚餐，有时还接待外村人，称"过会"。过会办餐上百桌是常事。寺庙是各种祭祀活动的依托。

中华民国时期，许多撒梅村的寺庙规模大，设施好。我在云南省档案馆查阅到一份资料，是昆明县于1935年8月统计上报省相关部门的"寺庙登记"，其中涉及撒梅人的有十七个村寨、十九座寺庙。它们分别是：丰泰庵（阿喇村，现名阿拉村）、镇海庵（海子村）、宝龙寺（白土村）、宝云庵（普照村）、兴隆寺（大石坝）、永盛庵（小偏桥，现称洪桥村）、宝丰寺（乌龙村）、五谷庙（乌龙村）、莲华寺（新村）、妙相寺（旧村）、慈悯庵（青龙村）、土主庙（青龙村）、惠泽庵（粟了园）、涌泉宫（瓦脚村）、福寿庵（棠梨坡）、宝象庵（阿地村）、玉烛寺（王百户村，现称金马村）、宝珠寺（高桥村）、龙树庵（小麻苴）（注：以上寺庙属地村名均是我加注的）。

据前人调查，20世纪二三十年代，昆明县有四十余个撒梅村落。"宗教登记"相当部分已湮没于历史尘埃，但仅剩的资料已向世人提供了许多珍贵的历史元素，因为资料还涉及寺庙估价、产权、管理、建寺时间及用途等情况。

高桥村庙会，妇女抱着小孙子向"大章马"磕头，据说可以保孩子平安

昆明宜良汤池涌金山庙会（三月三），人们抬着章马游街

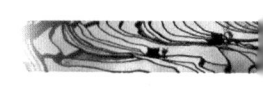

据"宗教登记"估价，丰泰庵寺约值5万元，镇海庵约值5万元，宝龙寺约值4万元，兴隆寺约值3.5万元，宝云庵约值2万元，慈悯庵约值1.5万元，涌泉宫约值1万元，龙树庵约值1万元，其余均在千元以上。寺庙规模以货币价值估算，排列于前三四的寺庙个个都达现今价格的上千万元。据白土村老人杨德回忆，曾经的宝龙寺有四层建筑，第一层大山门，第二层中殿连接戏台，然后是大雄宝殿，一层高，一层低，错落两层。还有两边厢房连通戏台，做会、办大斋可摆160多桌。小石坝的凤仪庵在中华民国二十几年已售卖于滇越铁路管理部门，因此在登记表上没有位列，据鲁忠美讲述，寺庙四合五天井极其堂皇。

资料载明部分庙宇内的佛像数量，计：龙树庵50尊、宝云庵45尊、慈悯庵30尊、丰泰庵18尊、镇海庵17尊、宝龙寺10尊。

按建寺时间，最古老的是宝象庵，建于清朝初年，距今300余年。龙树庵建于清康熙年间，兴隆寺建于清雍正年间，宝云庵、宝珠寺建于乾隆年间，四寺距今均有200余年。其他大部分建于清嘉庆年间，距今都有100年以上历史。所有寺庙均由"村民公建"。由村中绅首、首人或本村当事人管理。用作议场、村民议会、宴会之用。其中普照村的宝云庵兼作乡公所与学校，丰泰庵、宝丰寺、慈悯庵兼作学校。

撒梅的寺庙在起始阶段是神佛的居所、祭祀的殿堂，后来，便都注入人事。现在的撒梅佛寺，其功能除了敬佛、办庙会，另一大功能便是承载村民宴会，主要是家家户户的红白喜事。我因结识一些撒梅朋友而得参与其事，有了亲历亲闻。

青龙村毕湘老人在慈悯庵做九十大寿酒席，毕明等几个高寿的"小伴"以及儿辈、孙辈、重孙辈亲朋好友、地方首脑、邻里乡亲都来喝酒祝贺，规模约有数十桌。席间，女人与孩子们吃菜有滋有味，男人们斟酒话旧，意兴浓浓。宴会进行得温馨有序，高寿者的喜气福气，盈于庭绕于梁。

阿拉村王信、王槐、王琼英、王美英兄弟姐妹为享寿97岁的老母王凤仙在丰泰庵办丧宴。旧村何自高为享寿94岁老母何凤芝在妙相寺操办

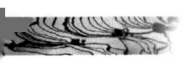

丧宴。前者因王信底气深厚，办了一百多桌；后者何自高对母亲有特别的眷念与感恩，他对我说："母亲一生生养七个孩子，只留我一个（老六），小名福存，我也有两个儿子。"因大事需他主事，他便没有再说下去，但九十多岁高寿的老人肯定都是四世甚至五世同堂了。两场宴席极为丰盛，场景平和从容。生老病死，人生常态，一辈辈老人寿终正寝，人们都是以这种方式郑重其事为其送行，寺庙的宏大肃穆似乎也恰当其事。

当今物资充裕，宴席内容物较从前丰盛精致，但过去的办宴家什讲究，我听过若干老人讲述老寺曾经的"铜家什"。以青龙村为例，慈悯庵曾经有一百余桌的江西景德镇瓷碗，一百多个铜饭锅、铜饭匙、铜酒壶，五个铜炖缸，每个缸可炖几十公斤肉。一个大铜茶壶，可盛一担半水。许多老寺都有这种引以为傲的装备，后来这些物件大都成为20世纪50年代大炼钢铁的宝贵原料。当今，在我访问的数十个撒梅老村中，我只在地处偏僻的古驿道哨卡"哨上村"见到一只铜炖缸、一只铜茶壶，且已被岁月折腾得有些变形，但依然在各家各户间借用流转，十分经用。

数百年老寺的经久，在于持续的维修与重建，中华民国后期，一些寺庙成为国民党军队驻扎之地，如青龙村慈悯庵、洪桥村永盛庵、白土村宝龙寺等，老人甚至记得驻军的番号，但战乱时的兵痞并不爱惜公物。中华人民共和国成立后，许多寺庙又成为粮仓。以新观念与现代生活方式观之，寺庙不再是大众心中的圣地，它们在数十年中迅速没落坍塌。至20世纪末，撒梅老寺十存二三。近年，因着经济的发展，村民收入增加，又兴修复寺庙之风，不过多数复建的寺庙，其规模设施较往日已不可同日而语。

2. 老爷山土主庙会

滇地彝、白等民族有崇拜土主之风，据史籍记载，此俗起于南诏、大理古国，盛于元、明、清，衰于近现代。土主，以"土"字解，应为当地神圣，庙宇内供奉的土主，多半是大黑天神。据信仰者告知，大黑天神是观世音菩萨化身之一，应归佛教。大黑天神的具像是一位三头六臂、怒目圆睁的武士，胯下骑硕大白牛。

撒梅于每年农历六月十三赶老爷山土主庙会，侍奉的却是高山上的一块奇石。此山古名岘纳，又称乌纳，俗称老爷，撒梅语称"屋来不"。它位于撒梅聚居地的东北边界，距昆明市区约50公里，山极高大绵长，主峰海拔2730米，山脉长22公里，宽2—3公里，奇石就在主峰。据《宜良县志》收录《元史·地理志》载，相传土主神为一大石，状若马头，每岁六月十三，远近争杀猪羊，祷祀以毡毳裹之（毳，音cuì，动物的绒毛，人的汗毛），多至万余人，唯未建庙宇，附近也无居民。方国瑜先生主编的《云南史料丛刊》之《清一统志·云南志》载："乌纳山，在嵩明州东南，旧杨林县西南十里，一名岘纳，山。山亘百余里，西连呈贡，东接宜良，顶有石如马首，远近祷祀，以毡毳裹之。土人呼马首为乌纳，故名。"

官渡古镇土主庙会的白牛驮土主。彝人崇尚土主。坊间称土主有五弟兄，其中四个是大山山神，老二却是滇池北岸土主庙内供奉的大黑天神，已有一千多年享祀历史

在撒梅坊间，对老爷山土主的具像有一些说法。据洪桥村毕玉英讲述，佛祖（即岘纳，土主）是个石匠。热水河村李发兴讲的是一个传说，他说：土主老倌是从嵩明来的，在老爷山脚遇着一个小伙，老倌叫小伙背他上山，说给钱。小伙背起就走，谁知越走背上越重……显然，这个神异老倌就是石土主。话语中没有把土主攀附上大黑天神，而是自然神，他可能是土地、山神或石神，民间宗教没有完整的体系，扑朔离

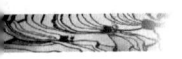

迷是其特点。

俗话说"靠山吃山，靠水吃水"，这是生存规则。在滇池西岸，古来供奉的龙王不少，粗略计算有六七位，因为此间水势浩大、泉水极多，人们编织着水的神话。滇池以东，有许多宜居土山，间或有雄峙俊朗大山异峰突起，当地民众便顶礼膜拜，山村流传的便是山的传说。此间有一说法，土主是五兄弟，老大为老爷山，老二官渡土主，老三晋宁药灵山（即澄江大梁王山），老五嵩明七郎祖师（白邑梁王山），老四佚失不知。土主五兄弟中，只有老二官渡土主临水而坐，供奉在一座数百年历史的堂皇土主庙中，是大黑天神具像。其他四弟兄是四座不凡的大山，它们应该都是大江大湖及大坝子的分水岭与界山，因为除了佚失的老四，其他三座大山我都登顶考察过。

人们数百年持之以恒的崇拜，是笃信其神圣与灵验。对于老爷山的土主崇拜，高桥村78岁的张秀英告诉我，她很是信奉，一辈子去了五次。回忆过往的情景，她说："头天一早天不亮，五六点钟就起床，六点出发，走路。下午到阿底村，住一晚，第二天上山。有时为了烧头炷香，晚上在山顶过夜，山周围的村顶佛的（顶佛，神灵供奉者，一般是师娘）那些人找柴来给我们烧火，是赐功德。有人在火堆旁唱，是佛祖借凡人之口来讲话，我们仔细听，听了遵守，就好了。有一日，一个与我年纪相仿的女人站在土主庙前耍一块手巾，指着供土主的两个章马，说：'经文不够，要补。'那些老奶跪下，说：'还缺多少，我们补。'她说：'缺得多，还缺一万两千。'此人是海子村的。"我想应该是海子村的李师娘，这个耍巾扇的女人在当地极有威望。在庙会期间，这些师娘俨然成为神佛的代言人，用当地话讲是"老佛祖来过话"（过话，即代神传言），在信众中极有影响。

老爷山的东部是宜良坝子，一块富庶的产粮区。那里也有许多老土主的信奉者，张秀英说："六月十三，所有喜欢的人都到老爷山，宜良人来使鸡，男男女女都上去，更隆重。将鸡头与鸡的左脚、左翅连同放在饭盒内的香一起进贡。土主老爷管五谷丰登、六畜兴旺。现在开车的

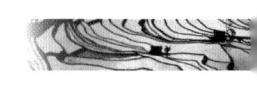

去求平安,做生意的求发财。"

听了太多有关老爷山庙会的信息,我决定亲去一次,以采集实景。

(1) 撒梅人的老爷山情结

老爷山·铁甲龙王·彝族老妇。2006年7月8日(农历六月十三),在龚从仁的帮助下,我约请高桥村的小文与李长林同去游历老爷山。事先就听说,六月十三那日好下雨,下的是土主老爷的磨刀水,他有一把威力无比的神刀。早上我七点多起床,外面下着倾盆大雨,心想:这磨刀水也太猛烈了。待我赶到八九公里以外的经开区与文、李会合时,雨基本停了。我们径直去小普连村接村民李凤祥等,因为事先约定,他们也参与庙会。谁知这场大雨将他们承包的葡萄园淹没,正急着找抽水机排涝,忙不得赶庙会。

小文是我雇请的司机,小李原籍是老爷山脚阿底村人,上门至高桥村,两人对去老爷山之路很熟悉。小面包车在平坦的山间公路上疾驰,一个多小时便到阿底村,前面已没有车路,村中停歇着一些车辆,也是来赶庙会的。这是一个彝族老村,意为"山下面的村子",地处老爷山西麓,距昆明市区37.7公里,海拔2429米,有40余户、200多村民。村中老寺名"太阳寺",也在祭祀,供奉的有太阳神、月亮神,是两位分别着红衣、绿衣的女神。还有刘氏祖母,据说是老爷山另一位神人粗糠宝的母亲。还供着观音、如来。彝族信奉太阳神,有独特的太阳办法。老寺是原生态的彝族宗教,现在要在偏僻山乡才有"太阳寺"了。阿底村老寺屋宇陈旧,偏庭已呈颓势,地处边远山区的彝村无力翻修。

铁甲龙王是一棵鸡嗉子果树,人称宝树。一股清洌的水从树旁崖隙流出,漫过山道,顺树丛草根岩缝汩汩而下,去营造宝象河千万年的梦。朝山的男人女人、老者孩童就着水洼处捧水解渴,因水洼极浅,水底杂质很快泛起,有的便用树叶蘸水吮吸。一个牧人赶着一群黑山羊过来,羊们停住脚步,舔饮漫路泉水。几匹驮马过来,马嘴自然凑近山水。这股水,喝了不仅对人好,对牛马牲畜、野生动物甚至虫虫蚂蚁都好。泉旁山石上有一些点着的烛燃着的香,发散着点点闪光、袅袅轻烟。

识记撒梅

老爷山西坡阿底村太阳寺的祭祀

老爷山西坡的铁甲龙王树（鸡嗉子果树）

六七公里坡不甚陡的山路，散散行走了两个多小时，到达山顶已是下午一点多。这是座石山，山顶不甚宽阔，没有树木，只有零星灌木刺丛。数个山包之间有一块较大坡地已被踩踏成平整草场，彝族向有踏歌祭祀传统，这里应是民族歌舞祭神之地。一条被无数人经年累月踩踏出的上坡石径缓缓通向最高峰，道上挤满人，在人头攒动的深处就是石土主。

坡上，有一片很大的布篷，卖热的羊肉汤锅，我们走了进去。吃饭的高峰已过，不是很挤，伙计招呼我们坐下，老板也过来张罗，攀谈起来，知他名李荣，是山下二京村人，此村现是汉族村，当地人称搬家人（从各处移居而来的杂姓）。我们点的羊肉、白酒、米线与其他菜，很快上来了。趁老板有点闲工夫，我请他谈谈置办庙会餐饮情况。他说，这次庙会，他备办了30公斤羊肉，是从村里煮熟拉上来的，白酒25公斤，冷水（矿泉水）150公斤，还有白芸豆、小豆腐、鸡脚、香菇、米线。

高山上的庙会吸引了许多年轻人。在山顶的餐饮帐篷中，他们享用着美味的羊肉汤锅。旅游与美食也是庙会的一大主题

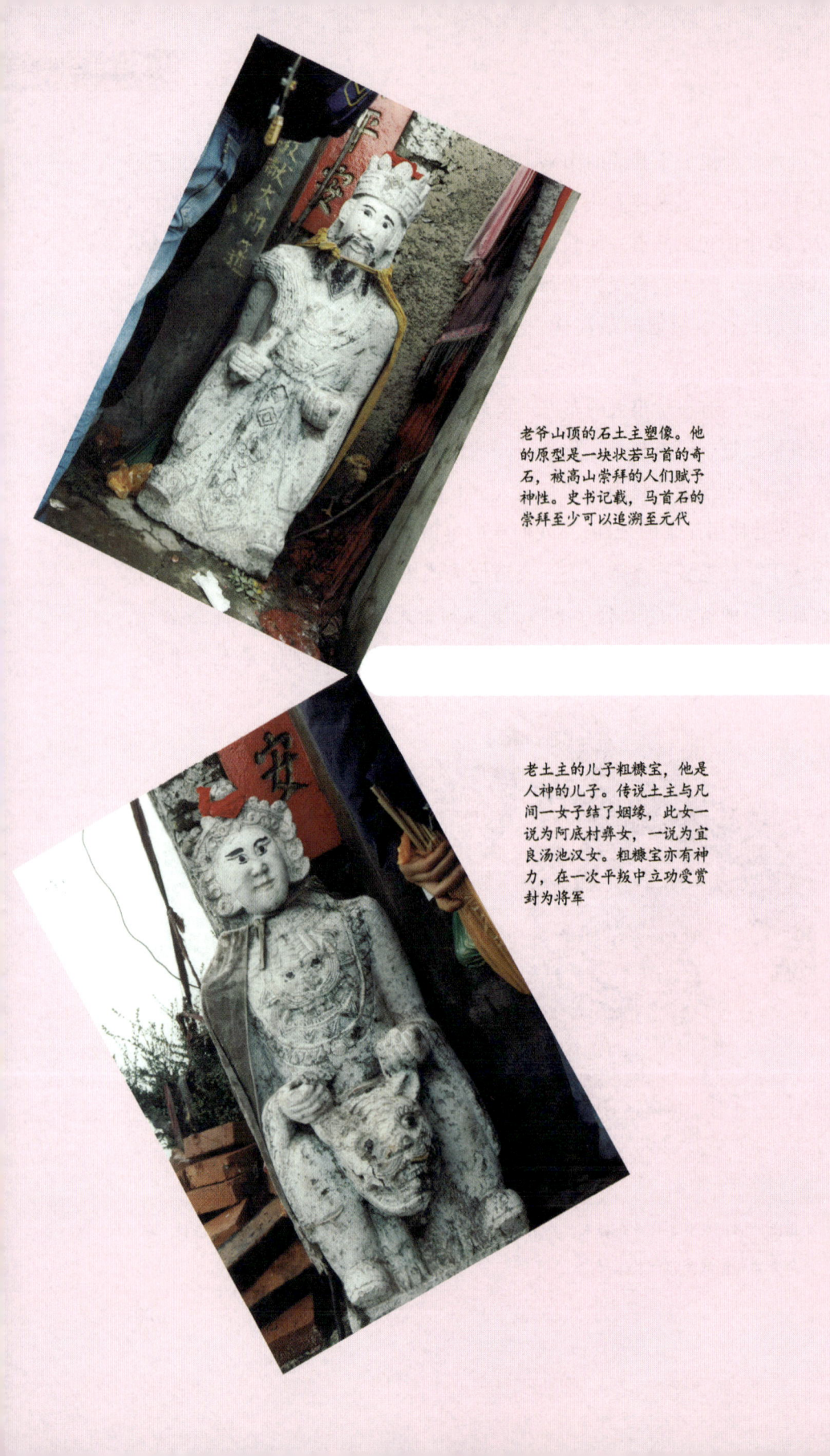

老爷山顶的石土主塑像。他的原型是一块状若马首的奇石，被高山崇拜的人们赋予神性。史书记载，马首石的崇拜至少可以追溯至元代

老土主的儿子粗糠宝，他是人神的儿子。传说土主与凡间一女子结了姻缘，此女一说为阿底村彝女，一说为宜良汤池汉女。粗糠宝亦有神力，在一次平叛中立功受赏封为将军

海拔2730米的老爷山主峰，人们建石屋、塑神像。每年农历六月十三为祭祀庙会，其他时间，这里人迹罕至

雨季加上高山的特殊环境，六月十三的老爷山经常细雨蒙蒙。人们撑着伞，拉着竹竿把滑。这块山顶小平地，过去是一朵云彝族跳面具舞酬神之地

除了自己，家中还有七人参与背驮货物，有老婆、兄弟、女儿、女婿、侄女与侄女婿，外加一匹马。马驮了七趟，七人每人背七八趟，材料准备了两三天。羊肉卖80元一公斤，较山下贵三成。已经做了四年，有时剩下一点；有时不够。他说，我就图热闹。确实，还要有好劳力才办得下来。

那条烧香路已然成小集市，卖得最多的是香烛、纸钱、元宝、章马等祭祀品，还有水果、糕点、杂糖、熟鸡蛋、小吃、小绣件等，其间有两个卖草鞋的摊，有人围着买，因山道泥泞，草鞋防滑。也有的年轻人买了背着，带回城里作工艺品摆设。

我们径直走向峰顶，那里有两个石头搭建的小石屋，供着石土主与粗糠宝将军。石土主伫立于门外，一间石屋内供奉的粗糠宝被敬香者以及香烛、供品、仿制花簇拥，有庄严之气。庙前有一个用乱石围成的石塘，不断有人将点燃的元宝、纸钱、香、章马、章人投入其中。因为涉及用火，虽周围没有林木，但仍有保安在旁警戒以备不测。磕头作揖、祷告发愿的人络绎不绝。有人在旁边的乱石堆中杀鸡祭神。庙前乱石中竖着两三块石碑，上书粗糠宝大女儿××、二女儿××立。没听说过这些神人有儿孙后裔，事后才知道，这是一些寄拜神人为干爹以求护佑的人的创作。

这是一个高山上的庙会，人们说，天气好可以看到四海五坝，四海是阳宗海、抚仙湖、昆阳海、陆良海，五坝是昆明坝、宜良坝、陆良坝、呈贡坝、路南坝。几乎可以纵目饱览滇中数百平方公里美景。小庙直面撒梅聚居的宝象河流域，依稀可以看到山脚阿底村房屋与土地。朦朦胧胧之中，一座座草木丰沛的土山向远方铺陈开去，烟云弥漫，像淡淡的水墨画。我踱向小庙背面，那里有一个小缓坡，里面乱石嶙峋，再往前就是壁立千仞的山崖，崖下是宜良坝子，因为天阴，看不清更远处。小庙制高点原来那个马首石了无踪影。我又返回庙前，观看现代人忙碌着现代祭祀，总想找一点古籍记载的"祷祀以毡毳裹之"的古意，可哪里还有。生活在老爷山周围的土著是彝族，旧时男人出远门总爱披着毡毳。

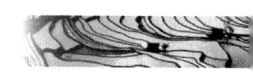

毡毲，今人称毡条，是用羊绒擀的，有黑白两种，黑的是山羊毛，白的是绵羊毛，以白色居多。毡毲类似披风，防水保温，不怕下雨，是久居山地的彝族不可或缺的物品。中华民国时西波、风水先生出门办事均有此装备。在近千年的老爷山土主崇拜中，土著将他们取暖的毡毲脱下，围在马首石上，用自己的体温温暖冰凉的石神，喝着酒，絮叨着生活的艰辛和要托付的心事，人与神进行着精气神的交流……。

我站在坡上，正自遐想，石塘转角处，两个女人的身影映入眼帘，只见一老一少，年轻女孩约二十岁上下，搀扶着一位老妇，老妇手拄一根竹竿，权作拐杖，身子骨还硬朗，脸上满布的皱纹象老爷山小庙背后的风化石，眼睛似合非合，表情安祥沉稳。她身着一套传统的彝族服饰，头戴的民族帽缀满海贝，大小形状如古滇曾流行的贝币，是那种非卖品的节日盛装。一种久违了的古朴气息扑面而来，我眼前一亮，心有暖意，向两位向导表示我要访问她们，并且要为老妇照相，两人会意，迎上前去向年轻女孩作了说明，年轻女孩与老人说了几句什么后，两人停住了脚步，同意拍照。我如获至宝，围着老妇左右拍照，但是她始终微合着眼，静如止水，难道是盲人。问年轻女孩，知道了是她奶奶，是老爷山东边阿乃村人，今年已经80岁。在我事先准备的文案中，我知道阿乃村是宜良地区的一个彝族老村。从阿乃方向攀登老爷山，山道崎岖难行，路程是我们登山的数倍，想到祖孙二人如此艰难来老爷山烧香，现在土主庙已在面前，不好意思再耽搁她们，便匆匆结束访谈，没有问及姓名，也不知老人眼睛到底怎样。但老人给我的意象已足，我又记起古籍记载的"祷祀以毡毲裹之"，我找到了滇地土著千年高山崇拜的一点感觉——那种至诚与质朴。

一朵云·祭天山·神树。2008年2月26日，我跟随李存、鲁忠美夫妇到一朵云村，这里是鲁忠美侄子鲁青的老岳父家，老岳父名杨正云，原籍阿底村，自1975年起在一朵云小学教书，落户一朵云村。

翻开《官渡区地名志》，有关一朵云村的记载如下：一朵云（村），距昆明市区37.7公里，处老爷山西麓，海拔2159米。"一朵云"为彝

## 识记撒梅

语，意为出水箐。另一说，因为居所地势较高，冬晨多云雾笼罩，故名一朵云。117户，544人，彝族。一朵云村还是一朵云彝族乡政府所在地，辖一朵云、热水河、老鸦洞、瓦窑、老虎箐五村。前三村均为撒梅老村，因地处边远山乡，民俗文化保存较多。

我来一朵云村是为老爷山庙会，过去，老爷山庙会是在一朵云村的"踩场"祭神歌舞中揭幕的。在老爷山巅土主庙前那块平整泥地上，一朵云村的艺人身背泥菩萨，脸戴面具，又唱又跳又崴……歌舞传递的是浓烈的古彝祭神之风。

一朵云村现有190多户、近1000人，没有来此打工的外来者，全是本民族人氏。

一朵云村富的是山，推窗出门，有打鹰山、向阳山、帽子山、牛尖山，还有那个祭天山，又名小老爷山。眼光所及全是山。贫的是土地，几乎都是山地，1000余亩，出的是产量不高的玉米、小麦、荞麦等杂粮。现在城市蔬菜金贵，村民在少数近水之地精心盘整蔬菜，生活有了改善。

在村中老寺废墟的山墙上，嵌着两块碑，分别立于清乾隆三十七年（1772年）与乾隆五十三年（1788年），辨识古碑碑文，果见老村历史上是以山立村的。当时该村名"日苴里甲尾"，碑文由官府撰稿，说的是甲尾村山高箐险，不能栽种稻谷，谋生全靠"蓄山竹树木"售卖，作为交皇粮与家庭衣食之需。每年十二月是兑现官家派夫杂差并竹木的时间，但"乡甲行户"即当地乡保长、士绅等人年内屡次向民众摊派"竹

*朝拜神山的80余岁彝族老妇是老爷山东侧阿乃村人，眼力不济，在孙女搀扶下拄着竹竿，攀登崎岖山道来庙里进香*

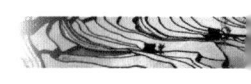

木等项",民苦。村民王文、李元美、王长贵等向官府"具诉"。官府受理,发出告谕,重申"该处所应夫役仍照前示轮办,其山竹树木杂项差事"不得"籍端科派"。如有上述人等再索复派情事,"许该民人指名禀究凛遵,特示"。

据鲁青说,山墙上还有一碑,字里行间提到唐王,此碑已经佚失。唐王是指唐玄宗李隆基,这位与宠妃杨贵妃一起将中国宫廷艺术推到极至的皇帝,驾崩后被国人尊为"灯神"(梨园祖师),影响所及竟至昆明的深山老林。此碑是一朵云村建立花灯队的告白。以昆明农村传统,建立花灯队的村子一般是富有、民气硬朗的老村,一朵云村地处山高箐险的僻壤,富有谈不上,民气硬朗却是一定的。该村花灯队甚至于每年年节步行数十公里向阿拉村"送灯",其历史渊源据鲁美英说:老古辈传下来,过去阿拉村人多,要向一朵云村移民,家有两子或两女,要迁一个到老爷山脚。一朵云村与阿拉村就成为"兄弟村""老街坊",阿拉村是哥,一朵云村是弟,送灯,必定是弟弟向哥哥的祝贺。当然,届时阿拉村也热情相待,有条件的家庭都向一朵云村花灯演员敞开大门。

我来一朵云村,还为祭天山的神树。在杨老师家用毕午饭,我跟随杨老师、李存、鲁忠美攀登祭天山。此山是老爷山余脉,山上长满不太高的次生林,一条土路通向山顶,半小时不到就登顶了。顶部有三四亩大小的台地,居中是高矮不等的杂树,最高的那棵麻栎树是神树,高高大大,鹤立鸡群,但树梢已被寄生植物缠成球状,有的枝干折断坠落地下,拾起一看,寄生植物已与树枝长成一体,沉甸甸不分彼此。我问杨老师:为何不救神树?他说:没有办法。我们看着那一根根升向空中的枯枝,那是人够不着的地方,即使能够得着,没有植物学知识和技能,又能怎样。我不由想起小麻苴村的神树,那棵传说在树丫把处有一对金鱼上上下下的树木,枯死在民国龙云主政时代。撒梅老村过去几乎村村有神树。现在,我确切听到的神树有两棵,一棵在热水河村;另一棵就是眼前这棵奄奄一息的树,我看只能称其为"神木"了。

神木四周,有两三个乱石搭建的简易佛龛,均有烧香焚纸之痕迹。

鲁忠美说，这里是土主老爷的祖根（宗庙，祖宗根基之意）。过去走老路，从大板桥与呈贡七甸方向赶老爷山庙会，一朵云村是必经之路，到达这里，前面还有两个多小时的山路，很难走，有人实在走不动了，便在此烧香，人说一样灵验。现在，由于道路改变，六月十三在一朵云村祭天山焚香的主要是本乡民众了。

海子村·小老爷山。历史上，海子村有一个撒梅地区最宏大的寺庙——镇海庵。中华民国后期，该村的男人几乎人人学过风水先生的念经手艺，还有一个在周围十数村有名的耍金扇的师娘。这种宗教发达的村庄注定有其别出心裁的崇拜。它的祭天山又称"小老爷山"，每年六月十三进行着与老爷山一样的土主祭祀。

一朵云祭天山上的神树，它已被寄生植物缠绕得奄奄一息。树下小石龛是民众进香之处，族人说，这里是土主老爷的"祖根"（祖籍），六月十三，邻近数村彝族在此祭拜

2007年7月26日（农历六月十三），我独自考察海子村的土主崇拜。小老爷山就在村后。正值雨季，上山之路甚泥泞。两三日内雨水断断续续，令一些心急的村民利用前两日乍雨乍晴的间隙烧了香。按习俗，土主庙会过三日，自六月十一至十三。因此当日烧香人不多。

事前，鲁忠美告诉我，当天早上八九点钟山头最热闹，有进香的，上素（小马）的，也有杀鸡的，多得很。人们为此用背箩背水、锅、灶，上山煮鸡以便祭神。有的家庭孩子难养、病多，就去山上认干爹干妈。在祭天山，到得最早的人，就是孩子的干爹或干妈。以后拜年，大年初二，要给干爹干妈缝一套新装，鞋帽衣裤，从头到脚。

我上山时，已近中午，那些应发生在清早之事，就错过了。山道上，遇着一个背着孙子的老妇，攀谈起来，知她名代文美，是大普连村人。大普连原在宝象河上游坝口村附近，20世纪50年代因修建宝象河水库，与小普连村一起搬了过来，与海子村为邻。她也是来进香的，我们同路，边走边聊，她说烧香如果为了求子，要供一公一母两只鸡，公的是红公鸡，冠子要大；母的是水母鸡。满一年实现了愿望要还愿。小老爷山是泥山，坡缓，有一些果园及菜地散布其间，没有老爷山的险峻雄阔，却有自己的秀美丰润。山不高，二十分钟左右便到山顶，上有土主庙及香炉，祭祀台上放着水果、糕点等供品，香炉内轻烟缭绕。已有三个家庭在祭祀，有的已完成"利生"，正在庙后树丛杀鸡，有的在支灶架锅准备拾掇鸡。

海子村祭天山又称小老爷山，人们建庙设香炉，周围村庄的人于六月十三日在此祭拜粗糠宝将军。图为老人搂小孙孙向神像行拱手礼

这时，又来了两人，似为母子，也背着锅灶与水。儿子去作"回熟"准备，母亲在庙前抱鸡祭祀。我待要拍照，她轻轻作了个手势，代文美告诉我，不要拍照，怕惊挠神仙，我收起相机，在一旁细观其行，与我在他处看到的"使鸡"过程相仿。

　　下山途中，遇一老妇背着背箩上山，似有一定分量，问起，说是要去庙前做"回熟"祭祀。她停歇下来，放下背箩，里面有两只煮熟了的黄澄澄的鸡，鸡头夹在翅中，双脚团拢，是农村传统祭祖时供品的样子。

　　至村中，回望祭天山，发现那里有连绵的三个山头，请教村妇，她说，第一个山头（由北至南）是大普连村的祭天山，民族话称"召苏波"；第二个山头是海子村的祭天山，称"以西木度"；第三个山头是杀猪山，称"维西木落"，过去十月十八海子村镇海庵庙会，先在杀猪山杀猪祭祀，再抬到庙里过会。

白土村土主庙供奉的是官渡土主

西邑村土主小庙供奉［民族祖师］

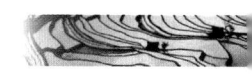

海子村很美，它背靠的是连绵与宗教有关的山，面对的是在清朝宣统年间就有驻军的白虎山（驻地称老营盘）。其间稻禾碧绿，白色的鹭鸶成群结队，飞来飞去。村口，有石猫猫，祭祀的香炉内飘动着轻烟。路旁的晒场上，石碾砣拴着牛鼻绳，水牛横卧一旁，慵懒地反刍。我拍了数张照片，题名为：白虎山下的鹭鸶，祭祀石猫猫（石虎），黑牛与绿稻，牛与石碾砣。

其实，老爷山的土主崇拜已深入至彝族撒梅的村村寨寨，老爷山至高至大至尊，但它距人间烟火太远了，人们需要困顿时在村子近旁的祭祀。类似一朵云村、海子村的小老爷山故事还有不少。

在洪桥村，毕玉英告诉我，土主有三兄弟，老爷山为大，本村是其中一个。六月十三，村民年年在祭天山祭土主，买糕点、水果与三只鸡：白公鸡、红公鸡、黄母鸡供神，现在还是这样。她回忆小时候看到母亲在祭天山的祭祀场面：她与十多个小伴在山上跳扁鼓。全村人都去，煮南瓜；杀三只鸡；小甲买一两升炒豆，一桌一碗。各人带着蓑衣，坐在蓑衣上，中间搁点茅草，饭菜放在上面，十多桌，都是本村人。

三瓦村李美芝是村老年协会主席，2009年我访她时她66岁。她讲的是三瓦村版的土主崇拜。三瓦村有土主庙山，山上有土主庙，供着土主老爷，庙门向着老爷山。土主老爷的石像是本村一个石匠打的。以前打仗时，后山有许多一人高的石头，一次土匪从后山来，晚上看到这些石头像一些人站着，以为是当兵的，吓退了。事后，三瓦村石匠说，这些石头保护了本村。于是石匠打了一个石将军，戴着一顶洋毡帽，穿着军服，挂一根拐杖（以此像装饰观之，此事发生于中华民国时期），许多人去那里拜石将军为干爹。新姑爷结了婚也去拜。不过石将军在"文化大革命"中被砸毁，高高矮矮数十块石头也被炸毁了。

有形的东西容易毁坏，无形的东西更绵长久远。七家村宝丰寺立于大清嘉庆庚午年（1810年），庙内还保存着一个精致的龙柱石。村民于2003年重塑三官，即天官、地官、水官。并供奉神仙牌位，分别是护国佑王粗糠宝大将、当方土主大黑天神、敕封海口总督龙王、滇池海内诸天龙王、宝象河头铁甲龙王。都是本乡本土的神仙或自然神。

（2）粗糠宝的故事

撒梅坊间，流传着一个由老爷山石土主衍生的神话。二京村以前据说是撒梅人居住的村落，七个姑娘去老爷山采拾野生蘑菇，来到石土主所在山头，大家坐着歇息。不知是谁建议做个游戏：将篮子扔出去套马头石，谁套上就给土主老爷作媳妇。众皆同意，如此这般，其中一女的篮子正正套中石头，在起哄与开玩笑中，大家返村。

后来，这个姑娘的肚子渐显，母急，追问缘由。女说，晚上经常有个长得很好看的男人与她睡觉。母问，是哪里人，叫什么名字，女儿说，不知。母亲交给她一团红线，让她将此线系于男子之衣，女照办，最后发现，红线连着石土主。

姑娘足月产下一个活蹦乱跳的男婴，母亲说："孩子没有爹，怎么带出去。"便将他捂在粗糠里，三日后扒开粗糠一看，孩子居然没死，还长大不少，只好养着，起名粗糠宝。

棠梨坡村土主庙供奉的撒梅王

粗糠宝长大后，有神力，一次外敌入侵，官府张榜招贤，粗糠宝揭榜。临行前，石土主梦招儿子授神刀。后来粗糠宝立功当了将军，返乡时因其未婚母亲生养的身份，受乡亲嘲笑，一头撞死在大树上，临死前发毒誓：你们不迎我，叫你们牛死马遭瘟。

据讲述者毕明说，宜良七凸坡又叫气死坡，粗糠宝就是在那里撞死的，宜良汤池一带每年三月三为粗糠宝做的"迎佛会"场面极大。我专程去宜良汤池，那是老爷山东麓的一个产粮区，涌金山万福寺土主庙供奉着粗糠宝神位。在那里，粗糠宝成为一个有名姓有户籍的人——其母亲为汤池西街的洪缅亲，粗糠宝大名洪英，人称"洪四老爷"。粗糠宝临死前的毒誓是冲着汤池地区十八村说的，为了祈福避灾，旧时万福寺粗糠宝的庙会也由十八村办理，自正月初一至三月三，粗糠宝佛像在十八村隆重传递迎送，尽享供奉。

七家村为一条放生的大黄鳝建龙宫，即水井之上的小偏厦，开光之日请来道士作法，坊间参与者大多为老妇

我推测，宜良汤池是粗糠宝神话的始作俑者，其动因是农耕文化之需要。只是，我看到由当地那开贵先生搜集改编的《汤池民间传说——粗糠宝》一书为这位神仙勾勒的故事笔调虚实并重，书中竟然把南诏国的段宗榜（历史人物）、古代武侠小说《七侠五义》中"五鼠闹东京"的故事统统杂糅到粗糠宝身上。但是据我阅读考证，粗糠宝故事应是近代人的创作，否则，元明清史籍没有只述老爷山石土主及土人崇拜而不提粗糠宝之理。这改编的传说更像一个花灯剧剧本。

### 3. 麻苴祭龙

祭龙，一定与水有关，与水井、龙潭泉水有关。撒梅地区，村村有井，龙潭却不多见。据我了解，有泉水与龙潭的村子主要有大麻苴、青龙村、白土村、新村、瓦脚村、热水河等。撒梅祭龙，主要在三月的首龙日与十一月的冬至两个节气。冬至那日祭龙最常见的是掏洗水源地，于井边上香及投送汤圆。三月首龙日，有较大山泉的村子会为龙神做庙会。

撒梅祭龙，极富生活情趣，令人闻之难忘，观之欣喜，我有幸采撷两枚，与君共赏。

旧时，青龙村冬至祭龙，一些半大孩子扮演"小叫花子"角色，其情状亦庄亦谐，至今，令耄耋之年的老人回忆起童年岁月，依然眉飞色舞、笑逐颜开。

数年前，毕明告诉我，他小时做过"小叫花子"。冬至前一日，六七个男孩，岁数从七八岁至十多岁，大家聚集龙潭，轮番上阵，清理水井。先将井水舀干，渣渣杂草丢出来，要干整整一天的活。傍晚，当泉水在井下汩汩而涌时，劳累了一天的"小叫花子"们在水井附近的栅子内就草席而坐，燃起由各家各户凑的柴火，大家烤着火，说笑着守护水井，规定不准睡觉。天擦黑，众人扯开嗓门大喊："日者和来和！"（方言，意"送井饭了"），半夜叫一回，天显亮，又叫一回。渐渐，村中有了响动。有人挑着水桶，一手拿着香，一手抬着碗热腾腾的汤圆，来到已经注满清泉的水井，点着香，插在井栏，说："龙王爷，今天过年。"说完丢两三个汤圆在水里，挑着水抬着碗来到栅子，将汤圆倒入一个陶缸。有的人不需要用水，他们仍然抬着汤圆到龙潭边上香，说："今天来祭龙，你要清汪汪出点水给我们吃。"然后又往水中扔几个汤圆，其余归入"小叫花子"的缸内。

祭龙的人起得早，老话说心诚则灵，都盼有好运。天大亮时，汤圆已有大半缸，这些汤圆来自"百家"。古话说，"叫花子"吃"百家饭"，掏井的小孩谐称"小叫花子"，大约由来如此。汤圆有搁蜂蜜的，

大麻苴祭龙庙会，村民在路侧烧纸火祈祷

龙王庙内神位前的供奉大多由男子承担

有白糖包心的，还有裹豆面的。孩子们一手拿碗，另一手用筷子戳汤圆，想吃哪样戳哪样。汤圆是糯食，不能撑着，吃上七八个便腻了，剩下的归总一盆，说哪个要，那些平日经常买粮吃的人家早就候着，出点钱，很便宜买下汤圆。孩子们拿着钱，一人分几文，便回家了。

毕明说，几个小伴中，有一个最凶的，是出头人（组织者），如果逗（冒犯之意）着他，就不要你来。看来，孩子是很乐意扮演"小叫花子"的。

撒梅有龙潭的村子不多，有些村的龙潭被密林环绕，传说有数十龙王隐居其中，人们进入取水要咳嗽两声，告之龙们回避，否则会被吓着。有的村龙潭冒出锈水，颜色象黄鳝血，灌溉差强人意，不能饮用。这些村的龙潭并不适合群祀。大麻苴有个好龙潭，水质清凉可口，有一车水的出水量，且地势开阔明朗，便于祭祀。麻苴又是有西波的老村，人脉圆通，这里被选作族群祭龙做会的中心点已有些年头。

2007年4月28日，是农历三月十二，头龙日，天有点阴沉。事前我与西波后代张普珍约好，去找他，参加祭龙庙会。早上八九点我找到他，他忙，没工夫，便请一位也去赶庙会的村人带着我。龙王庙在村北，距村约两公里，走过滇越小铁路，土路上已显过节气象，只见人们手提装香火的香提箩，扶老携幼，步子有点急促往前赶路。偶有小汽车、面包车、三轮车载着各方人士直奔前方，有时甚至有点堵车。走了二十多分钟，村人告诉我到了，她便自顾去进香。路两旁有堆堆香火灰烬，一些村妇在卖撒梅传统衣物，有小男孩的瓢儿帽，小女孩的公鸡帽，还有女人穿的凉鞋皮拉它，男人的凉鞋连耳鞋，都是手工做的。山坡上有小屋，屋前有十几个简易的台阶，拿着香烛的人在此上上下下，估计是龙王庙。我拾级而上，进门一看，是个两开间的小屋，右边供着龙王，临时摆放的供桌上有个菜盘，内盛祭祀的猪头与鸡，几个男人在招呼着。不过，祭祀之人更多是女性。山坡上，三三两两的人或坐或站，很有趣味谈笑着，从穿着看，他们大多是撒梅人，人们利用节日亲朋聚会，不亦乐乎。

现在，那个龙潭已被砖墙围住不得而见，大约也像他处由各种抽水器械将水抽走，做了饮用水。幸运的是，我见到了撒梅人的"松毛席"，这是于山野举办的庙会餐饮，很新式，AA制，一顿六元，凭券吃饭，比过去的凑钱凑物简单易行。不是很大的数个山坡连在一起，人们早在坡上撒满发着清香味的青松毛，一些穿戴着民族服饰的中老年妇女围成大大小小的圈子坐着，男人似乎单独成圈。收饭票的人一来，数十人的大圈一下分散成两个或三个小圈，每圈十人就是一桌，饭菜摆放于圈内。菜很丰盛，有肉、鸡、豆制品、花生等，各种煮的、炸的、蒸的、炒的十数碗，一些年轻人负责上菜，两三个大托盘上来，一桌的饭菜便齐了，速度很快。因为天阴，有些人没来，还是办了几十桌。看得出，撒梅人有办集体大餐的丰富经验，而且心平气和、价格公道。

用餐完毕，人们起身在山间玩耍。不久，丝弦响起，一台花灯开始了。老天作美，阴着的天始终没有下雨，花灯上演，反见树隙洒下点点碎金。

庙会上的"松毛席"。现在餐制采用"AA制"，一桌10人，买票就餐。餐前，老人们即兴聊天。用餐时，山坡风景秀丽，地上青松毛散发出清香，人们尽情享受野餐的乐趣

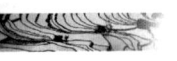

### 4. 火红的祭虫山庙会

撒梅有祭祀虫王的节日，据说，已有两百多年历史。该节的起源与赡养老人有关。传说，一妇人生养了十三个孩子，为十二男一女。儿女长大成人后，女儿远嫁她乡，十二个儿子成家在近旁，妇人老了，日常在儿子家吃"转饭"，每个儿子轮一个月。有一年是闰年，多了一个月，哪个儿子都不愿接纳母亲，老妇只得独自上路去远方的女儿家就饭，走到一座土山，风雨交加，老人避入一土洞，冻饿而死。数日后，人们找到老妇，身上已爬满蛆虫。后来，稻谷经常发生虫害，是钻心虫，得病的稻穗变成瘪瞎瞎的白穗，当地叫陷穗。心中不踏实的人们去找西波算卦，西波告诉大家，虫灾与那位老妇有关，他说："这些人完全没有道德，老人生养那么多孩子，老了不好好赡养，让她这样死去。现在她变成虫王，到天上去，来吃庄稼。"算卦之人急了，问有何办法。西波说，以后每年七月七、冬月十一都要祭祀虫王。不祭，虫就吃庄稼。从此，撒梅就多了一个将道德教育（孝道）与祭祀农耕之神联系在一起的节日：祭虫王。规定三年一小祭，十二年（亥年）一大祭。祭祀就在老人去世的那座土山，山名自此便称作"祭虫山"。《昆明官渡地名志》载：祭虫山，位于昆明东郊，阿拉办事处辖境中部，阿拉村西面，贵昆线西北侧，海拔1977米，范围约0.2平方公里。因早年农历七月初七，远近乡民到此祭祀虫神而得名。

祭虫山有两个小庙，一个供奉虫王，虫王是用檀香木雕的一个撒梅老妇坐像，周身搽抹金粉，高约80厘米。另一个供奉天皇、地皇、人皇三位菩萨。小庙旁有"白雀台"神位，白雀是鸟王，也是拜托鸟王带领群鸟多多吃虫的意思。

祭虫山靠近三瓦村，神山的管理便由该村负责，菩萨像日常供奉在三瓦村定风庵（现称定风寺），祭祀前一日，村民将菩萨一尊一尊背至山上小庙，中华民国时期，小祭由三瓦村办理，大祭则由十八乡村共同举办。大祭时的会头来自三瓦村，会长则由各村轮选，据村老讲述，高坡村的非校长与小石坝的李家贵先生（乡长）都当过会长。人们回忆大

麻苴祭龙庙会的花灯歌舞。用完松毛席的人们席地青草坡观赏演出

祭时的情景：一人多高的章马、章人从大石坝公路直排到祭虫山，有几公里长。念经七天七夜，头三天吃素，之后开荤，十八乡村赶庙会的撒梅人都在此吃饭，近万人的伙食，仅宰猪就要几十头，费用由各村凑。

在师娘文化盛行的年代，各村有名的师娘都会来此大显身手。二三十个女人在山头跳扁鼓，老到的领着头，边跳边念：请太上老君、元始天尊来这里；请轱辘团转（即周围、方园一带）的佛祖，老爷山土主、官渡土主、晋宁梁王山土主、嵩明梁王山七郎祖师来到这里……请各路神仙来此帮助撒梅人战胜虫害、夺取丰收。

来此上香者与众不同之处在于，人们将钱纸与遭虫灾的白稻秆一起投入香火中烧掉，同时向虫王告白：你的兵马你收回。一些稻谷钻心虫被人们封在小红包内搁置一旁，任其死亡。

1949年后，祭虫山庙会沉寂了近二十年。20世纪80年代后又渐趋兴旺。近年，我邀约撒梅朋友多次参与祭虫山庙会，目睹掺入了现代文化与经济的庙会盛况。山头的香火依然红火，但更多人钟情于游乐与饮食。

祭虫山"白雀台"是块石碑，被祭祀的香火埋去大半，传说白雀为鸟王，祭祀的原意是拜托鸟王带领群鸟多吃虫、保丰收

祭虫山虫王。它的原作是檀香木雕的老妇坐像，现在演变为一位男神

祭天山的狂欢

2006年"七七"祭虫山庙会，山头的祭祀进行得热火朝天

三瓦村倾力筹办庙会，食品、百货、餐饮的摊位一个月前就预订了出去，大多是地摊，价格不贵，仅数元。庙会前夜，二三十个人在山顶值夜，有的坐在小庙内，有的在临时搭建的帐篷内睡觉。七日清晨，天未亮，笃信虫王威力的人们借着微弱的灯光摸上山头，其中有从路南及昆明西边棋盘山来的彝族香客，五时，烧头炷香的人遂了心愿。天大亮，游人逐渐增多，山路口有人把守，非当地撒梅人进入需付一元资费以作管理费用。

庙会上出售的泥塑凝神的形态，货摊在会场南头，买者甚多，尚未完全称为"挂排"。

一对撒梅老姐妹携手逛庙会。她们似乎为"小伴"。

庙会众生相

  道路两边摆满地摊，有卖水果、糖果、糕点、衣物、日用品、小挂件甚至乐器。卖香烛纸火者为了促销，有的手擎木鱼敲个不停，有的请僧道喃喃念经。道路两旁的开阔地，羊汤锅、牛汤锅、米线、炒饭的棚子鳞次栉比。临近山头的清静地、树丛中，男人女人对歌唱曲，二胡响器一应俱全，围观的粉丝们手持阳伞风雨无阻，听得精彩处，不乏赞美捧场之声。

  一场庙会，十多万人的玩场，数十万元的市场。民俗文化的经久活力，大约就在于它一头牵的是信仰者的精神生活，另一头串起的是大众饮食男女的物质需求。

# 撒梅今昔

自清朝以来，撒梅村落便有户籍编制了，《清史稿·食货一·户口田制》载："世祖（顺治）入关，有编置户口牌甲之令……及乾隆二十二年，更定十五条……一、云南有夷、民错处者，一体编入保甲。其依山傍水自成村落者，令管事头目造册稽查。"

其时，夷、民村落间是有藩篱的。文载："时各省番、苗与内地民人言语不通，常有肇衅之事。二十四年（乾隆），定番界、苗疆禁例……各省民人无故擅入苗地，及苗人无故擅入民地，均照例治罪。若往来贸易，必取具行户邻右保结，报官给照，令圹讯验放始往。"

历史演进至中华民国，乡镇村社管理更趋细化。1935年7月1日始，昆明县实行分期举办户籍所。年底，全县成立户籍处45处……将全县分为8区39乡镇369村7里3445邻。在当时汇编的《昆明县乡镇图》上，数十彝族散民村庄分属于中和乡、尚义乡、瀛州乡、板桥镇，其中以中和乡、板桥镇最为集中。

在田野考察中，聆听村老讲述中华民国时赶牛车进昆明城收集城粪，妇孺背松毛在街巷待价而沽，独未听说有取保验放之事，当可自由出入也，然而于民族族别与民族文化上，国民政府居然大笔一挥，将与昆明近在咫尺且族群聚居近二万余众的彝族散民及其他苗夷，统统归入汉族：中华民国二十三年（1934年）11月，省府进行"云南境内苗夷民族调查"，昆明市上报"无苗夷"，同时作此禀报的还有绥江县、邓川县、大理县。这段历史公案，我于乡民处得到佐证：洪桥村老妇毕玉英告诉我，

"解放前,未讲民族,与汉族一样,不分民族、汉族,解放后才登记了民族"。

中华人民共和国成立肇始,人民政府根据云南多民族的特点以及少数民族族群的意愿,及时进行民族识别工作,为加强对民族地区社会经济发展的扶持,在撒梅聚居区设置了若干民族乡,盛时计有高坡、石坝、阿拉、海子、普照、李其、西冲、阿底、一朵云、乌龙、麦冲这11个彝族乡。

1956年11月30日,时任全国人大副委员长宋庆龄来云南指导工作,她视察了昆明市官渡区阿拉乡团结农业生产合作社,并与几个头戴"板瓦头""公鸡帽"的妇女儿童合影。温馨的一刻定格于方寸之间:慈祥亲切的宋庆龄与羞涩质朴的撒梅女,还有天真无邪的孩子亲密地在一起。讷于言、敏于心的撒梅对此有准确把握,五十多年后,他们忆起那段岁月,只说了句简单的话语:毛主席来了,我们才平等。从此,他们与周围的汉族同胞同甘共苦。

1956年11月30日,时任全国人大常委会副委员长宋庆龄到阿拉乡视察,与撒梅女和孩子合影(摘自政协昆明市官渡区委员会编《官渡区少数民族概况》)

## 现代化进程中撒梅的喜与忧

　　中华人民共和国成立后,撒梅感受了翻身作主人的幸福。最先感受来自于农耕方式的变异。水利的开发、电力的普及、化肥良种的推广,农作物产量成倍增长,令撒梅人惊叹、折服。

　　教育的提升让适龄儿童能接受从小学至初、高中的教育。20世纪80年代后,一些普通家庭的青少年走进大学学堂,族群有了自己的大学生,与前辈相较,这些受现代知识熏陶的年轻人不再那么惧怕大城市,他们在各行各业的招工招干中崭露头角,一批人成为国家职工与公务员,数十人成为行家里手,担任了一定职务。

　　女性的解放是很美的篇章,一批批女童接受教育,茁壮成长。以她们的坚韧、泼辣、能干,不少人在县区、乡镇有了担当,小石坝一位女性甚至成为昆明市级领导的一员,旧社会让她们憋屈了千年,现在终于可以释放了。

　　改革开放后,国民经济积二十余年的高速增长,令生活在偏僻的老爷山麓的族群都有强烈感受,一朵云村八十余岁的老师娘说,现在的生活,比过去皇帝过得还好。

　　他们也感受到经济高速发展的困惑,村老讲述了过去的因果报应段子,说以前有许多劝善故事,现在有奶便是娘,对当今的精神危机——欲壑难填、道德缺失,有着敏锐的洞察。撒梅聚居区现在已整体进入昆明市政范畴,成片秀美山地成为开发商追逐的目标,一位年近百岁老人说起土地被不知足的人不断占去,他不屑地说了句"心厚得"(太贪心之意,此处"得"为助词)。大量的土地出让金令一些撒梅人有一夜暴富之虞。撒梅人,你能否承受这财富之重,让勤勉、节俭、守信、平和、善良的传统美德保存下去呢?

　　当今,人类社会进入前所未有的快速变动时代,生活在大城市的族群不可能置身于外,他们在农耕、宗教、婚姻形态与习俗上正在进行与

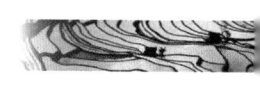

时俱进的改变。

撒梅以前不习惯种菜,其缘由,据一个族内老人的说法,一是因为笨,不善学习,不会细致生活;二是地广人稀,一年的劳累能盘出一日两餐的食粮已属不易,无心他顾。20世纪80年代以来,因城市扩大,耕地减少,有限的水资源不能保证大田栽种,撒梅坊间逐渐以菜蔬、果品种植为主业。大麻苴村老作如是说,自20世纪60年代起,撒梅在自留地种菜,自家食用。1997年后全部种菜,蔬菜渐成主要经济收入。至2006年作者进入该村,仅以运输商品蔬菜的机动车辆计,就有摩托车一百多辆,农用车五六辆,四吨载重卡车四辆,已达一定规模。是年年底,我去考察张西波祖坟地,途经村民的菜地,只见成片大白菜已装载起运,残留在地间的几棵苦菜长得又肥又大,一棵菜足可装满一背箩,令我赞叹。

三瓦村曾经是撒梅米的主产地,1949年以后,由于土地使用的多元化,2007年人均田地仅剩5分,村民选择栽种果树以补贴家用。山地种桃、梨、板栗,大田种葡萄与无花果,行间还套种自家食用的菜蔬、瓜豆,安排得很是井井有条。

近几年,蔬菜渐成城镇居民生活消费开支的大项,尤其是精细菜品,其价格可用昂贵之词形容。在昆明大超市,时有标签大板桥产地的高档蔬菜。2008年初春,我到大板桥腹地的热水河村考察民俗。余暇,从地处半山腰的民居下至宝象河谷地观看农民搭建菜豌豆棚架。看得出,因为费时耗力,农人只在大田中开辟一方不大的近水地块栽种。豆苗已经出齐,苗蔓才露尖尖角。棚架主要材料是细竹与线绳,细竹是当地所产金竹,长2米余,结实耐用;线绳是市场出售的缝纫线,尼龙质地,也结实耐磨,只见农人于每窝豆苗旁插根竹杆,苗窝间距约20厘米,三四根竹竿结集于顶部以细线扎紧,每行顶部又加竹杆横竖扎牢。如此编制的棚架,垄、畦间规整平直,豆苗蔓可舒展其间,斜插的豆架形成若干三角架,其稳定性可抗一般风雨。不大的地块,有三四人在忙碌着,要费时二三日才完工。近旁,在已经搭好棚架的苗地上,有人在浅浅的宝象河底挖个小塘，支起电动泵闸，用上游清澈之水喷淋豆苗。在随后的数月中施肥，除虫，还要有老天的眷顾：风调雨顺。如此摘下的鲜嫩豌豆角，只能是昂贵。

观撒梅种菜，知其不但不笨，还很聪明。过去不种菜，是因为山上闲置的松毛、柴火可以与附近无山地的汉族农民互通有无。人尽其才，地尽其力，古往今来，人们选择的生产生活方式都是因地制宜的。

撒梅民俗，其葬俗是一大特点，传统宗教人士风水先生的展技空间，就是土葬。1949年后，为了节省土地资源，省坝汉族村寨大多实行了殡葬改革，遗体由曾经的土葬改为火化。撒梅因着民族资源的珍贵，一些传统习俗得以保留，其中包括葬俗。近年，随着昆明城市规模的扩大，阿拉乡被规划入昆明经济技术开发区，葬俗随之改变。2010年9月，我重访阿拉村李存、鲁忠美夫妇得知，从2009年冬月起，政府在撒梅坊间推行殡葬火化。一些老人想不通，说："苦了一生，四块板板要给的（指棺材）。""办灵仪式"依旧。现在，死了老人，村干部要去守着，办完仪式，拉去"跑马山"火葬场。有的老人早就备好棺木，也拉去那里另行火化，骨灰安放在"跑马山"公墓。

热水河村精心编制豌豆架的人们

数百年前，撒梅就有火葬习俗。我曾从张坤那里听到他小时放牛，牛足常踩破山上的火葬穴。在毕明处，我知道了更多关于先辈火葬的信息。青龙村曾有专设的火葬场地，是一座山，不很高，名"母佰祖"

(宝山之意)。火葬是用柴火烧,骨灰用小陶罐盛装。贫困之家干脆用两片瓦合起来装骨灰。罐有盖,罐底下面有个小洞,按习俗说法,是给亡者灵魂出入之所。烧人的地方,泥巴有油渍,有点炭。葬骨灰之地无坟包。毕明说,1958年开荒挖山,挖破许多火葬穴。挖时心里有点害怕,后来肩痛还担心是报应。

由是观之,现在推行的葬俗变革应不致太过艰难。在所有变迁中,撒梅的婚姻习俗变化最大,它对族群产生的影响将是长远而深刻的。20世纪50年代以前,彝族施行的是族内婚,汉彝之间通婚极少,尤其是嫁娶,彝女嫁入汉家,我仅闻两例。一例由裕丰村80岁的李杨珍讲述。她的母亲是七家村的民族,嫁至花庄(汉族村)。抗日战争时日本飞机轰炸昆明,李杨珍到七家村舅妈家躲炸弹,父亲帮人做饭,被炸死了,母亲带她回老家,后来改嫁至裕丰村。另一例由西山区包宏伟老人讲述。他说,李其(汉族)讨了个撒梅媳妇,结了婚,媳妇跑了(即旧时撒梅婚俗"不落夫家"),叫她回她不回,就另找媳妇。后来撒梅媳妇有了孩子,还到李其门上生。这是中华人民共和国成立前七八年的事,李其是民国昆明市政府户籍科职员。至于彝男娶汉女,我没有访到,大约更少。汉族男子招赘上门至彝家的稍多,小石坝那铣的父亲(海坝石榴园村人),裕丰村雷先、雷明两兄弟(昆明水晶村人)都因家庭贫困,至彝区打工,上门做了彝家招赘女婿。毕明的祖上无子时,招赘麦冲的汉族上门。他说,过去本村几乎家家都有汉族上门女婿。大麻苴毕摩张西波祖上也因缺子招赘过汉族女婿。

对于旧时彝汉通婚少的缘由,有人解释为生活习俗不同,毕玉英说,彝族的想法是自己简单;汉族礼数多,如媳妇要给公婆抬洗脸、洗脚水,还要喊:爹、妈,您请洗脚。不说这个话,老人就骂,把盆都砸了。撒梅人不习惯于此。但是更深层原因我认为是民族隔阂。毕明说过,以前汉、彝互相仇视。汉族骂我们"罗罗",我们骂他们"拾浓坡"(男)、"拾浓毛"(女),都是互相贬低的不雅称谓。十里铺村是汉族村寨,它与彝村洪桥相邻,我曾与该村王寿讨论旧时彝汉通婚的障碍。他说,一些汉族子弟也喜欢撒梅女的勤快、贤惠,但一想到有时生气不小心说着个"罗罗"两字就不得了。还有撒梅人会"打话"(说民族话),汉族听不懂,生活不便。此外,彝女婚后"不落夫家"的习俗也令族外人不理解,甚至认为她们生的第一个孩子可能是别人的种,因此坊间有长子"不点主"(点主:宗教习俗,在亡者灵前确认亲子的血缘关系)之说。其实,这是误读,那秀英告诉我,婚后女子虽不落夫家,但乱来的极少。

中华人民共和国成立后,撒梅封闭的生存环境逐渐开放,通行数千年的民族歧视受到扼制:政府的政策既反对大汉族主义,也反对地方民族主义。知识的普及、科技的推广、大众传媒的突进令人们眼界开阔,无形的藩篱渐趋消弥。

## 传统族内婚的变化

撒梅传统的族内婚发生了根本变化。十里铺村王寿(汉族)的祖上当过大官,人称老王官,王氏后代繁衍甚众,聚居地从原先的龙池扩展到洪桥与大麻苴。王寿说,王家与少数民族通婚的事,1949年前没有,都是互相排斥。中华人民共和国成立后,族内有几十个后代与撒梅人通婚,这是改革开放后发生的事儿。

瓦脚村李成功(彝族)是大清武功将军李旺之后,他为寻根荐祖,捋了谱系,从他之前的四世祖捋至他的孙辈共七代人,其中的婚姻状态为:前四代为远祖李文顺、曾祖李旺、祖父李国祥、父李章均在族内通婚,而且主要讨本村女子为妻。第五代即李成功辈,堂兄弟姐妹已繁衍至24人,大部分在族内通婚,只有两例为族外婚:从昆明金殿、盘溪娶了两个汉女为媳妇。第六代是李成功儿侄李春林辈共35人,其中与汉人通婚七例,分别为:招进一女婿,是山脚村阮姓;讨进6个汉女,其中四人是昆明近郊大东村、秧田冲、六甲、大板桥人,另两人为本省大理云龙县人和四川人。第七代,普遍与汉族通婚。

我与族内老人探讨婚姻形态改变的原因,他们主要从生活常识加以

十里铺村人王寿在祖先王官的纪念画像前留影

说明。一是与外族通婚，所生后代更聪明，毕明常用稻谷的远缘杂交优势比喻与外族通婚的好处，他说："'不调种'（即族内婚），一代比一代憨，现在的人多聪明，一个娃娃，才一岁多点，大人牵着手到下面的店铺门口玩，里面放着音乐，小孩屁股一扭一扭崴着做出跳舞的样子，比我们小时候厉害几十倍。我们小时候，在街子上头住着，就不敢下来。二是招进来的男人（多半是汉族）能吃苦，发家致富的大多是外来的男人组成的家庭。"毕玉英说："过去本村（彝、汉混居村）评为地主的是汉族，两个富农也是汉族。"那秀英说："本村富起来的多半是汉人当家，真正本地人有钱的是少数，汉族人吃苦耐劳、勤俭持家。本地人文化低，不会搞，不敢搞，又好酒……"

确实，这些都是生活本身提供的经验，但是，我认为社会的大变迁才是近二三十年来撒梅婚姻形态骤变的主要原因。20世纪80年代开始的中国改革开放，带来一次汹涌澎湃的移民潮，这次，是农村劳动力向

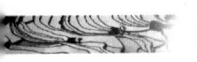

城市转移，其高峰阶段，表现为全国各地有上亿农民进城打工。这些人多半年轻、勤劳，有一定文化，他们是为改变命运而远行的。撒梅聚居区田野广阔、山林富饶，距昆明中心区近者七八公里，远者二三十公里，发展空间大。加之撒梅有善待上门女婿的好传统（媳妇贤惠）。变化的婚姻形态似乎更多表现在招赘女婿上，旧时的男权社会，以男子为传承祖业的主脉。只要家里有儿子，女儿一般都要嫁出去，违反此规的家庭，要给村上交数量不菲的大米。现在，男女都一样，于是，很多家庭为女儿招上门女婿。在三瓦村采风时，人们告诉我，大麻苴有一家，一子三女，儿子当然成家在父母身边，三个女儿招了三个四川人为婿，各盖各的房，村上给她们批地基。也有将女儿嫁出去的，三瓦村李善喜有三个女儿，大女招婿上门，另外两个女儿分别嫁至昆明和雨龙村，三个女婿全是汉族。青龙村张桂珍说："现在子女结婚，找汉族的多了，全国各地的都有，本省、四川、贵州的更多。打工的有，不打工经人介绍的也有，昆明人是少数。我家孙女找了一个当兵的，是昆明县上的，是经人介绍的。"普照村李芬说："现在多数讨外来媳妇，招外来姑爷，而且多半是汉族。这些家庭相比之下，都比本地人强点，生的孩子语言表达及学习能力也会好点。"

　　我受邀参加大麻苴杨正云老师儿子的婚礼，儿媳妇是本省潞西县人，在昆明打工，经人介绍，两个年轻人走到一起。宴席上，一对新人跟着老人向客人一一敬酒致礼，儿媳妇穿着撒梅新衣，眉清目秀，落落大方，与新郎很是般配。

　　曾经，人们说"阿拉村接纳了半个中国的人"，但老营盘的退伍者多半选择回老家，少数住下来，与当地人一个村西一个村东，并不通婚。现在撒梅聚区可能真的有来自全中国各省区之人，并且通过婚姻进入了撒梅家庭。再者，当年招汉族女婿上门，选择范围狭窄，主要是昆明附近农村极为贫困者，现在的选择面与当年不可同日而语。以毕明的"稻谷调种说"，撒梅后代将会有很大的"优生"基因。

　　变化的不仅是婚姻形态，还有婚姻形式。

现代人婚仪,一对新人在父亲带领下向亲友敬酒,场景温馨

  牛圈闹房被废弃了。现代先进的科学技术和文化改变了撒梅的传统观念,那就是,在一些可控的事物上还是立足于人自身的努力为好。再说,农村的都市化,使畜养耕牛失去了条件与动力。现在,我仅在地处边远的棠梨坡、瓦脚村、三十亩、热水河、一朵云等村看到为数不多的牛。牛之不存,牛圈焉附。耕牛远去,牛文化也自然淡出。今人听村老讲述数十年前浓意张扬的牛圈闹房,像是在听远古的故事。

  新娘"不落夫家"的做派也不再流行,代之而起的是与昆明城里人一样的结婚当晚便"圆房"。以人性而论,结婚本来就是小两口自己的事。性与婚姻是个人的权利,即现代所称的"人权"。父族、母族都从繁重的农耕劳动中解脱出来,旧时的习俗没有了根基与存在理由。现在住房宽敞,新房的装修也时尚起来:地板砖、贴墙纸、双人床、大衣柜、梳妆台、音响、电视、茶几、沙发,甚至在新房内悬挂的大幅婚纱照,透着一种向城市看齐的审美与新潮。由于改革开放和昆明的城市建设,撒梅族群提前进入了现代都市生活。虽然以综合生活标准衡量，可能还在城市边缘。

由于马匹的劳动被机动车所取代，马也少有了，新娘的坐骑换成了小轿车。接亲时，媒人也坐于车内，不必抹黑脸扮作包公，意犹未尽的人们至多在给新娘上妆时给媒人脸上也补上些深棕色的粉黛，表意而已。

以前，少数怀旧之人想在"闹房"时来点搞笑，给新娘子的裤脚塞点"青松毛"，动作粗鲁点，新娘流起泪来。现在，用鲁忠美的话就是：现在人会翻脸，一哭，就不敢了。

不过，有件事却是令有识之士难以释怀的，那就是印有族群标识的民族文化的保护与传承。旧有的民俗是植根于当时的生产方式和生活方式之上的，现在，农村被带入城市，与农耕相关连的元素如田野、阡陌、山林、耕畜都在快速消失，取而代之的是一个个生活小区、物流中心、生产加工企业、经济技术开发区和四通八达的道路、机动车，还有业已普及的家居电器：电视、手机、电脑、电炊具等。民俗相对于生产、生活方式，犹如毛皮关系，皮之不存，毛将焉附。旧有民俗植根于农耕时代，现在农耕社会消失，原来与之相适应的民俗或早或迟都会发生变更。民族文化的终极载体是人，是世代被这种文化浸淫的有血缘关系的族群。现在，大量族外之人进入撒梅家庭，对原本封闭的族群文化是启扩，也是稀释。

## 撒梅的服饰、宗教及其他

撒梅何以自处？

记得在我的著书《消失的阡陌》出版后，我曾邂逅西山区文化馆的领导，说起下步打算做撒梅的田野调查，一位副馆长直摇头，他说，近年，他们对本区少数民族（主要为彝族）做了一次规模较大的民俗文化考察，结果大失所望，铩羽而归。后来，我进入撒梅坊区，听一些村老说同样的话：现在，少数民族都与汉族一样了。并且判断说：语言、服装最多还会保存四五十年。

数十年前的撒梅儿童照片，小男孩头上的帽饰称瓢儿帽，上饰若干小罗汉，做工精致

确实，目光所及，民族元素已经保存不多了。以民族服饰而言，前三四十年，大多数人不穿民族衣装。妇女的头饰"一块瓦"，因为梳理打整麻烦，许多老人选择使用汉家村妇的棉纱方巾。在洪桥村，毕玉英说，本村梳这种头的老人只有两人了。个中原委，我想，除了费时麻烦以外，还有经济与文化原因：工厂生产线制作的服装成品较手工制品要便宜实用许多；对年轻人而言，他们愿意跟着潮流走，城市引领的时尚给人以便捷与前卫的感觉。

现在，世情似乎有所转变，表现在新婚典礼时一些新人选择穿民族装。婴幼儿在大人的背背里，头戴的是可爱的"瓢儿帽""公鸡帽"。各种年节，念旧的老人从箱底翻出民族盛装。在老爷山、祭虫山庙会上，她们成为一道靓丽的风景。我到乌龙村、三瓦村，看到一些闲不住的女性三五成群在撒花，她们绣的是花围腰、皮拉它，还互相传授着一些传统绣技与针法。

现代庙会上出售的瓢儿帽，材料与做工都简约了许多

小女孩的"公鸡帽"

大麻苴祭龙庙会上，巧手勤俭的撒梅女将绣品置于青松毛上出售，有绣花鞋、皮拉它及上衣褂子

作者与三瓦村撒花女在一起（撒梅称绣花为撒花）（钱均 摄）

改变来自于人们的醒悟。近几年，中央电视台举办全国青年歌手大奖赛，祖国西南地区的原生态歌舞大放异彩。云南红河州彝族李怀秀、李怀福姐弟的参赛节目赢得金奖，他们欢快悦耳的歌声、色彩斑斓的服饰给了世人别样美的享受。著名艺术家杨丽萍编导演出的大型歌舞《云南映象》为云南土风艺术带来荣誉和市场。民族元素如埋于深山的璞玉，一经现代睿智者雕琢，随即成为无价之宝。外族人尚且喜爱有加，族内之人岂会无动于衷。

在民族文化中，宗教最能保存族群的遗传密码。撒梅老村的老寺，用石头文化（碑刻）、口传文化（传说、故事）、世俗文化（过会、红白喜事）记载了族群的历史与曾经的生存状态。我去撒梅坊区，寺庙往往是我重点采访的对象。

有的寺庙古碑记载的是数百年前村庄的风土地貌。高桥村宝珠寺碑立于大清乾隆三十八年（1773年）岁次癸巳，文载：

> 会省东隅十五里许，有村名恰普鲁，其间居民、读者、耕者、贸易者约有七十余户，其脉蜿蜒，派分龙山数叠连珠而结，故其寺起名宝珠。屼讷龙山层幛于后，虹峰华岫声拔于前，宝象萦洄回环如带，官渡旧门散落铺钻……

阿拉村丰泰庵内有"重修碑"，立于大清乾隆三十五年（1770年）岁次庚寅仲冬月吉旦，其匾额云：

> 门迎狮山峻岭千层朝丰泰
> 户对象水源泉一脉聚月池

大约古时地势浑然，障阻极少，碑文笔头出露的都是大背景、大气势，文章之美、景色之秀可见一斑。

有的寺庙留下的是古人曾经的生存状态。高坡村永乐寺一碑立于大

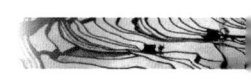

清道光六年（1826年）十二月十六日，它告诉我们的是旧时农民身负的劳役杂税：岁修板桥乡馆、驿房、卡房应用的土坯、人工、盖草等项；上级官员过路、住站、食宿需要的鸡、鸭、小猪的摊派；贡象进京摊派的"过山礼银"；乡约除在县署报名认役外，馆驿内复再传唤乡约报名认役，需索礼物，并住馆内伺候等等。

古碑透露了一个细节：一乡约交不上贡象的"过山礼银"，被官家用绳索绑于粪桶之旁整整一日，逼其答应，逐令其日夜奔走，缴纳七十两银子才作罢。该石碑是不胜其苦的乡民向官府申免杂役，官家所作的批文，但仅免去第一项杂差。

有关云南贡象事，明刘文征（天启）《滇志》有录：

> 象只，原系土司进贡。万历六年、二十六年，节奉勘合于夷方买进，每次三十只，每只价银六十二两五钱。金之累在于本土，象之累在于客途。是役也，象人以为奇货，百相索也，（民）百相应也。入其疆，如芒刺之在背；出其疆，如重负之息肩也。

昆明东郊彝村高坡原是进京古驿道的一个哨塘之所。永乐寺碑记，为史家典籍作了重要佐证与具象。

一朵云村的老寺有一碑专为该村组建花灯剧组而立。可惜碑已被人撬走，乡民告之，碑文内有"唐王"字样，还以为是唐太宗李世民，我告诉他们，是唐玄宗李隆基，民间尊为"灯神"者。

此外，还有小麻苴龙树庵古碑记载了清嘉庆二十三年（1818年）村民各户交纳皇粮之数额、支付水利管理者"水老人"的报酬和实施细则。瓦脚村涌泉宫匾额为清光绪云贵总督岑毓英所赠，此匾引出了杜文秀起义时该村李旺组织乡民支援云南府城粮食的一段史实。

以中国皇皇数千年帝制规则，山野乡村的历史向来不入官家所修正史，因此，一座座老寺古庙在保存历史的作用上，便类似乡土"文史馆"。因为寺庙曾是村庄唯一的公众之地、乡议之所，所有当地的文案之事,均归于寺庙。

三瓦村定风寺内这棵铁树已有数百年历史,母树伸出的根在数米外扎根长出子树,成为两棵少见的"母子"铁树

改革开放令解放思想的人们重拾传统文化,最早的大动作来自本土文化工作者。高桥村张宝于1986年从国家单位退休后,便与村上几个老同事一起为修复宝珠寺所需经费奔走。建寺的款项一般来自本村的公益补贴、村民集资及民营企业家的赞助,统称功德。数年后,老寺焕然一新墩坐于宝象河边的山坡上。撒梅坊间前后新建与修复的寺庙还有小麻苴龙树庵、阿拉村丰泰庵、三瓦村定风寺、棠梨坡龙王庙、青龙村慈悯庵、瓦脚村涌泉宫等。在这些寺庙内,所塑神佛已经很少,殿堂架构考

虑更多的是村民的集体活动。宝珠寺宽敞的檐廊月台可作戏台,在此舞台上,我观看过火把节文艺汇演,一群盛装撒梅人表演花灯歌舞,令人大饱眼福。

阿拉村丰泰庵楼宇浩大,村民在此举办红白喜事,宴席盛者可达上百桌。三瓦村定风寺坐落于湖畔,风景优美,寺内辟有一室,陈列着美国将军陈纳德与夫人陈香梅的若干老照片和当年美国飞虎队老兵来昆叙旧的合影图片。三瓦村与阿拉村为近邻,据说20世纪三四十年代,居住于白虎山营盘的陈香梅来寺进过香,与村民有旧。

重建后的阿拉村丰泰庵焕然一新

在修建寺庙过程中,人们把撒梅的古碑楹联寻觅归位,对乡土文化是一大保护。我参与过宝珠寺与定风寺举办的庙会,那熙熙攘攘、摩肩接踵的场面,让我感觉现在的寺庙更像是城市社区的会所。

有些村庄地处偏僻,经济发展滞后,没有能力重修古寺,如老爷山麓阿底村太阳寺,六月十三老爷山庙会,一些老人在危房下烧香拜佛。

一朵云村的大寺已完全坍塌，我是在断垣残壁中抄录古碑文的。

保护族群文化难度最大的是民族语言文字。撒梅文字在20世纪晚期随着毕摩的消亡而遗佚，下一个，可能就会轮到语言了。现在，地处交通干线周边的撒梅村，能说会听撒梅话的人不多了，主要是七十岁以上的老人。此间称用民族话交谈为"打话"，"打话"是怎样淡出生活的，人们向我诉说种种原委。

丰泰庵内办的一场"白喜事"，村人正在为亡故的九十余岁老人办的丧宴。厅堂、戏台加上有楼的两厢厢房，宴席办了一百余桌

三瓦村李善喜说，撒梅在城市近郊，逐渐同化。举个例子，撒梅村子的学校，教师很多是汉族，教科书也是汉文。棠梨坡老人说，从外首讨的媳妇、招的姑爷是汉族，他们和后代都不会打话，民族语言丢了。小石坝李炳顺参过军，他说："1962年从部队回家探亲半个月，因为有五年未说民族话了，不习惯打话。父亲骂我'你忘本了，你是撒梅人的儿子'。"

瓦脚村的撒梅话已失传好几代。据村老回忆，源起于清末一场诉讼，村人与附近的汉族打官司，撒梅用民族话申说理由，官听不懂，对头汉人趁机说："他们在骂你。"官怒，判撒梅输。族人气愤，发誓以后再不说撒梅话。现在，只有从外村（撒梅村）讨进来的才会"打话"，本村老人都不会说撒梅话了。瓦脚村周围的五个撒梅村都不会"打话"，究其原因，除了因靠近汉族聚居的大板桥镇受汉文化影响以外，与瓦脚村那场输于"打话"的官司不无关系。

高桥村老人张秀美精心保存的老祖服装，其款式是旧时昆明城里汉族贵妇的礼仪着装

语言、文字起源于人们日常生活、生产的需要。当一个族群处于相对封闭的生存圈时，其语言、文字处于活化状态，它自然是生机勃勃的。当特定的生存圈被打破，弱小文明被大文明所包容时，原有的语言、文字的危机便到来了。可以说，清末瓦脚村因"打话"而输掉的那场官司是撒梅语言受到的一次挫折，个中原因除了那个"对头汉

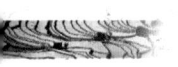

人使坏",审案官员不认同族群的小语言是其重要原因,这次挫折来自于外部的因素。撒梅语言受到的又一次挫折在民国后期。我曾采访龙池村80岁的梁启元。龙池是汉族村庄,位于白沙河畔,四周是青龙村、洪桥村等彝族村庄。梁启元在中华民国时大约在义合乡公所任点公干。他说:"以前,义合乡,少数民族、汉族杂居,政治地位悬殊。有一次乡干们一起议论,有人说(撒梅)语言是否变一下,与汉族一样。大家商议后说,语言还是要保留,如抓了兵,逃跑时,民族间打话要方便一些,其他人听不懂。"当时确实有因打话而逃脱"抓兵"的。可以说,这次语言受到的威胁来自内部,如果不是因为要逃避一项陋政的需要,保甲长认为民族语已没有存在必要了。这些议论者中有来自撒梅的乡保长,当然,其深层原因仍要归结为当时对少数民族存在的歧视与不平等。

1949年后,政府对少数民族的扶助与倾斜政策,令族群增强了民族自信心。国家为帮助一些少数民族子女受到更好的教育,在每年进行的高考录取中,一些民族考生可以得到20分的加分,彝族就在此列。20世纪80年代后,为控制人口过快增长,中国实施严格的计划生育政策,汉族与一些较发达民族的育龄夫妇只准生一孩,彝族等一些民族可以生两孩。我曾听李存说,在阿拉村这个彝、汉杂居村,汉族只能生一孩,想生二孩,出多少钱都不行。至于保护族群的文化,政府做了种种努力,还在基层乡镇政府设立了主管民族文化的机构——文化站。

1980年,云南民族学院教授至阿拉乡收录撒梅语言文字有关资料,对族群也有触动,一位老人说:"国家把我们的语言看作宝贝,我们自己反而不重视。"

只是,当今的互联网与世界经济一体化的迅猛发展,令人类世传的文化多样性受到极大挑战。现今在地球的各个角落,每天都在发生弱小语言消亡的事件。时势像飓风海潮,一个小小族群难以抵挡。

撒梅,是睿智的,她用自己"天人合一"的理念,生存在坎坷多于平缓、冷峻胜于温柔的山地,从敬畏天地、崇拜自然中取得平衡,获得力量。撒梅,是顽强的,她生存于强势的省城周遭,期间遭遇多少次政权更迭的潮起潮落,族群从容应对,虽历经千年,仍保持着鲜明的个性。

  相对于逝去的文明,留存的只是一小部分,这是人类文明迄今为止的自然进程。对这份杂糅着古滇土著渊源与西南省府地域特色的彝族撒梅文化遗存,我们要珍之、惜之。

# 参考文献

（元）李京：《云南志略》（诸夷风俗·罗罗条）。

（明）刘文征：《滇志》，古永继校点，云南教育出版社1991年版。（明）万历《云南通志·爨蛮风俗》，1934年龙氏灵源别墅铅字重印。

（明）朱孟震：《西南夷风土记》，中华书局1985年版。

（清）张咏：《云南风土记》，《云南史料丛刊》第22册。

（民国）董一道编绘：《古滇土人风俗图志》，崇文石印书馆1911年版。

方国瑜主编：《云南史料丛刊》，云南大学出版社1990年版。

昆明市官渡区编：《官渡区地名志》，人民出版社1988年版。

昆明市官渡区博物馆编：《昆明羊甫头文物精粹》，云南人民出版社2003年版。

王定明主编：《昆明歌谣》，云南民族出版社1991年版。

谢彬：《云南游记》，上海中华出版社1931年版。

杨成志：《杨成志人类学民族学文集》，民族出版社2003年版。

杨知勇、秦家华、李子贤编选：《云南少数民族婚俗志》，云南民族出版社1983年版。

云南大学图书馆编：《清代滇黔民族图谱》，云南美术出版社2005年版。

左玉堂主编：《云南彝族歌谣集成》，云南民族出版社1988年版。

（香港）谢剑：《昆明东郊的撒梅族》，香港中文大学出版社1987年版。

# 后　　记

　　退休后，我舒缓下来，全身心投入，信马由缰，神游昆明，坚持十余载，终得三书。是为《滇池纪事》《消失的阡陌》以及手头这本《识记撒梅》。

　　选择昆明周遭曾经的乡野作为人生最后的游猎之地，一是因为距离近。那时我年近六旬，不事车驾，还要牵家挂口，就是想远行也不能。二是机缘。二十余年前，我服役公职，与同事远行滇西。及归，同事说，滇西的民族文化特色浓郁，昆明现在似乎只有高楼大厦、车水马龙。闻言，我陷入沉思。同事之言没有错，但它只是表象。大城市作为地域中心，在每个历史阶段必然会成为当时文明的浓缩版载体。昆明孑然尚存的东西寺塔（唐）、大埋国经幢（宋）、官渡金刚塔（明）、金殿（明）（现有金殿为清康熙十年重建）不都昭示着曾经的古文化的高度吗？但是，在时代变迁中，大城市的文化旧版图注定会被刷新、覆盖。当前，中国正经历经济腾飞、社会跃动的大变迁，以高科技、互联网为特色的现代文明正以前所未有的力度改变世界。我预感，昆明将面临更为深刻的变化。自此，我增强了对昆明的关注。

　　我观田野，她美丽、质朴、灵动，四周弥漫着沧桑情愫，还夹杂些许淡淡的忧伤。《识记撒梅》采用了两百余幅图片，除少数署名图片外，近两百幅由作者实景拍摄与制作。其中有些图片实来之不易，如中华民国时期阿拉村风水先生王国宝之图像。先生逝于1952年，原图供奉于家族祠堂，经数十年烟熏火燎与世事沉浮，王国宝的外孙女鲁美忠交于我手时，已呈黄朽破败之相。图片较大，约五六尺见方。我小心翼翼护着图片，从东郊干海子乘拥挤的中巴辗转至昆明北市区时已是灯火阑珊。送至常去制图的店家，熟悉的老板娘嗔怪我自讨苦吃，像个"拾荒者"。其实，她哪里知道，我身苦，心却是甜的，因为此图为我写作一个撒梅风水先生世家补充了重要影像资料，而且，我由此知道了中华民国福寿先生的经典穿着为头戴瓜皮小帽，身着长衫，脚履布鞋；也知道了抽旱烟者，手擎一柄精致的长竿烟锅，讲究者还镶以绿玉。

我作书，图是写作的思路与灵感来源，有时甚至是重要助力。我曾想，如果在1998年我没有拍摄那张昆明"西山大佛"图，可能就没有六年后的《滇池纪事》。同样，当我于疾病困顿中写作西波文化而屡遭挫折，有过放弃念头，撒梅大西波张福兴于遭难前拍摄的珍贵图片也是我坚持下去的缘由之一。

全书得以完成，我要感谢撒梅的父老乡亲们。当我进入坊间，说明我的身份与来意，在短短数次接触后，竟很快能得到他们的热情呼应。他们心地善良，不善言辞，但渴望被人理解，渴望与城市交流。而且，我们的情感是相通的，这就是对即将逝去的农耕文明都有的一份珍惜与不舍，毕竟，这种文明守望昆明已有数千年。

感谢为本书的出版给予支持和帮助的朋友们。

钱凤娟

2012年11月26日

于昆明北辰寓所

# 跋

《识记撒梅》一书即将交付出版社，作者钱凤娟老师约我为本书作跋，闻言内心不胜惶恐：一般写跋的都是名家大家，以我一名不见经传的小辈要为这么一本厚重的书写跋，怎能担此重任，恐有负此书。但钱老师的一番话让我放下了包袱，心里虽有惴惴，还是欣然应允，她说："你是这本书的第一位读者，而且你对民族文化也非常喜欢。"

诚然，对地方民族文化我一直很感兴趣，近年来也比较留意这方面的东西。在本书的写作过程中，作者经常与我交流书中的故事情节、人物悲喜，让我一起分享写作过程中的辛苦与快乐，每一章的初稿我总是第一位读者，我和作者一起感受书中撒梅传统文化的独特魅力、农事劳作的耕耘与收获、代表人物的喜怒哀乐、民族节庆的精彩纷呈、婚丧嫁娶的浓郁特色、乡村生活的智慧安宁以及随着时代变革、现代化进程中撒梅村子的不断变迁。我一直伴随着作者写作的心路历程。

今天的昆明是一座充满时尚感的现代化城市。春融万物、开放包容，飞机地铁拉快节奏、高楼大厦鳞次栉比、国际品牌纷纷入驻、大街小巷川流不息，时尚元素丰富多样、随处可见。据2010年第六次全国人口普查显示，昆明常住人口643万余，汉族占全市常住人口的86.16%，各少数民族人口为88.9万人，占全市常住人口的13.84%。在全市少数民族中，人口最多的是彝族为44.1万人，彝族人口占少数民族人口的近一半。《识记撒梅》中说彝族的支系撒梅人是昆明的土著，这与云南、昆

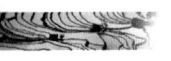

明的历史紧密相联。

　　云南古称西南夷，在这块土地上生活的族群被统称为"蛮夷"，由于大山大江的阻隔，云南与内地的往来极少。自战国楚国大将庄蹻入滇、秦修五尺道、汉筑南夷道，交通的改善带来了人员物资的往来，诸葛亮"五月渡泸，深入不毛"，七擒孟获，唐与南诏的天宝战争、蒙元大军灭大理国。自元朝在云南设置行省，云南从此正式纳入中央王朝的版图。由于各种原因，内地将士、百姓陆续进入云南，有的最终落籍在此。大量汉人进入云南是在明朝洪武年间，以军屯、民屯、商屯、谪戍、充军等方式从中原迁徙了大量汉民入滇，据史书记载，当时进入云南的汉族有百万之众，现在云南的很多地名中有"营""堡""卫""所""哨"等名称，是当时屯田制度的遗存。大量汉族进入云南，改变了云南的民族结构，汉族人口首次超过本地土著居民，成为主体民族。他们带来了中原先进的政治、经济、文化、科技，改变农业耕种方式、兴修水利、开矿冶炼、修通道路、兴办教育、移风易俗，解放和提高了生产力，促进了云南经济社会的发展，在不断的民族融合过程中，云南成为了多民族团结和谐共荣的民族大省。

　　作为云南的省会城市，昆明的发展可以折射出云南的发展。昆明具有悠久的历史和灿烂的文化，是国务院公布的全国首批24个历史文化名城之一，拥有2200多年的建城史，滇池地区拥有3000年的文明史。撒梅人的祖先自古以来就繁衍生息在滇池周围，他们是古滇文明的开创者。正是在云南民族迁徙的大背景下，昆明土著彝族撒梅人逐渐迁徙到东郊大、小石坝一带，安居乐业、繁衍生息，那儿因此成为了昆明撒梅人的主要聚居区。

　　钱凤娟老师长期关注昆明乡土文化，凭着对昆明乡土文化的热爱和文化人的责任感，作者强烈的感到，在现代化浪潮的冲击下，很多地方文化如果再不及时进行挖掘、整理、记录、抢救、保护，那么多年以后，可能消失殆尽。正是在这种责任感和紧迫感的驱动下，多年来，她孜孜不倦地行走在昆明坝子周围，滇池之滨、西山之巅、长虫

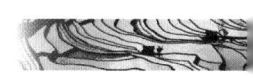

山麓、金马山侧、沟壑箐谷、溪流库塘、沃野田畴、村寨农家都留下了她的脚印和身影。几年来，先后完成了记述老昆明乡土文化的《滇池纪事》（合著）和《消失的阡陌》（专著）。也就是在收集资料的过程中，作者敏锐地意识到昆明东郊撒梅族群在昆明乡土文化中的重要地位，，随即将目光定格在撒梅族群，进行了多年艰苦的寻访、调研、访谈、踏勘、观察、体验，收集了大量丰富翔实的第一手资料，同时查阅了诸多历史文献，最终完成了昆明乡土文化系列的第三本专著——《识记撒梅》。

《识记撒梅》记述了自民国至新中国成立以来昆明东郊撒梅族群的历史、传说、宗教、文化、人物、生活、习俗、节庆以及他们与周围村寨、城里汉族、美国航空队驻军的交往等。阅读此书，犹如在观看一部生动形象、五彩斑斓的撒梅历史文化纪录片，它脉络清晰、内容丰富，其中有故事、人物、场景、活动；有对话、音乐、色彩、质感。还有很多亮点和精彩片段。故事讲述细腻生动，人物性格鲜明突出，状物写景细致入微，作者朴实生动的文字功底往往使人如临其境、如见其人、如闻其声。阅读此书，能感受到作者在写作中往往从多角度、多层面记叙、描述，对一些细节也写得具体翔实，不惜笔墨。同时书中还提供了大量照片，图文并茂，我认为，这也流露出作者的一种心情。乡土文化生长在田野里，保存在村寨中，昆明东郊撒梅村落由于地处省城近郊、交通要道旁，受汉文化影响较多，加上近年来年轻人纷纷外出打工和汉族等其他民族因通婚、迁移等因素的融入，年轻人对传统民族文化了解不深，而一些熟知民族文化的老人逐渐过世，撒梅文化变迁的速度加快，很多东西今天已经看不到了。作者希望尽可能详尽、忠实、全面地记录和反映撒梅文化的全貌，为撒梅族群做实录。

云南是一个多民族省份，26个民族共同创造了灿烂的文化，其中少数民族文化多元丰富，异彩纷呈，彝族撒梅文化是其中靓丽的一枝，虽然随着岁月的变迁，撒梅文化也在不断的变迁中，但值得庆幸的是，《识记撒梅》一书为我们保存了大量丰富的撒梅文化实证资料。作为一本民族文化纪实性专著，随着时光的流逝，本书的价值将历久弥珍。

是为跋。

李菊梅<br>
2013 年 2 月

# 再版后记

　　《滇池纪事》《消失的阡陌》《识记撒梅》三部专著出版后，受到读者欢迎，令作者倍受鼓励。之后，在昆明近远郊又作数年田野追踪，采集大量珍贵素材，创作第四本著作《逝去的海弯柳 马帮》。友人建议，将这四部作品组合出版，作者以为此见甚好，便有了以上三部书的再版。作者对再版书籍部分内容作了删减，又增加若干篇章。如，吸纳西山森林公园管理局于2017年3月6日在清理西山龙门古步道时发现的"罗汉山修路公德告示"古碑成果。碑文指石阶共1007级，立碑时间为明崇祯十三年庚寅（1640年）秋九月，经作者核实此年应为庚辰年。千步崖石阶路距今已存在380年。石碑填补了前人因史料缺失而造成的模糊。

　　再有，《识记撒梅》原著章节："土基墙背后的岁月 昆明东郊撒梅人"，阿拉村彝族老人称"阿拉村接纳了半个中国的人才"。此话透露两个信息：在该村居住的外来人汉族不少；彝汉人等相处和谐。他们是如何做到的，为弄清原委，作者对这个在彝乡很有影响的彝汉混居老村又作了近半年的调研。经过个别访谈、街坊座谈、向村委会寻求相关资料数据，揭示土著与汉族移民同住一座山（白虎山山坡）、同饮一股水（宝象河），在近百年的包容与冲撞中"和而不同"，其物质基础是一方务农（土著）、一方经商（汉族移民），各取所需，互通有无。这是个很有价值的个案。为此，再版书于"撒梅与昆明"段增加了数千字的章节："阿拉村的另一半"，即汉族移民在彝族阿拉的生存状态。

　　至于《消失的阡陌》，在大城市的快速发展中，原书所涉及的省坝数十移民老村在书籍出版后不足10年，便变身为城市社区，农耕要素荡然无存。作者心有不甘，对一些极有价值的题材又作专题调研，所获成果在《逝去的海弯柳 马帮》都有列陈。新版书6个专题中，"记昆明道士张宗亮"篇有对道教在近现代昆明的沉浮遭际陈述，更重要的是一块古碑透露了旧时人们对滇池水系有效的管理方法。颠沛流离的张宗亮16岁跟随师父流落至白邑黑龙潭黑龙宫，这里是滇池重要水源地，道观职责是管理与保护滇池水源地，宫观内存有一块刻于大清嘉庆九年（1804年），大修黑龙宫功德碑，碑刻透露，黑龙宫向昆明县沿河一带地方自三家村小河以至春登里金汁河尾募化资金，18村作出响应（村名一一列名）。200年前的此碑揭示了古人对水系维护的全局观与系统论意识——与现代人相去不远，但招式不同，它托庇的是神：敬神的随心功德，其原则是自愿，因出资的18村只占区域的部分。又如"松华坝上坝村 一个水火淬炼的移民老村"一文，为昆明坝从事稻作的移民村增添了一个新品种：屯戍水利兼制窑货。

再如"马帮与昆明"一文揭示昆明地区农村的"逗凑马帮"曾密切参与城市商品交流，为老昆明农耕文化扩充了新视野。

最后还要提到，新著对《滇池纪事》也作了大篇幅的拓展，数万字的"海弯柳"对原书较薄弱的渔民、渔业添加了厚重一笔。

感谢助我采集资料的同志与乡亲，他们是原官渡区金马镇人大主任严昌福，原呈贡县文化局干部艾如茂、李志明。山邑村段臣昇、段家芝，青龙村毕明，上坝村范品祥、王珍凤夫妇，阿拉村李存、鲁忠美夫妇，大麻苴村张坤、张普珍叔侄，庄稼塘村张洪启。

特别感谢师长、友人的大力协助，他们为全书写了精彩的"序跋"文稿，令作品增色良多。

他们是：

朱惠荣，云南大学教授，著名历史地理学家。

何明，云南大学民族研究院原院长、教授、著名人类学民族学家。

邓启耀，中山大学教授，著名人类学民族学家。

王文光，云南大学研究生院原院长、教授、著名民族历史学家。

拉木·嘎土萨（石高峰），摩梭人，云南省社会科学院民族文学研究所所长、研究员，著名民族文化学者。

李菊梅，云南大学艺术与设计学院党委书记。

本套书集还得到我先生，云南大学原党委书记、教授、中国回族学会会长高发元的指导和帮助。同时，还要感谢我们的一双儿女，他们在大学毕业后，高岚带着弟弟钱均奔赴东瀛，边求学边打工，自立异域，令我得以全身心投入创作。

感谢云南大学刘从水博士为落实出版事宜所付出的辛劳。

感谢云南大学民族学一流学科建设规划项目出版资助。

钱凤娟

2021 年 10 月 1 日

于昆明北辰小区寓所